U0142421

五南出版

附習題與解答

新興水資源與環境保育

第二版

樓基中 著

五南圖書出版公司 印行

作者序

　　全球暖化之氣候變遷已造成全球水資源缺乏，福爾摩沙因天然條件、雨量不均勻、保育不易、民生與工業用水需求等因素，故需以新興水資源因應。所謂新興水資源是包含傳統水源（地面水、地下水）與新興水源（生活或工業污水回收與再生、雨水儲留、及海淡水。）

　　本書內容分兩大部分共二十二章，第一部分基礎篇共十一章，包含第一章海洋環境與暖化影響，第二章海洋污染與防治，第三章水資源分類與發展，第四章水資源法規，第五章水質檢驗，第六章自來水工程，第七章自來水安全衛生，第八章水污染案例，第九章土壤與地下水污染案例，第十章河川水質模式，第十一章水資源初步規劃；第二部分進階篇共十一章，包含第十二章環保救地球，第十三章水源保護與稽查，第十四章流域管理，第十五章流域非點源污染控制方法，第十六章水庫優養控制方法與管理，第十七章高級處理程序，第十八章蓄水池與水塔水質維護，第十九章海水淡化，第二十章市鎮污水回收實例，第二十一章工業廢水回收再用規劃與實例，及第二十二章進階水質檢測。

　　本書內容由淺入深，每章內容都有計算例題與自我評量（是非、選擇與問答題），可供國考及技師證照考用書，第一章至第十一章內容可供老師講授大學部或專題生參考，第六章至二十二章內容可供老師講授研究所課程參考，第一章至第十二章是非與選擇題答案置於附錄，本書撰寫力求完整，敬請不吝指正（e-mail:loujc@mail.nsysu.edu.tw or loujc@faculty.nsysu.edu.tw）。

目　錄

表目錄

圖目錄

Contents

第一部分

基礎篇

Chapter *1*

海洋環境與暖化影響

1.1　前　言

地球常被稱為「藍色星球」或「水的行星」，最主要的關鍵在於海水面積有三億六千萬平方公里，約涵蓋地球表面面積（五億一千萬平方公里）的 70.8%；海洋的體積十三億立方公尺；海洋平均深度三千八百公尺。海洋分三大洋：太平洋、大西洋、印度洋，其中太平洋最大，佔了海洋面積的 46%，大西洋佔 23%，印度洋佔 20%。剩下的海，如白令海、地中海、紅海等加起來大約佔百分之 11%。[1]

提到海洋，一般人只有海水的想法。事實上，整個海洋環境就其物理性質來說是多相的，它包含了水體上面的空氣、水體本身、以及水體之下的底土，可說是氣態、液態與固態三項俱全。

海洋對於氣候調節、水文循環，以及生態系統的運作輔育，發揮重要的功能，海洋同時也支持了海、陸域和人類的永續發展，扮演了關鍵的角色，尤其是當今全球暖化與污染對海洋影響之情況更是嚴重。

由於陸地資源日漸減少、污染、人口糧食與全球暖化等問題陸續嚴重，加上海洋生物死亡與氣候變遷的天災事件，近年來不但是熱門環保議題，緊急的情況也將成為地球未來變遷的重要關鍵。

1.2　海水的物理與化學性質

★ 1.2.1　認識水

水是組成海水的最主要成分，水也是生物體內重要的組成成份，是各種化學反應主要發生的地方。在地球上，自由水乃構成水層，在大氣層中亦含有一點，而結晶水乃大量存於岩石層中。

雖然我們知道水分子的結構是由兩個氫原子（H）和一個氧原子（O）所組成，其化學式表示為 H_2O。就以氣態水來說，大體上是以單一 H_2O 分

子存在，但是液態水中，因為氫鍵的影響，而有複合水分子存在。

兩個氫原子和原子的鍵結並非為對稱性，因此形成氫原子在一端，而原子在另一端。氫原子和氧原子的鍵結是藉著氫和氧之間的電子聯繫來滿足二者最外圍電子軌道所需的電子數。然而，氧原子傾向於將二者所共享的電子拉近氧原子核。因此使得水分子在氧原子端略帶有負電性，而在氫原子端略帶有正電性，也因此產生了水分子的極性。[3]

在不同的溫度、壓力之下，水分子都有單一分子及水分子團存在，而且在任何一個時間內。同樣的，單一分子，也有可能擠在一起形成一個大的水分子團。水分子間這種微弱的相互吸引力稱為氫鍵。氫鍵的強度大約只有氫原子和氧原子之間鍵結的百分之六，因此非常容易斷裂，但也容易再形成鍵結。由於水分子的氫鍵和極性，產生許多水特有的物理和化學性質。若是水分子缺少氫鍵，也沒有極性，則水在室溫下並不是液體，而是氣體。

熔化潛熱是物體由固體轉變成液體，或由液體轉變成固體單位重量所獲得或失去的熱量。水具有液體中最高的熔化潛熱，因此當冰溶化時會釋放出大量的熱。當水凝結成冰時也會吸收大量的熱。

水的比重與溫度之關係，如表 1-1 所示。大部份液體冷卻時比重會增加，而固態時的比重會比液態時為重。但水並非如此。純水在水溫為 4℃ 時的比重最重。水溫低於 4℃ 時，水的比重會減少，尤其是水凝結成固態時，其比重會明顯地降低。因此冰會比水輕而漂浮於水面。水的這種特性對海洋生物來說非常重要，否則大部份的海洋將成為無法居住的大冰塊。

表 1-1 純水在不同溫度下之比重 [3]

溫度（℃）	狀態	比重（kgm^{-3}）
−2	固態	917.2
0	固態	917
0	液態	999.8
4	液態	1000.0
10	液態	999.7
25	液態	997.1

不同的水塊其比重會因溫度和鹽度的不同而有所不同。

　　水是非常好的溶劑，可溶解比一般液體更多的物質。這是由於水分子的極性和水分子間的氫鍵的影響。各種不同非極性的有機和無機化合物，皆可藉著其所含的氧原子或氮原子與水分子形成氫鍵而溶於水中。水同時具有酸與鹼的兩性特性。

　　水具有的物理特性和其對物理、生物上的重要性歸納於表 1-2 中。比熱簡單來說是每克水每上升 1℃ 所需要加的熱量；熔化潛熱是在某物質單位之熔點時，熔化其單位質量所需之熱量；蒸發潛熱為蒸發其單位質量所需之熱；介電常數是維持水分子極性的能力。

表 1-2　水的物理特性及在物理、生物上的意義 [1]

性質	與其他物質之比較	在物理、生物上的重要性
比熱 （$= 4.18 \times 10^3 \text{ Jkg}^{-10}\text{C}^{-1}$）	除了液態 NH_3 之外，是所有固體和液體中最高的	避免溫度的極端變化；經由水的流動來傳導大量的熱；保持特定體溫
熔解潛熱 （$= 3.33 \times 10^5 \text{ Jkg}^{-10}\text{C}^{-1}$）	除了 NH_3 外，水為最高者	冰點時水溫因吸收或釋放大量潛熱而保持不變
汽化潛熱 （$= 2.25 \times 10^6 \text{ Jkg}^{-1}$）	所有物質中最高者	對於大氣層中熱量和水的移轉，汽化潛熱非常重要
熱膨脹	液態物質最大密度時的溫度，4℃ 時純水的比重最重	淡水和稀釋之海水，其最大比重時的水溫高於冰點；一般海水的最大比重接近於冰點
表面張力 （$= 7.2 \times 10^9 \text{ Nm}^{-1}$）	所有液體中最高者	水對細胞生理學非常重要；控制某些表面的現象及水滴的形成與其活動狀態
溶解能力	比一般液體溶解更多種及更多量的物質	對於物理和生命現象非常重要
介電常數 （$= 87 \text{ at } 0℃$）	除了 H_2O_2 和 HCN 外，是純水中最高的	在無機物質的溶解中，具有決定性的影響
電離作用	非常小	水為中性物質，但亦包含一些 H^+ 及 OH^- 離子
透明度	非常大	吸收紅外線和紫外線對可見光的吸收並無選擇性，因此少量的水時是無色的；吸收光的特性對物理和生命現象有重大影響

性質	與其他物質之比較	在物理、生物上的重要性
導熱性	所有液體中最高者	在小範圍內的分子過程，如生物細胞內是重要的，但常由擾流的擴散來取代
分子黏度 $(= 10^{-3} \, \text{Nsm}^{-2})$	在相同溫度下比大部分的液體小	流動性約等於其受壓力

★ 1.2.2　認識海水

　　海水與純水不同處在於溶解了許多的固體和氣體。海水也是一種複雜的溶液。海水所含之成份，因其地區氣候及深度等不同之關係，故差別甚大。就分析所得，其中元素有三十餘種，尤以鹽類為最多。一部分係由大陸岩石溶解而來，另一部分則自地球初成時，留存於海水中。[4] 其主要之成份，氯離子約佔 55.0%、鈉離子 30.6%、硫離子 7.7%、鎂離子 3.7%、鉀離子約佔 1.1%。

　　大洋區的鹽度範圍從 34 到 37，平均約為 35。鹽度的差別，因地而異，與氣溫、海流、風向、河水之量、蒸發和降雨的結果。亞熱帶和熱帶海域的鹽度較高，因為其蒸發率較高；溫帶海域的鹽度較低，因為其蒸發率較低。在沿岸或者半封閉的海域，鹽度的變動範圍較大。近河口區因有大量的淡水排入，其鹽度常接近零；但是在紅海和波斯灣，其鹽度可高達40。

　　海水之溶質總量為其鹽度，但因海水性質複雜，不能直接用化學分析方法，決定其所溶解固體的總量，亦不能用蒸乾法秤出其結果，因乾燥法將損失一部分揮發性化合物。有些東西即使不逸失，化學性質亦可能因加溫而改變。因此，規定鹽度的定義為：將一切有機物完全氧化時，一公斤海水中所含固體物質之總量的公克數。

　　氯度（Cl）的定義，大致上就是量每一公斤海水裡面鹵化物總量的克數，但溴與碘要置換成氯。通常利用硝酸銀來滴定海水，使形成氯化銀的沉澱，其他溴、碘等亦同時沉澱。[1]

雖然海水的總鹽分會因地因時而異，其重要組成（Cl^-、Na^+、SO_4^{2-}、Ca^{2+}、HCO^{3-}、Br^-、Sr^{2+}、k^+）之間的比例，幾乎維持不變，這叫馬契原理（Maecet Principle）。[5]

近年來測量海水鹽度時，已不再使用滴定，也不用蒸發，慢慢開始改為測量海水的導電度。由於海水裡溶解鹽量之多寡表現於導電度上，應用導電度可以推算鹽度。所以，目前鹽度測定的最好方法是用導電度。

海水中所含鹽類之總量共約 32×10^{18} 噸，若全部沉澱結晶而成鹽層則可達一厚 150 呎之鹽層，附於地球表面之上。

海水除了鹽之外，尚有碳與氧，對海洋生物是非常重要。碳由海棲動物呼吸而生，其一部分為海面藻類所吸收。氧氣乃自空氣之成份中所溶解者。海水愈深，氧氣含量愈少。而無機營養鹽類的磷酸鹽和硝酸鹽，是植物在光合作用時合成有機物的原料。還有二氧化矽，是矽藻和放射蟲骨骼構造的原料。在很多地方，這些必需營養鹽的供給常常會是植物生產量的限制因子。其它量少的微量元素包括鐵、錳、鈷與銅，都是生命過程中所必需的元素。它們的量雖少，但對於海洋生物來說並不是生長的限制因子。

由於鹽分的影響，海水物理性質跟淡水的物理性質不大一樣。海水的密度很明顯的比純水密度要高，加了鹽進去後，它的體積還縮小，很明顯的密度就增加。海水在溫度愈低時，密度愈高。這是海水的部分水分子團被鹽類破壞掉，在冰點附近自由分子的效應即已超過水分子團的效應。所以，冰點開始加溫的話，單一分子體積加大的程度，超過水分子團破裂減少體積的效應，使得總體積增加，而使得海水的熱膨脹度都是正數，而不是負數。而純水在 4℃ 以下熱膨脹度是負數。加溫、加壓與增加鹽度都會破壞水分子團，也都會導致水的壓縮性減少。[1]

研究海中氣體，著重的是氧氣和二氧化碳。氧氣在海裡非常受重視，因為其與植物的光合作用直接作用有關，也對生物的呼吸有很大的影響。

氣體的溶解度與溫度、鹽度有關。溫度愈低，溶解度愈高。於中緯度或低緯度地區大部分表水略為過飽和（2～3%），這是因為光合作用製造氧氣，需要一段時間逸散至空氣中。

　　一般浮游植物生長恰當的深度略低於表面，在這地方的氧氣過飽和的程度最高。再深的地方，由於呼吸作用，使得氧氣減少，變成低於飽和，更深海中的海水並不會因為生物的消耗而形成無氧狀態。原因是當深海海水在表層形成時，其溫度很低，因而含有最高量的氧，足夠供給深海中有限的生物使用，且由於南極底層水的補充，氧氣濃度再度回升。含氧量在水深 20m 以後會隨著水深而逐漸減少，通常在水深 500-1000m 之間會有一最小值。最少含氧區在有些地方，其含氧量會趨近於零。最少含氧區的產生是由於此區中生物的消耗氧，但是又缺少植物的光合作用和大氣的擴散作用來補充所失去的氧。【3】

1.3　海底地形、地貌

　　海底可依地形分成數區，如圖 1-1 所示，海陸交界，位於高、低潮線之間的地方叫海岸線（Shore）。海岸帶以外是坡度平緩，平均斜率只有 0.2 度的大陸棚（Continental Shelf），大陸棚寬度可能只有數公里，也有可能像白令海有數百公里寬，而平均寬度約有 65 公里，從海岸邊至水深 100 或數百公尺深處，其面積約只佔整個海洋面積的 7 至 8%，世界上大部分漁獲都在大陸棚上取得。在大陸棚外，海底地形坡度急劇下降，坡底多半為泥及岩石，坡上經常有 V 型峽谷，多半位於河口，其水深可達 3 至 5 km，稱為大陸斜坡（Continental Slope）。在大陸斜坡邊緣，坡度減緩，常常有大陸坡上滑落物堆成的小丘，叫做大陸隆起（Continental Rise）。在水深 3 至 5 km 處，海底地形平坦，為沈積物覆蓋的廣大平原，景色單調，稱為海底平原（Abyssal Plain）。在某些地方，海底平原會被深而窄的海溝（Trench）所切割。大部份的海溝是呈弧狀地位於太平洋陸塊和群島的邊緣。海溝的深度從 7,000 至超過 11,000 m。已知最深的海溝是馬里亞那海溝（Marianas Trench），深約 11,022 m。

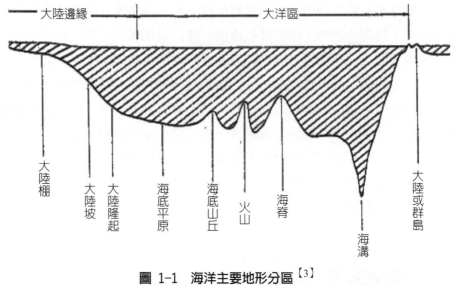

大陸邊緣　　　　　大洋區

大陸棚　大陸坡　大陸隆起　海底平原　海底山丘　火山　海脊　海溝　大陸或群島

圖 1-1　海洋主要地形分區[3]

　　海底的中洋脊（Submarine Ridge）是地表規模最大地形，中洋脊將大洋海底的海水分區隔絕，中間只靠斷裂帶使深海海水流通。這些中洋脊常是不同地殼板塊相連接的地方，也常常是海底火山活動的地方。

　　此外，大洋中有些孤立的島嶼和位於海面下的海底山丘（Seamount）。與海脊不同之處在於它們都是經由獨立的火山活動而單獨隆起於海底平原之上。太平洋、大西洋與印度洋海底地形如圖 1-2 與圖 1-3 所示。

圖 1-2　太平洋海底地形[3]

圖 1-3　大西洋與印度洋海底地形[3]

1.4 洋流與波浪

由於每個區域的海水各有不同的濁度和鹽度，因此各有不同的比重，也因此可將世界上的海洋分成許多不同的水團或水塊（Water Mass），分成三種水團。上層水團是指位於躍溫層以上，充分混合的水層；躍溫層（Thermocline）是指溫度梯度隨深度的變化呈不連續的水層；從躍溫層以下至海洋底部的水層是深層水團（Deep-water Mass）。

上層水團主要是由於風吹作用而不斷地波動。風可產生兩種方式的波動，一為浪（Wave），另一為洋流（Current）。浪的大小從幾公分浪高的漣漪，可大至 30 m 浪高的暴風雨浪。除了浪高外，浪的波長（Wave Length）也是浪的一個特徵。除了風吹可產生浪之外，地震、火山爆發以及水面下的塌方皆會產生具有破壞性的浪，稱為海嘯（Tsunamis）。因為月球和太陽的引力而產生的浪稱為潮（Tide）。

浪進入淺水域時，會與海底產生摩擦，因而減緩浪的前進速度，並且使得波長變短，結果波的高度增加而變得更為陡峭。當浪到達水深為波高的 1.3 倍時，浪會瓦解並且釋放其能量於海岸邊。[1]

海水的循環，最主要有兩種洋流，第一種是由溫度、鹽度不同造成的溫鹽流（Thermohaline Circulation）。就海水而言，鹽度愈大的海水愈重，愈冷的海水也愈重。南北極的冷海水較重，所以往下沉，此種溫鹽流主要是上下移動。

第二種洋流是由風力所推動的，幾乎所有表面洋流都是由風力來推動。世界三大海洋如圖 1-4 所示。

由於表面洋流由風形成，所以，風怎麼吹，水就怎麼流。以太平洋為例子，西風帶的地方，風往東吹。洋流就往東邊流，形成北太平洋流，流到美洲大陸，受到大陸阻隔，水就往西邊分流。於東北太平洋往北走的阿拉斯加洋流，往上流後阿拉斯加，再度碰到陸地阻隔，只能往西流，此時碰到東風帶，所以，水也自然而然順風往西行形成北極洋流。其中有一小部分流到白令海，而白令海與北冰洋之間經過白令海峽相通。就整個大環

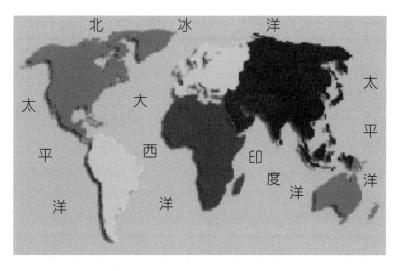

圖 1-4　世界三大海洋[1]

流來講，太平洋的水只有很小一部分流到北冰洋。

　　往西流的北極洋流碰到甚查加半島後無處可去，只好往南流，形成親潮。之後碰到西風帶，轉向東流，自然而然就完成一個循環，稱為次極區環流。太平洋次極區環流所在的緯度並不高，這是受到太平洋北邊陸地的限制。西風帶的水碰到北美大陸，有一部分往南流為加尼福尼亞流。流到貿易風的地方，自然而然要往西邊走，形成北赤道流。赤道流碰到亞洲大陸後又往南北分流，往北走的叫黑潮，黑潮到了西風帶又往東流，完成一個環流叫北太平洋環流。

　　南太平洋的海水經過合恩角流到大西洋，這時大西洋一樣西風帶，所以流到大西洋的水繼續往東流，流到非洲南邊，更沒有任何阻擋，所以，這水繼續再流，經印度洋回太平洋，繞了地球一圈，這是環南極流。

　　環南極流的水有一部分被南美洲大陸擋住，形成祕魯洋流，往北邊流。流到貿易風盛行的地方轉往西流，形成南赤道流。南赤道流流到西太平洋以後，讓印尼等陸地擋住，所以大致上往西邊分流。往南邊流的東澳大利亞流，回到西風帶又是往東流，所以完成一個環流，這是南太平洋環流。南邊的環流和北邊的環流是對稱的。

　　而南赤道流，碰到印尼後，一小部分流入印度洋，大部分分向兩邊流。南向那股納入亞熱帶環流。北向的那一股洋流，碰到北太平洋赤道流碰到亞洲後往南流的分支，這兩股洋流撞在一起，形成北赤道反向流。所以大致上在太平洋有兩個大環流，有三個子環流。[1]

　　洋流係海水一定方向終年不斷流動，洋流有暖流與寒流之分，前者生於赤道附近，後者生於高緯度地帶。

1.5　海洋氣候

　　地面氣候之變化受海陸分布之影響甚顯著，一般稱為大陸性氣候與海洋性氣候。

　　大陸性氣候常見於內陸地區，離海岸愈遠，海洋之影響愈小，溫度之變化愈急劇。冬冷夏熱。冬、夏季之溫度差（年差）甚大，且白晝熱夜晚冷。晝夜之溫度差（日差）亦大，雲量少，雨量亦不多。

　　海洋性氣候則發生在沿海區。因受海洋之調劑，溫度變化和緩，有暖冬夏涼、晝夜相仿之感覺，且常有大量的雲及可觀的雨水。在中緯度的東岸受陸風影響；而西方海岸，則常受由海登陸之海風所影響。故中緯度之美國大陸東岸為大陸性氣候，而西海岸則為海岸性氣候。在赤道附近，則因大氣環流係自東向西，故東西兩岸之氣候情形是與中緯度者相反。[4]

　　若海洋儲蓄大量之熱能，在夏季，因垂直混合作用，使吸收之日射熱量，分布於相當厚之水層中，故海面溫度增變有限。在冬季，熱損失亦發生於相當厚之水層，故海面溫度之降低甚微。故僅有混和作用而無水平海流，沿海氣候較內陸氣候溫和。

1.6　海洋生態環境

　　海洋生態系是地球上最大的生態系。在海洋環境中有兩種過渡區，又稱陸海交互作用的地帶。一種是介於海洋與陸地環境之間，另一種則是介

於淡水和海水之間。潮間帶或潮帶是位於極高和極低潮之間的海岸地帶，是介於海洋與陸地之間的過渡區。而河口是介於淡水和海水相混合的地區。兩者都有豐富的生物相。【2】

　　台灣四面環海，山明水秀，有「福爾摩沙」之美譽，其主要原因是剛好位於太平洋、歐亞大陸和菲律賓等三個板塊的交界處，受到千萬年來複雜的板塊運動的影響，形成了無數的高山縱谷，且形成了大屯、基隆、龜山島、澎湖、蘭嶼和綠島等火山群。此外，再加上地處熱帶和亞熱帶，暖流流經附近所形成的珊瑚礁，使得台灣海岸的地質和地形均富於變化。海岸線長達一一三九公里，不同的海岸岩層受到海水長期的侵蝕、搬運和堆積等作用，形成了各種海蝕和海積地形。【9】如北部海岸為火山邊緣緩坡地與海岸相交會的上升海岸和海灣交互出現。東部海岸為侵蝕性的斷層岩岸，海岸平原及潮間帶都相當窄小。西部海岸大都為平直緩降的隆起沙岸，分布許多沙洲、沙丘、灘地及潟湖（lagoon），像曾文溪口北岸之七股，由網子寮及頂頭額沙洲所圍之內海即為七股之沙洲潟湖，昔稱「台江內海」。台灣南部海岸為裙礁之珊瑚礁海岸，岸邊地形崎嶇不平，台灣珊瑚礁區圖如圖 1-5 所示。蘭嶼和綠島都是火山島，環繞其周圍的主要也是裙狀珊瑚礁。小琉球為本省唯一的珊瑚礁島嶼，四周多珊瑚礁岩。

　　澎湖群島擁有台灣地區最寬廣的潮間帶，也是許多海洋生物繁殖的主要場所，是由大小不等的六十四個島嶼及礁岩組成，澎湖北部及中部如白沙島西側之通樑與東側之歧頭有寬廣之潮間帶，澎湖南部海岸則多為柱狀玄武岩所構成。位於南中國海之東沙、西沙、中沙與南沙等群島，多屬於環礁中露出水面的一部份環礁中為珊瑚礁潟湖。

　　一般而言，海洋生態系中，較敏感的區位，應儘可能保存保護，避免開發的包括：(1)河口地區：為營養豐富，生產力高的區位，生物多樣而豐富，仔稚魚和浮游生物特別多，但也是容易受污染的區塊。(2)珊瑚礁區：陽光充足、水質清淨為海域生物的重要撫育場所和漁場。台灣墾丁、蘭嶼和綠島的珊瑚礁區，過去甚為可觀，但是最近幾年來破壞極顯著。(3)海草床：近岸海域潟湖內的海草床，也是海洋生物主要棲息、覓食場所之一。(4)紅樹林：可以穩定海岸、淨化水質，以及生物棲息撫育等功能。

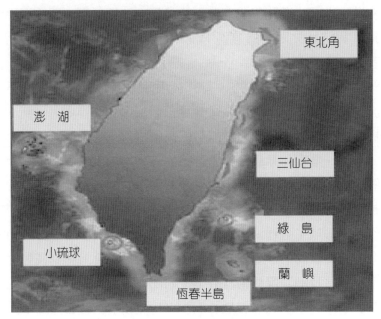

圖 1-5　台灣珊瑚礁區圖【9】

如圖 1-6 所示。(5)潟湖：對於涵養水量、調節排洪，以及生物棲息覓食有顯著功能。(6)離岸沙洲：有屏障暴潮的功能。(7)泥質灘地：通常為營養豐富、生物密集的區位【2】。

圖 1-6　紅樹林（海岸的捍衛者）【2】

1.7 海洋之基礎生產力及有機物來源

　　海洋之基礎生產力是生物鏈最基本的一環，也是海水中有機物最主要來源。所謂的基礎生產，就是將海水裡無機的營養鹽和無機的碳，經過光合作用轉變成有機碳。所謂基礎生產力，就是單位時間、單位面積，經過基礎生產，把無機碳和營養鹽轉變成有機的碳量。基礎生產所受到的最大限制，就是太陽光，太陽光太強時對基礎生產力不見得會有幫助，因為太陽光中的紫外線可以抑制浮游生物生長。一般來說，熱帶地區海水表層的光合作用反而比較低，基礎生產力也就比較低。通常熱帶地區多半要到水深 30 公尺左右時，光合作用才進行得最快。另外一個對基礎生產力很有影響的是海水的溫度。一般海水的溫度落在 -2～30℃ 之間，海洋生物適應的生長範圍都在此範圍。[1]

　　生物的生長需要營養鹽，所以缺乏營養鹽的地方生物就長不好。營養鹽是指氮、磷、矽及還有很多維他命以及有機質。一般來講熱帶與亞熱帶地方的海面營養源濃度較低，高緯度的地區或是沿海大陸棚上營養鹽成分較高、基礎生產力也比較高。

　　海水常常含有高能量的有機物，以溶解性有機物（Dissolved Orgainic Matter, DOM）方式存在。這些有機物本身就是一個重要的食物來源。

　　海水中 DOM 之來源，除了海中生物生長死亡時所釋出外，主要也來自空飄及陸地。空飄有機物主要是多環芳香碳氫化合物及多氯聯苯，前者來自燃燒石化燃料，後者來自殺蟲劑。

　　有些 DOM 含有毒性，如造成紅潮的雙鞭毛藻，會釋放有毒的物質，對其他生物的生長就有抑制作用。所以，含較高有毒物質或受污染的地區，基礎生產力會降低。

　　最後一個影響基礎生產力的主要原因就是掠食生物量。如果一個地區有很多掠食浮游植物的動物，大量消耗浮游植物，基礎生產力就會降低。

1.8 海洋資源

　　「海洋資源」泛指一切存在或可被人類利用的海洋中物質。海洋龐大量體，蘊藏了豐富的生物資源與非生物資源，也發展出各種海洋產業；此外，海洋資源又可分為非再生性資源及再生性資源。例如，一些海洋礦產資源即屬於非再生性資源，其資源量會隨人類的開採使用而減少。再生性資源又可以分為兩種，生物性資源為第一種再生資源，其資源量在被使用後會自行補充，但如果過度使用，超過其再生能力，資源量將持續減少直至消失。另一種再生資源理論上是不管如何使用，資源量都不會減少，如海洋能源屬之。人類對於海洋及陸地資源的開發有截然不同的方式。[6]陸上的收成多半直接來自於植物，而其中絕大部分是經由耕作方式獲得的。以海洋為基地或依賴海洋發展的產業，可說是包羅萬象。例如，造船、航運、觀光、漁業、海岸工程、綠色能源與環境保護等，這些都是現今主要且典型的海洋產業，例如圖 1-7 之台南縣七股之觀光鹽田／鹽區。

圖 1-7　鹽田（例如台南縣七股之觀光鹽區）[6]

★ 1.8.1 海洋生物資源[3]

海洋經過幾十億年的演化終於有今天海洋中數十萬種，千奇百怪、形形色色的海洋多樣性生物。更多的種類可能在尚未被人們所發現、瞭解之前，即已因人為的災害而可能全面銷聲匿跡。

海洋生物係指在其生活史或在生態上必須在海洋環境中的生物，其分類方式各有不同，可依其不同體長大小、活動力、生態系、分佈範圍或生物分類系統等來分。有許多類別的生物甚至只分佈於海洋而未見於陸地或陸上之淡水環境。海洋環境中共有 98 個門的動物生活於海洋中，其中有一半純海水性，亦即只能存活在海洋中，如櫛板、扁盤、顎口、腕足、棘皮動物及半索動物等，就連海綿、刺胞及苔蘚動物門中也有超過 95% 種類僅能存活於海洋中。[3]

海洋生物泛指魚、蝦、貝類及海藻等海洋動植物，種類繁多。通常將其歸納如下：

第一類：洄游性魚類

這類魚類有目的地的成群從甲地移棲至乙地，通常都是為了生殖與索餌目的。然而，有些魚類的洄遊特性也與水溫、光線、年齡、潮汐、海流等因素有關。這類魚類，包括了鮪魚、鯖魚、烏魚、旗魚。洄遊性魚類都有一同特徵，就是流線型的身體，游泳速度很快，並且群體有季節性遷移的習性。

第二類：底棲性魚類

這類魚生活在比較深的區域，生態環境較為穩定。由於移動範圍不大，其洄遊現象不明顯。這包括了白帶魚、石斑、鯊魚等。其魚群量的變化比較穩定，但是一旦資源量減少之後，則比較不容易恢復。

第三類：甲殼類

為海洋中除了魚類之外，人類較常接觸的生物類，各種蝦類及螃蟹類屬之，分佈上較偏向於底棲性，並且靠近河口地區。目前海洋中的蝦類資源已經比過去減少許多。

第四類：軟體動物

俗稱貝介類，包括了文蛤、牡蠣、章魚等生物，也是許多魚類的食物，此外如珍珠貝之珍珠或貝殼加工及裝飾之用。這類生物多以過濾方式攝食，因此分布在比較靠近生產力較大的淺海海域，甚至有些終生住在珊瑚骨骼之硬基質內。

第五類：其他種類

不屬於以上四大類生物者。

★ 1.8.2 海洋非生物資源

海洋非生物包括海床礦物與海洋能源，其說明如下：

一、海床礦物

礦物資源指的是現在或未來有潛力可供開發、利用的礦物及地質資源，包括能源資源、金屬礦物及非金屬礦物。

依其礦產來源地區由沿近海至遠洋海洋可分成：

（一）濱海地帶礦床：濱海地區的礦產種類與鄰近陸地的母岩有關。海灘的組成物多為雲母、石英、長石，以及常被開發利用的沙礦有石英砂、金紅石。

（二）大陸邊緣礦床：包括有大陸棚、大陸斜坡及大陸隆起。大陸棚礦床都具有其沉積環境的特性。如在亞熱帶及熱帶地區的陸棚，多以珊瑚及貝殼為主的矽質砂礦。此區其重要礦產為，石油、天然氣資源及磷灰岩等等，如圖 1-8 為開採石油示意圖。

（三）深海遠洋礦床：深海上的沉積物之礦產資源主要有無機質的紅黏土及有機質的碳酸鈣軟泥。

（四）海底岩層：主要開採的有海底煤田、鐵礦脈及海域石油資源。目前以大陸棚及海岩層所蘊藏的油氣資源之開發收益最大，約佔人類經營海洋總收益的 90%。[2]

圖 1-8　開採石油示意圖[2]

二、海洋能源

　　主要是指利用太陽輻射熱能及天體間吸引力的能源，因此具有無污染、能源可再生、蘊藏豐富等優點。主要開發利用的有：

（一）海洋溫差發電：利用表層海水與深層冷海水的溫度差來發電，是一種將太陽能轉成電能的技術。

（二）潮汐發電：利用潮汐現象，將水位差的位能轉換為機械能或電能。

（三）波浪發電：利用波浪的前後運動或垂直運動，將波能轉換成機械能。

（四）洋流發電：海洋中具有一些穩定存在且流速大的洋流，利用方式類似風力發電。

（五）其他海洋能源：尚有鹽差發電等各種不同利用海洋能源的方式。
　　【2】

1.9 全球暖化與影響

全球暖化使得地球的大氣和海洋溫度上升，主要是指人類活動造成的溫度上升。原因已證實是由於人類活動的溫室氣體（二氧化碳、甲烷、氧化亞氮）排放過多造成。隨著全球溫度的升高，海洋水的體積將會大增。同時，陸地上冰川以及極地的冰蓋融化也將注入大量的水。如果氣溫增加 1.5～4.5℃，海平面大約將上升 15 至 95 米。

1950 年代至 1980 年代間，環南極的南大洋水溫升高了 0.17℃，速度幾乎是全世界海洋平均值的兩倍[16]。你可知 2007 年九月報導北極冰層六天已經有大約佛羅里達州面積融化消失了？氣候專家說，以這種速度，到了 2100 年南北極冰將消失，這比先前預測的還快。水溫的升高影響了生態系統（如，海冰的融化影響了在其底部生長的海藻），同時降低了海洋吸收二氧化碳的能力。海洋環境受到影響如下：

一、海平面上升與棲息地淹沒消失

由於海洋溫度增加，南極和北極的冰川會加速融化，導致海平面上升，會淹沒沿海低海拔地區，例如大洋洲島國圖瓦魯與澳洲大堡礁島嶼已被水淹沒。全世界有 3/4 的人口居住在離海岸線不足 500 公里的地方，陸地面積縮小會大大影響人類居住環境。

二、天災不斷

由於氣候變遷，水蒸發量加與加快，大量水氣被輸送進入大氣，會導致局部地區短時間內降雨量突然升高，超大暴雨導致水災、山體滑坡崩落、土石流等更加頻繁的發生。位於河流沿岸的城市和位於河流下游的廣大地區受到洪水的威脅，水災面積因為短時的高降雨而迅速擴大，水土流失問題等也更加嚴重。

三、海水酸化

地球上的海洋吸收了許多生命活動所釋放的二氧化碳，這一過程以氣體溶解的方式進行，或者以海洋微生物的骨骼的形式沉入海底成為石灰

石。海洋的吸收量約為每人每年一噸的 CO_2[17]。但是在水中，二氧化碳會變成碳酸，一種弱酸。

工業革命（1970 年）以來溫室氣體的排放已經使海水的平均 pH 值下降了 0.1，達到了 8.2。據預測，進一步的排放可於 2100 年前將再下降 0.5，這是數百萬年來從未達到的數值[18]。有人已經觀察到海水酸化可能對珊瑚[19]（1998 年以來，世界上 16% 的暗礁珊瑚已經死於漂白劑）以及帶有碳酸鈣貝殼的海生生物造成致命的影響。酸度的增加也會直接影響到魚類的生長與繁殖，以及它們賴以生存的浮游生物。

1.10　過度捕撈與死亡海域[20]

用魚餵養動物，嚴重威脅海洋生態，全世界有三分之一的魚獲是提供動物飼料。根據石溪大學（Stony Brook University）的海洋保育科學研究所及英屬哥倫比亞大學（University of British Columbia）的一項長達九年的研究報告顯示，有令人震驚的 2,800 萬噸海洋魚類，正被磨成粉末餵食工廠養殖魚類、豬隻與雞隻。

美國的研究和教育組織—世界政策協會（World Policy Institute）指出，過度捕撈的做法，將會導致海洋生命陷入危機。一項 2003 年的研究顯示，海中有 90% 的大型魚，在過去的 50 年內已銷聲匿跡，而世界政策協會也正在呼籲，要將用於補貼漁業的經費，用來建造大型海洋生態保護區。

海洋因吸收過量的二氧化碳而酸化，溫度升高迫使海洋動物另覓棲息地，即所謂「死亡海域」，面積已逾數萬平方哩，汙染和過度捕撈也是造成因素。聯合國糧農組織的報告指出，現在有 80% 的魚類物種已瀕臨絕種。

1.11 例　題

例題1

據了解全世界海洋潮汐能源蘊藏量大約為 27 億千瓦，(1) 試問 20 億千瓦等於幾瓦，1 度電 = 1000瓦，1度電 = 2 元 NT，(2) 全世界潮汐蘊藏量產值為多少元？

答：(1) 2,700,000,000 KW = 2,700,000000,000W

2,700,000,000,000W/1000W = 2,700000,000 度電，

(2) $\dfrac{2700000000 \text{ 度電}}{\dfrac{1 \text{ 度電}}{\text{新台幣 2 元}}}$ = 新台幣 5400000000 元

例題2

某個海水樣品採集回來，測得海水鹽度為 30ppt，請問等於多少 ppm？已知 1ppm = 1000ppb，1ppb = 1000ppt

答：30ppt = 0.03ppb，0.03ppb = 0.00003ppm。

例題3

學校舉辦之四天三夜畢業旅行，會在兩處海灘停留欣賞（如下表），試問此兩處海灘之最大潮差分別為何？

海灘地點	2013 年最高潮位（m）	2013 年最低潮位（m）
A 海灘	5	2
B 海灘	4	1

答：最大潮差 = 當年最高高潮位與最低低潮位之差值。

故A 海灘之最大潮差 = 2013 年最高潮位(m)–2013 年最低潮位(m)

= 5m – 2m = 3m。

B 海灘之最大潮差 = 2013 年最高潮位(m)–2013 年最低潮位(m)

= 4m – 1m = 3m。

參考文獻

1. 陳鎮東，海洋化學。茂昌圖書有限公司。民國 83 年初版。

2. 邱文彥，海岸管理理論與實務。五南圖書出版公司。民國 89 年初版。

3. 邵廣昭，海洋生態學。明文書局。民國 87 年初版。

4. 周瑞敦，海洋地質學。聯經出版事業公司。民國 76 年初版。

5. 黃正德，海洋化學概論。大洋出版社。民國 68 年初版。

6. 陸繼雄，海洋環境。淑馨出版社。民國 76 年初版。

7. 胡念祖，海洋政策理論與實務研究。五南圖書出版公司。民國 86 年二版。

8. Gecrge L. Pickard, Descriptive Physical Oceanography。Fourth enlarged edition 1982.

9. 潮間帶資訊網，http://www.csnp.org.tw/content/classrom/00030803.htm。

10. 海洋台灣，http://www.oceantaiwan.com/home.htm/。

11. 行政院環保署，http://edb.epa.gov.tw/。

12. 全國重要環保專題網，http://ivy2.epa.gov.tw/gepp/Q&A.htm#7。

13. 海洋的分布，http://hk.geocities.com/geog20022000/good。

14. 海洋污染危機 http://e-info.org.tw/issue/environ/waterp/2001/waterp01061201.htm.

15. Climate Change 2001: Working Group I: The Scientific Basis.

16. Sarah T. Gille, Warming of the Southern Ocean Since the 1950s, Science 15 February 2002, Vol. 295. No. 5558, pp. 1275-1277.

17. C. L. Sabine et al., The Oceanic Sink for Anthropogenic CO2, Science 16 July 2004, Vol. 305, No. 5682, pp. 367-371.

18. Emission cuts 'vital' for oceans, http://news.bbc.co.uk/1/hi/sci/tech/4633681.stm.

19. Thomas J. Goreau, Global warming and coral reefs, http://www.opendemocracy.net/globalization-climate_change_debate/2558.jsp

20. SOS 全球暖化衛星電視免費頻道：www.SupremeMasterTV.com/tw/.

自我評量

是非題：

(　　) 1. 海洋約佔地球表面的 70.8%，在海底中蘊藏有許多豐富的礦產，全球約有 80% 的動物生活在其中，海洋有萬物之母的稱呼，同時也是人類生命的基礎。

(　　) 2. 海洋可提供人們休閒、食鹽、礦物資源、調節氣候、蒸發水分有利降雨及提供能源。

(　　) 3. 水乃是由氫及氧所合成之化合物，分子式為 H_2O，分子量約為 18。

(　　) 4. 海水中所含鹽類之總量共約 32×10^{18} 噸，若全部沉澱結晶可形成厚 150 呎之鹽層。

(　　) 5. 台灣四面環海，山明水秀，素有「福爾摩沙」之美譽，其主要原因是剛好位於太平洋、歐亞大陸和菲律賓等三個板塊的交界處，受到千萬年來複雜的板塊運動的影響，形成了無數的高山縱谷，且形成了大屯、基隆、龜山島、澎湖、蘭嶼和綠島等火山群。

(　　) 6. 全球暖化造成地球的大氣和海洋溫度上升，主要是指人為因素與活動排出溫室氣體。

選擇題：

(　　) 1. 水乃最普遍之液體，它具有下列性質，請問以下何者是錯誤的：

　　(1) 地球上存量最多的液體

　　(2) 在普通之物質中，比熱甚大

　　(3) 表面張力是所有液體中最小

　　(4) 多種物質皆能溶於其中（溶解後成離子）

(　　) 2. 海洋生物資源中其軟體動物它具有下列性質，請問以下何者是錯誤的：

　　(1) 俗稱貝介類

　　(2) 游泳速度很快，並且群體有季節性遷移的習性

　　(3) 其貝殼可做為珍珠貝之珍珠或貝殼加工及裝飾之用

　　(4) 包括了文蛤、牡蠣、章魚等生物，也是許多魚類的食物

（　）3. 海洋可分三大洋，以下述敘何者為非：

　　　（1）太平洋最大，佔了海洋面積的百分之四十六

　　　（2）海洋平均深度為 1000 公尺

　　　（3）海洋體積約 13 億立方公尺

　　　（4）大西洋佔百分之二十三，印度洋佔百分之二十

（　）4. 海洋能源是利用其太陽輻射熱能及天體間吸引力所造成的物理現

　　　象，下列述敘何者為非：

　　　（1）會造成海洋污染

　　　（2）海洋溫差發電是一種將太陽能轉成電能的技術

　　　（3）潮汐發電係將水位差的位能轉換為機械能或電能

　　　（4）洋流發電為海洋中具有一些穩定存在且流速大的洋流

（　）5. 海水中溶解性有機質之來源，下列敘述何者為非：

　　　（1）除了海中生物生長死亡時所釋出外，主要來自空飄及陸地

　　　（2）空飄有機物主要來源中只有多環芳香碳氫化合物

　　　（3）多環芳香碳氫化合物的產生主要是燃燒石化燃料

　　　（4）多氯聯苯的主要的使用是來自殺蟲劑

（　）6. 全球暖化對海洋環境之影響，下列何者為非：

　　　（1）海平面上升與棲息地淹沒消失

　　　（2）天災不斷

　　　（3）海洋生物多樣豐富化

　　　（4）海水酸化

問答題：

1. 海洋具有哪些功能？

2. 海洋資源可分為哪幾類？

3. 寫出水的物理特性及在生物上的意義？

4. 寫出五種在海洋生態系中，較敏感也應保存保護的區位？

5. 寫出太平洋分別有哪幾兩個大環流及幾個子環流？

6. 全球暖化原因及對海洋環境之三項影響？

7. 何謂過度捕撈與死亡海域？

Chapter *2*

海洋污染與防治

2.1　前　言

所謂海洋污染，依海洋法公約第一條的規定，是指「人類直接或間接把物質或能量引入海洋環境，包括河口灣，以致於造成或可能造成損害生物資源和海洋生物、危害人類健康、妨礙海洋的其他正當用途在內的各種海洋活動、損害海水使用質量，和減損環境美觀等有害影響。」[1]

自古以來，人類不當利用海洋的巨大涵容能力處理廢棄物和排放廢污水。有很多人相信廢污水只要排入大海，立刻會被稀釋，但日以繼夜的排放廢污水，使海洋生態環境逐漸不堪負荷。當海域被污染時，會影響所有海洋生物之生態平衡、生長與繁殖。

傾倒於海域的廢棄物若含有放射性物質或重金屬時，這些東西都會具有毒性或累積性物質，而蓄積在水生物體內，會使食用者中毒，造成急性或慢性病變。另外不時發生的船舶油外洩意外，更可能一夕之間造成海洋生態系統的浩劫。因此，海洋污染的防治，也是成為當今國際重視課題的原因之一。

2.2　海洋污染的特點

由於海洋污染與大氣、陸地污染有很大的不同。首先是海洋污染來源廣大，不僅人類在海洋的活動可以污染海洋，人類在陸地和其他活動方面所產生的污染物，也能經由流入、大氣擴散和降水而進入海洋。第二點是持續性強，海洋是地球上地勢最低的區域，因此不可能像大氣和江河經過暴雨，就將污染物轉移，一但污染進入海洋便很難轉移出去，不能溶解與不易分解的物質在海洋中會越積越多，不論是沉澱到底泥中或是懸浮在海水中，往往會通過生物的濃縮作用和食物鏈傳回人類身體。第三點是擴散範圍廣大，全球的海洋是一個互通的整體，當海域污染後，經過波浪或潮流的影響，往往會擴散到週邊甚至波及全球。[2]

　　海洋污染有很長的累積過程，因此不容易被及時發現，一旦形成污染往往需要長期治理才能消除影響，且治理費用大，造成的危害影響範圍大，而且不易徹底清除乾淨。

2.3 海洋污染的分類與影響

★ 2.3.1　物理性污染

　　所謂的物理性污染包括能量性污染（如廢熱與振動）及外觀（如色度、濁度）的改變。[3]

　　水中廢熱可能會導致生物畸型或影響生物生長，通常是因工廠或核電廠的冷卻水未經處理直接排入所造成。船舶、潛艇或海中施工爆破引起水中頻率改變的聲音污染，時間通常短暫，甚少有研究聲音污染對生物之影響。

　　海事工程水土保持不良或傾倒廢土等造成懸浮顆粒濃度過高，是會影響水中植物光合作用及生物生長繁殖；例如大雨將泥沙帶到海裡，造成水質混濁，甚至覆蓋大片泥沙在珊瑚礁上，珊瑚可能因此而逐漸死亡。

★ 2.3.2　化學性污染

　　基本上造成海洋污染大多數都是由化學物質所引起，其對生態的影響也較為嚴重，化學污染可分為無機及有機污染。

一、無機化學污染

　　無機物質依元素型態不同可以分成營養鹽（氮、磷、矽元素），重金屬（鎘、鉻、鈷、銅、鎳、鉛、鋅、汞等元素），及包括天然核種（^{235}U、^{232}Th、^{238}U）、核分裂核種（^{90}Sr、^{137}Cs）、活化核種（^{60}Co、^{54}Mn、^{65}Zn）等的放射性物質。[3]

　　營養鹽為生物生長所需元素，在自然環境下來源並不廣，不會因營養

過盛而造成水體優養化的狀況，但人類開墾土地種植農作物使用肥料時，多餘的肥料會隨著河川流入海域，例如家庭與工業廢水未經適當處理即排入其中，帶來高濃度營養鹽，都有可能造成近海海域產生優養化現象。過量的氮會造成俗稱浮游植物的單細胞藻類快速滋生，藻類死亡分解的過程會大量消耗氧氣，導致水中生物窒息死亡。

重金屬具有潛在長期影響的物質，有些重金屬元素是生物生長所需要，若生物缺乏或攝取不足便會造成新陳代謝不良，但攝取過量將產生中毒而引起疾病；有些元素則是生物生長完全不需要的物質，攝取超過身體所能負荷的濃度將造成嚴重疾病。

地球在形成時即有放射性核種（如 ^{40}K、^{238}U、^{232}Th）的合成，主要儲存在礦物岩石中，經過四十六億年來的衰變，其在海洋環境中的強度已變的極弱，但自 20 世紀初人類發展核能（軍事、能源、醫學或工業用途），有些海洋環境曾遭放射核種的污染。較有名的事件：英國雪樂飛（Sellafield）核能廠在 1975 年輻射外洩，當時在愛爾蘭海域捕獲魚體中 ^{137}Cs 的強度為 10pCi/g 比北海正常魚體中 ^{137}Cs 的強度 0.1pCi/g 高出 100 倍（Crouch, 1986）。人體或生物體內若蓄積高輻射性物質將產生肌肉、骨骼等嚴重病變，輕則可能致癌、產生畸形兒，嚴重時會立即死亡。[3]

二、有機化學污染

有機化學物質包括石油、煤等天然碳氫化合物，人類合成之有機碳氫化合物，例如船舶使用之抗生物塗料，以及污水排放之有機物質。

石油等碳氫化合物會造成污染大多是經由人類活動所致。海上油田開發、採油、油輪船難等均會造成大規模油污染事件；除此之外，原油提煉後之產物或煤及工業用油燃燒後會產生多環芳香烴（PAHs）碳氫化合物，在生物體內累積過量時會造成免疫系統破壞，增加致癌機率。

1940 年代之後由於科技精進，科學家開始研發合成有機化學物質，低分子量鹵素碳氫化合物例如四氯化碳（CCl_4）、三氯甲烷（$CHCl_3$）等等，此類物質通常用於工業用途（冷媒、噴霧等）；高分子量的鹵素碳氫化合物則用來當作殺蟲劑（DDT）、滅菌劑、農藥、除草劑等，另外尚有工業及家庭用的表面活性劑（清潔劑）。這些人工合成的物質在海水中濃

度很低，不易分析，即使環境遭受嚴重污染時也不易察覺，圖 2-1 為溶解態殺蟲劑、除草劑等有機化學物質在海洋環境中的濃度分布。

這些物質共通點為化學性質很穩定，很難被生物所分解，在 1970 年代中期，大多數歐美國家已禁止其中幾種對生態較具破壞力的化合物（如 DDT），但落後國家依舊製造使用。

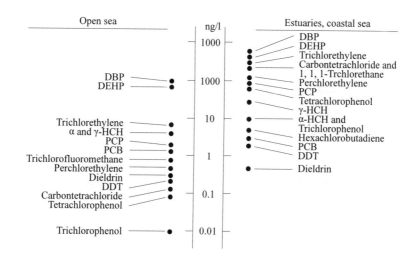

圖 2-1　溶解態殺蟲劑、除草劑等有機化學物質在海洋環境中的濃度分布

為避免生物附著繁殖而降低船舶或工廠設施之使用年限，故使用之抗生物塗料（Antifouling）中，以含有三丁基錫（Tributyltin, TBT）之的抗生物效果較佳，因此 1980 年以前歐美各國大都使用以三丁基錫為主要材料之防護漆。然而 1980 年初發現抗生物塗料在海水中慢慢溶出，導致海水中的三丁基錫濃度過高，進而導致魚蝦幼苗病變致死，Gibbs et al.（1987）研究也發現 TBT 濃度高於 0.5ng/L 的海水即可能引起蚵螺雄化現象。【4】

此外，生活污水中含有大量有機物質，雖然有機物在微生物作用下會進行分解，但若含量過高會耗盡水中溶氧，造成厭氧反應，產生有毒的硫化氫等。

★ 2.3.3　生物性污染

　　生物性污染主要是致病菌、黴菌與藻類等。[5] 即使是生物性污染，仍和人類活動有密不可分的關係。生活污水中常帶有大量病菌、有害微生物，未經處理的廢污水經河流帶入海洋，雖然在鹽度的變化及海洋的稀釋作用下影響變小，但仍可能會造成動植物健康及生命上的損害。

　　赤潮（Red Tide）為海域發生的藻華，當海洋環境發生變化，導致一種或數種浮游生物爆發性繁殖或聚集，引起水體變色的生態異常現象。[6] 有些赤潮生物體內含有某種毒素或會分泌毒素，經由食物鏈使魚、貝類有毒；有些藻類雖然無毒，卻會因藻量過多形成缺氧環境，導致生物體死亡。目前普遍認為陸地污染物是引發赤潮的主因。

2.4　海洋污染的來源

　　根據聯合國海洋法公約第五章第十二部分「海洋環境的保護和保全」，海洋污染依來源可分為 [7] [8] 陸地來源的污染、來自船舶的污染、來自傾倒廢棄物的污染、來自大氣的污染與來自海床探勘及開採的污染等，其說明如下節。

★ 2.4.1　陸地來源的污染

　　陸地上人類活動所產生之廢棄物，農業、工業生產過程中所排放的廢料，經由河流、河口灣、管道和排水口結構注入海洋。來自陸上之污染雖因河川或人工放流管之排放而屬定點，但污染物質複雜，且污染量較其他污染源大，防治之道有賴於陸上環保工作之落實。

⭐ 2.4.2 來自船舶的污染

　　海洋環境污染中，最大的一種污染來源即是來自船舶之污染，船隻之污染分為無意之漏油與有意之排放或海拋（如油輪排放洗艙水或漁船拋棄漁網等漁具）所造成，其來源多為移動性點源，污染物本質較為明確。其中運輸船舶所載運之油料洩漏，或核能動力船舶與載運核能廢料之船舶，造成輻射物質外洩進入海洋，不但防治不易，善後更為棘手，可能一夕之間造成海洋生態系統的一大浩劫。

⭐ 2.4.3 來自傾倒廢棄物的污染

　　人類使用的化合物中，有許多是具有高度毒性的。這些工業的污染廢棄物或其他污染性物質，經由運輸工具運至海洋中傾倒、棄置。無論高放射性或低放射性，來自公私部分或軍方的廢料，皆屬此類。

⭐ 2.4.4 來自大氣的污染

　　來自大氣層之污染多為非定點、廣泛的污染，譬如工業、沙塵暴或火山落塵、從事核爆試驗所產生之輻射塵、飛航器空中洩油，透過大氣進入海洋而造成污染，但其污染量與危害程度通常不易估算。

⭐ 2.4.5 來自海床探勘及開採的污染

　　探勘或開發海床和底土自然資源的設施與裝置之污染，多指海上油井或其他海洋工程（譬如海砂之採取、海底電纜管道鋪設等）所造成之污染，因處置不當、設備不周，意外致使油、天然氣、泥漿外洩，或進行採礦時產生大量微粒物質、泥漿。此種污染多屬定點，且可事先預防，污染較為明確。【7】

2.5 國際公約與海洋污染防治法規

由海洋污染來源之分類與瞭解可知，處理海洋環境污染與陸地防治污染的工作對象不同。海洋環境污染防治的角度看來，可先要求陸上環境保護工作的落實，且可相信一旦陸地污染可以控制與減少，海洋污染將可減少大半。

剩下的海洋環境污染的來源即為海洋工程產生的污染以及船隻的排放與海拋。針對海洋工程所產生之污染有賴於事前之詳細規劃、評估，工程中之嚴密監控，與污染發生後之責任追究以及災害救護與控制，需藉由法規之釐訂與執法之落實來加以處置。船隻的污染，世界航運組織或國際漁業管理機制均對船隻之排放或漁船之海拋有所規範，故在法規上只要予以採行，並落實執法即可。

由過去事件可知，大規模和嚴重的海洋污染，對於海洋生態和環境品質，都有近乎毀滅性的影響。針對海洋污染防治工作而言，船隻來源之污染的法律規範多來自國際法規，海洋工程來源之污染的法律規範多有賴國家自行訂定。對於防止海洋污染的法令，舉例說明如下章節。

⭐ 2.5.1 防止海洋污染的國際公約

防止海洋污染的國際公約包括國際海洋法公約、防止船舶污染國際公約與倫敦傾廢公約，其說明如下：

一、國際海洋法公約

一九八二年聯合國海洋法公約（United Nations Convention of the Law of the Sea, UNCLOSⅢ）中一項重大成就是將「海洋環境的保護與保全」以單獨一個部分加以處理。[7] 此作為顯現出世界各國對海洋環境品質的重視，亦表示世界各國願意在國際海洋法的規範下，對海洋環境的保護與保全負起更大的責任與義務。

海洋法公約的法條意旨，著重在各國應採取防止意外事件和處理緊急

情況，保證海上操作安全，防止故意和無意的排放，以及規定船隻設備在設計、建造、裝備、操作和人員配置的措施。

二、防止船舶污染國際公約

一九二二年英國國會立法，禁止在英國及愛爾蘭所屬海域與港灣傾洩含油混合物，此舉引起各國仿效。然各國規定寬嚴不一，使航行於國際間的船舶無所適從。因此，美國倡議舉行國際會議，希望藉由國際合作的方式，以達到海洋防治污染目的。

一九五四年英國召開全球三十二個主要商船海運國家，通過「一九五四年防止海水油污染國際公約（International Convention for the Prevention of Pollution of the Sea by Oil, 1954）」，中間經歷多次修正，但主題完全偏重油污染問題。該公約對各締約國要求較高且有些規定引起不少爭議，至一九七六年為止只有三個國家接受該公約，因此一九七八年「政府間海事諮詢組織（IMCO）」召開易燃液體船舶安全及防止污染國際會議，通過採納「關於一九七三年防止船舶污染國際公約之一九七八年議定書」所修正的公約及目前所稱「七三／七八年防止船舶污染國際公約（MAPOL 73/78）」。

政府間海事諮詢組織於一九八二年間更名為「國際海事組織（IMO）」後，對 MAPOL 73/78 仍不遺餘力的修訂。不但對油類排洩管制、船舶在特別海域操作和各項紀錄證書等方面，均做更嚴格之規定。MAPOL 73/78 附錄 II 則是防止化學船污染海洋所制定的國際規則，包括操作上防止污染之排洩條件，撞船擱淺等事故發生時防止污染應適用有關規定，對於有害物質排洩標準、方法等均有規定。[5]

三、倫敦傾廢公約（London Dumping Convention）

由於認知到海水涵容廢棄物和自然資源再生的能力並非永無限制，一九七二年間聯合國方面在倫敦簽訂了「預防傾棄廢棄物及其他物質的海洋污染國際公約，簡稱「倫敦傾廢公約」，主要是依據聯合國憲章以及國際法的精神，認為各國有依其環境政策開發資源的主權，但也有責任確保其轄境內開發活動，不造成其他國家或境外地區的環境損害。

依據倫敦公約，海洋污染的來源十分廣泛，各國能否利用「最佳可行方式」，來預防海洋污染，減少有害廢棄物棄置海洋，將日形重要。因此，公約規定所有海洋船隻以及飛機等，禁止正常操作以外的一切有意傾倒廢棄物，而管制的例外只有在特殊緊急情況下才能獲准。該公約並呼籲各國應基於地球的共同利益，儘速採取具體行動或其他適當補充協定來防止海洋污染。

★ 2.5.2　國內法－海洋污染防治法

過去國內相關法規多以規範陸上水污染為主，對於海洋環境污染之法規則以規範來自船舶之污染為主。而「水污染防治法」中稱「地面水體：指存在於河川、海洋、湖潭、水庫…」，【9】似乎顯示水污法的內容包含對海洋污染之規範，但其並未有針對海洋污染而設的條款。其中關於廢（污）水處理設施放流於海洋的條款，重點也在規範沿岸向海排放之行為，而非針對整個海洋環境。【7】

民國八十九年我國通過「海洋污染防治法」，對於我國管轄內的海域，有關陸上污染源、海域工程、海上處理廢棄物、船舶防污設備，海洋油污染緊急處理等的事件，訂定管制規範及損害賠償責任。中央主管機關為行政院環保署，執法取締、蒐証、移送等事項由海岸巡防機關辦理。使我國的海洋環境保護工作進入一個新的里程。

2.6　**油污染**

「油污染（Oil Pollution）指油之洩漏或排放，對於環境造成的不良影響或損害。根據一九七三年防止船舶污染國際公約一九七八年修正案（MARPOL 73/78），由被定義為：「指任何形式之石油，包括原油、燃料油、油泥、廢油以及石化產品外之石油煉製品。」【5】

人類開始使用石油製品前，就已經有油污染海水的情形發生了，如地

層的裂縫使油層中的油不斷滲入海水中造成污染，這種情形持續了數百萬年之久。而早期這些油污幾乎都可以被水中的動、植物自然分解，或由大氣的合成消滅，抑或由細菌的生化分解而消失，所以影響程度不甚明顯。但隨著石油工業的發展，原油及各類油品在探勘、運輸、儲存和使用過程中，可能經由許多途徑造成對環境污染的威脅。其中，油輪意外事故所造成的溢油污染事件，對於海岸的活動以及海洋資源，往往造成嚴重之衝擊。

2.7　海域油污染的清理

　　漏油事故如發生在在海域上，在處理上則有一定程度的困難。溢油在海面會隨著風、波、浪、流而漂散開來，由於地心引力、表面張力及重力關係，石油會在海面形成一層薄膜。

　　油污染外洩時，雖然不同的情況適用不同的清理方式，但是油污的處理應該越早越好。小面積、高厚度、高濃度時較易吸取阻攔，否則時日一久，加上海象因素，油污漂散、凝集下沉對於搶救工作而言，將是事倍功半。

　　油污染的清理在技術或工具上有許多不同的選擇，必須依環境條件及災害狀況進行評估。一般而言，考慮的因素包括：(1)海域溢油數量與面積；(2)油料之品種及其化學、物理特性；(3)海象資料包括風向、風速、海水溫度、潮汐、海流、波浪等；(4)海面浮油可能漂移方向與擴散範圍；(5)溢油對海洋及海岸生態環境之可能影響；(6)海岸具特殊特殊價值地區之區位，如漁業資源、溼地、自然保留區、生態保護區、景觀遊憩設施、濱海重要工業與設施用地，以及海水淡化設施等。

　　油品中碳氫化合物物隨即產生蒸發或汽化，餘下物質因密度增加而部分沉入水中。一些碳氫化合物在水中分解，使油污染變得稠密乳化，此時生物分解及光學作用更進一步減少油污的存在。據估計，石油的蒸發多發生在一至十天之內，佔最初溢油量 5%。至於光化學或生物分解的作用約在

十至數百天內發生，但光化學能減少的油污量僅佔初溢量 5%，生物分解則可達 35%。[5]

由於海上事故多發生在天候不佳，海況惡劣之際，因此油污染的清理必然也會面臨相同的惡劣狀況，因此很難有一套固定的因應措施。通常經過監測，在溢油未漂向沿海或未波及重要資源，且大自然的自淨作用可以在一個可接受的時間內清除油污，則無須採取任何行動，圖 2-2 為海域油外洩海岸線因應決策流程圖。

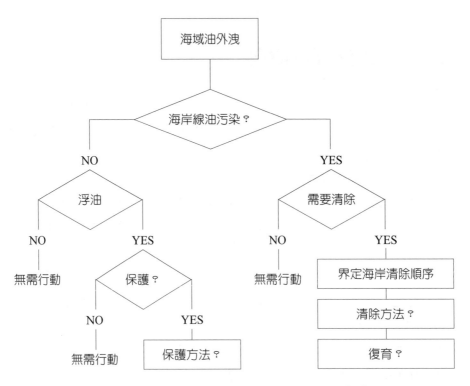

圖 2-2　海域油外洩海岸線因應決策流程圖[10]

若外海溢油威脅海岸資源時，一般使用的工具或技術如下：

一、攔油索（Boom）

使用攔油索把四周浮油圍攔起來，使油污不再擴散，再使用汲油器將油水混合液抽取處理，為目前最佳之處理方式。但攔油索的選用須視使用地區和浪流狀況而定。

二、汲油器（Skimmer）

汲油器分重力及吸附兩種不同方法，各尤其對海況、油污黏度和使用地點特徵的適用性。

三、分散劑（Dispersant）

分散劑或稱化油劑，用以促使塊狀油污分散，使其易於懸浮擴散，利於自然氧化與分解。但分散劑對生態有潛在毒性，以及被分散之油滴對水面下沉積物到底會有什麼影響仍為未知，因此各國對其使用均有規範，旨在不造成環境生態的二次危害。

四、撈油船

有不同型式，但一般均配備汲油器、油污儲存槽、回收油駁送設備、推進系統、廢棄物處理設備等。【5】

有關海岸陸地的清除技術大致可分為兩種：

一、表面處理法

利用化學劑或生物劑來清除海岸陸地的油污。

二、表面清理法

可採用高壓或低壓水流法、蒸汽法、砂磨法或燃燒法來清除海岸陸地的油污。不同的海岸地區情況可能適用的清除技術各異，表 2-1 為海岸線型態與清除技術之配對。

表 2-1 海岸線型態與清除技術之配對

	油分散劑	高壓水流法	低壓水流法	蒸汽清理法	砂磨法	機械移除法	人工移除法	吸附劑法	燃燒法
岩石表面	＋	＋	Ｖ	＋	＋	－	Ｖ	＋	－
人造構造物	＋	Ｖ	Ｖ	Ｖ	Ｖ	－	Ｖ	＋	－
粗沉積物海灘	＋	＋	＋	Ｘ	Ｘ	＋	Ｖ	＋	Ｘ
沙灘	＋	Ｘ	Ｘ	Ｘ	Ｘ	Ｖ	Ｖ	Ｖ	Ｘ
潮間帶粗石／沉積物	＋	＋	＋	＋	Ｘ	＋	Ｖ	＋	Ｘ
潮間帶沙	＋	Ｘ	Ｘ	Ｘ	Ｘ	＋	＋	＋	Ｘ
潮間帶泥地	＋	Ｘ	Ｘ	Ｘ	Ｘ	Ｘ	＋	＋	Ｘ
溼地／沼澤	Ｘ	Ｘ	Ｖ	Ｘ	Ｘ	Ｘ	Ｖ	＋	＋

V：建議使用　　X：不建議使用　　＋：適用　　－：不適用

本表摘自蔡嘉一《油與有害化學物外洩因應技術》。

2.8　國內實例

★ 2.8.1　石門水庫沈船漏油事件

2008 年 3 月 15 日石門水庫沈船漏油，北區水資源局在石門水庫阿姆坪水域打撈沈船浮油，已控制油污不再擴散，環保署表示水質未遭污染，民生用水安全無虞。環保署環境毒物管理處、環境檢驗所等單位亦到石門水庫監控、檢測水庫水質，採樣化驗後證實，壩區取水口（水下 60 公尺）的水質油質，阿姆坪水域表層水油質是 1.2 ppm（合格值是 10 ppm 以下），不影響大桃園地區 250 萬民眾的用水安全，環保署將持續加強監測水庫水質。

經濟部次長等多人到石門水庫指揮清污，增加攔油索的數量與吸油棉、不織布的吸油，北區水資源局委託打撈公司派潛水夫下水追查沈砂船的漏油來源，初步判船內油料所剩不多，以抽取方式從沈船油槽中抽出，約 5 至 10 個工作天，即可徹底解決漏油與油污問題。

北區水資源表示，石門水庫發現的不明油污，經追查後證實是 3 年

前北水局與抽砂業者合約糾紛遭假扣押的小型工作船，疑遭人破壞沈沒水庫，船上的重油飄浮導致污染水質。水利署表示，在石門水庫阿姆坪水域一帶有兩處油污，昨天已清理完畢，油汙也沒有擴散之虞，水庫水質也在嚴密監控中，不會影響大桃園地區民生和灌溉用水。

★ 2.8.2 巴拿馬籍貨輪擱淺事件

巴拿馬籍晨曦號「Morning Sun」貨輪，10 號晚上 10 點 20 分在台北縣石門鄉十八王公廟外海約 300 公尺處擱淺，船艙內有 493 公噸重油、64 公噸柴油，因船體擱淺、船艙破裂，嚴重漏油，已經造成十八王公廟沿岸約 2 公里海岸污染，環保署立即成立緊急應變中心因應。

巴拿馬籍貨輪，從新加坡開往韓國釜山港，航經石門外海因風浪過大即下錨避風，因作業疏忽造成船體移動擱淺於石門外海 300 公尺處。環保署深夜透過管道查出船東是香港商，保險公司為 Japan P & I 公司。因海邊風浪過大，漏油不斷洩出。

環保署人員在凌晨兩點左右抵達事故現場，實際瞭解油污情形，立即指示啟動緊急應變計畫，環保署立即整備相關緊急應變器材，由海巡署海巡及岸巡單位備妥吸油棉、攔油索、汲油器及抽油幫浦，商請經濟部水利署調借大型抽水幫浦，船東委託海事公司立即進行船體移除及殘油抽除作業，加速油污清除作業。

2.9 例 題

例題 1

請參考下列提供的資料，求出地球海洋的絕對溫度？

$T = [S(1-\phi)/(4\delta)]^{1/4}$，$T$ = 地球海洋溫度（°K），S = 太陽光熱能照射 $1370 W/m^2$，ϕ = 反射率31%，δ = $5.67 \times 10^{-8} W/m^2 K^4$

答：$T = [S(1 - ¢)/(4\delta)]^{1/4}$

故 $T = \left[\dfrac{1370\left(\dfrac{W}{m^3}\right) \cdot (1 - 0.31)}{4 \times 5.67 \times 10 - 8\left(\dfrac{W}{m^2K^4}\right)}\right] = 254(°K)$

例題 2

為了解生物處理受海水污染的廢水，學生前往採集含海水之樣品，取水樣 5ml 進行 BOD_5 測試，發現初期溶氧為 8.7mg/L，五天溶氧為 3.2mg/L，計算其 BOD_5 值為何？已知 BOD 馴養瓶 300ML，水樣稀釋倍數 5。

答：$BOD_5 = (8.7 - 3.2) \times \dfrac{300}{5} = 330mg/L$

參考文獻

1. 一九八二年聯合國海洋法公約。

2. http://news.xinhuanet.com/ziliao/2004-04/20/content_1430140.htm

3. 方天熹，2001，海洋污染，物理雙月刊，廿三卷三期，pp. 427-432。

4. http://www.38g.org/LingsenFa/Sn.htm

5. 邱文彥，1990，海岸管理—理論與實務，五南圖書出版公司。

6. http://big5.china.com.cn/chinese/huanjing/569063.htm

7. 胡念祖，海洋政策理論與實務研究，五南圖書出版公司，民國 86 年二版。

8. 環教資訊網，http://eeweb.gcc.ntu.edu.tw/。

9. 水污染防治法，民 91 修正。

10. 蔡嘉一，油與有害化學物外洩因應技術。

11. 海洋污染防治法

12. 環保署網站，http://edb.epa.gov.tw/。

自我評量

是非題：

（　）1. 海洋廣闊無際，任何污染物到海裡都能被稀釋，不至造成影響。

（　）2. 對於海洋污染防治，只要顧好本國專屬經濟海域內範圍即可，別的國家的防治或污染，都不會影響到我們。

（　）3. 海洋污染大多是受到人為活動影響，故要防治海洋污染，首要對人類行為進行規範。

（　）4. 經過監測後，海域油污染若不影響沿海或重要資源，且可以靠海域在一個可接受的時間內自淨作用清理時，則不需要特別對海域進行清理工作。

（　）5. 油污染外洩時，不同的情況適用不同的清理方式，所以應該考慮長久，經過各領域專家及長期的討論之後再開始處理。

選擇題：

（　）1. 根據海洋污染防治法，中央主管海洋事務的機關為

　　　　（1）國立海洋局

　　　　（2）行政院環保署

　　　　（3）總統府

　　　　（4）立法院

（　）2. 下列何者為海洋污染的特性

　　　　（1）持續性強

　　　　（2）擴散範圍廣

　　　　（3）污染源廣

　　　　（4）以上皆是

（　）3. 若在沙灘發生溢油事件，下列各種清理方式何者最恰當？

　　　　（1）高壓水流法

　　　　（2）燃燒法

　　　　（3）人工移除法

　　　　（4）砂磨法

（　）4. 1987 研究發現海中雌性蚵螺長出生殖器，雄化可能原因為下列哪種
有機化學汙染造成？
（1）TBT
（2）DDT
（3）PAHs
（4）NaCl

（　）5. 大規模或嚴重的海洋污染，對生態往往造成毀滅性的影響，為此，
需要各種法規以規範各國行為，以下何者非關防止海洋污染的國際
性法規？
（1）UNCLOS Ⅲ
（2）MAPOL 73/78
（3）倫敦傾廢公約
（4）海洋污染防治法

問答題：

1. 何謂海洋污染？
2. 試簡述海洋污染的種類。
3. 試簡述海洋污染的來源。
4. 假設有一艘貨輪在高雄外海因機器故障，導致船上 100 噸燃料油外洩，試就
海域油污清理提出討論。
5. 承上，若因天氣不佳，有一貨輪擱淺在高雄西子灣外海，油污外洩被沖到海
水浴場沙灘上，請就可能清理方式提出討論。

Chapter *3*

水資源分類與
基本概念

3.1　水資源分類

　　台灣四面環海，又屬亞熱帶季風區之氣候，氣候溫暖潮溼，年平均雨量達 2,510 公釐，為台灣水資源之主要來源。台灣雨量雖然豐沛，約為世界平均值之 2.6 倍，但因地狹人稠，將降雨量除以人口數，則平均每人每年獲得年降雨量只有 4,290 立方公尺，僅及世界平均值之七分之一。若進一步分析台灣每一縣市平均每人可獲年降雨量，大於 4,290 立方公尺 / 人的縣市只有宜蘭、南投、花蓮和台東，為「多水地區」，少於 4,290 立方公尺 / 人的縣市為台北、桃園、台中、彰化、雲林、台南和高雄，為「貧水地區」。

　　降雨量在時間及空間上之分佈極不均勻，五月至十月之雨量即佔全年之 78%（約四分之三），枯水期長達六個月，再加上河川坡陡流急、腹地狹隘，逕流量被攔蓄利用的僅有 177.54 億立方公尺，約佔年總逕流量之 18%，其餘均奔流入海。年降雨量以東北部山區、中央山脈最多，皆大於 2,500 公釐，並向東西沿海地區遞減，以西部沿海最少，約只有 1,250 公釐。蒸發量受地表狀況、風速、日照等因素影響很大，因此空間分布更加複雜。其分布特性與降雨相反，山區蒸發量最少，大多在 1,200 公釐以下，並往沿海地區遞增。

　　若比較降水量與蒸發量的空間分布，西部沿海中南部地區年蒸發量大於年降雨量，其餘地區則是年降雨量大於蒸發量。因此以往台灣地區乾旱大多發生於中南部。台灣目前現有大小水庫約 40 座，密度相當高，庫容均不大，水庫總容量約 22.43 億立方公尺，有效容量為 20.51 億立方公尺。[1]

★ 3.1.1　地表水

　　地表水指河川、湖泊及水庫的水。台灣地形陡峭，河川不長，因此落差頗大。雨季又多集中在梅雨季及颱風季（在南部，佔 50% 以上），一旦山區大雨，河水暴漲，湍流入海。一到乾季，河川多乾涸，河床見底。這

種自然因素，原本已經不利於水資源的儲存及利用，加上近年來全球暖化與氣候變遷、森林的濫砍、濫伐，森林涵養水份的功能已被破壞，使其喪失調節河川逕流量的能力，使得台灣在乾季與雨季之間的落差更形加大，雨量呈現極端化，水資源的運用與調配更加困難。

★ 3.1.2 河 川

河川逕流是台灣重要的水資源之一。以 1991 年為例，地面水資源（包括湖泊及水庫）提供了 59.4% 的總用水量。與世界其他地區相比，台灣平均每人每年的可用逕流量卻很少。台灣平均每人獲得的年逕流量為 3,180 立方公尺／人，是全球平均的 1/2.7，亞洲的 1/2，歐洲的 1/1.5，南美洲的 1/17.4，非洲的 1/3.9。表 3-1 為台灣主要河川特性與水文特性。圖 3-1 為台灣主要河川示意圖。

表 3-1　台灣主要河川特性與水文特性 [1]

河流	起點	出海口	河流長度（公里）	流域面積（平方公里）	歷年平均雨量（公厘）	歷年年逕流量（百萬立方尺）	歷年年輸沙量（10^6MT）	
淡水河	品田山	淡水鎮	158.67	2725.82	3001.2	7043.97	11.45	MT/KM²
蘭陽溪	南湖北山	五結鄉	73.06	978.63	3255.6	2773.11	7.98	4201
頭前溪	霍喀羅大山	竹北市	63.03	565.97	2239.3	989.21	2.56	8154
後龍溪	鹿場大山	後龍鎮	58.04	536.39	1997.8	904.14	4.37	4523
大安溪	大霸尖山	大安鄉	95.76	758.47	2551.5	1573.24	4.94	8144
大甲溪	南胡東山	清水鎮	140.21	1235.73	2526.5	2596.33	4.03	6513
烏溪	合歡山	龍井鄉	116.75	2025.60	2087.1	3726.93	6.79	3261
濁水溪	合歡山	麥寮鄉	186.40	3155.21	2458.9	6094.76	63.87	3352
北港溪	劉萊園	東石鄉	81.66	645.21	1819.3	1023.72	2.35	20243
朴子溪	芋菜坑	東石鄉	75.67	426.60	1851.2	551.49	0.83	3642
八掌溪	奮起湖	北門鄉	80.86	474.74	2277.4	744.73	3.16	1946
急水溪	白水溪	北門鄉	65.05	378.77	1980.3	524.98	2.06	6656
曾文溪	萬歲山	七股鄉	138.47	1176.64	2643.4	2361.27	31.00	5439
鹽水溪	大坑尾	台南市	87.34	221.69	1783.9	300.26	2.25	26346

河流	起點	出海口	河流長度（公里）	流域面積（平方公里）	歷年平均雨量（公厘）	歷年年逕流量（百萬立方尺）	歷年年輸沙量（10^6MT）	
二仁溪	山豬湖	茄萣鄉	65.18	350.04	1909.9	498.88	13.10	10149
高屏溪	玉山	新園鄉	170.90	3256.85	3046.1	8455.35	35.61	37424
東港溪	隘寮	東港鎮	46.94	472.20	2499.8	1117.62	0.61	10934
林邊溪	南大武山	林邊鄉	42.19	343.97	3330.7	863.84	1.84	1292
花蓮溪	拔子山	吉安鄉	57.28	1507.09	2979.7	3809.26	20.61	5349
秀姑巒溪	崙天山	豐濱鄉	81.15	1790.46	2686.0	4179.02	19.97	13675
卑南溪	關山	台東市	84.35	1603.21	2777.1	3664.71	23.68	11154

★ 3.1.3　地下水

　　降雨後，少部份之降雨滲入土壤，逐漸形成地下水層。地下水佔了陸地上總水量的 24%。以全球平均降雨量來計算，必須要 69 年才能累積到目前的地下水量。以 1983 年的台灣為例，滲入地下水層的水量是該年水資源總儲存量（年降雨量減去年蒸發量）的 5.6%。因此，形成地下水層所需的實際時間遠大於 69 年，甚至數千年。

　　科技的進步，使得抽取地下水變成極其容易的事。經過幾千、甚至幾萬年才累積的地下水，在短時間之內便能被抽至地面消耗掉。地下水庫看似龐大，使得我們肆無忌憚的抽取地下水。在 1991 年，台灣總用水量的 40.6%，便是取自地下水。台灣每年抽取的地下水量也逐年增加。在 1991 年，年抽水量已將近年補注量的二倍。最近的量測更發現台灣有些地區已經在抽取幾萬年前形成的地下水。

　　超抽地下水的另一問題是海水滲透進地下水層。澎湖年降水量遠低於年蒸發量，水資源嚴重缺乏。為了解決缺水問題，政府於民國 75 年建造了一座地下水庫。亦即，在地層中建造地下截水牆，攔住滲入地層的雨水，增加地下水量，再用抽水井將之抽上來使用。最近發現由於抽取過量的地下水，反而造成海水滲入陸地，使得地下水質鹽化。這些地下水井約只用了 10 年，目前已經有許多抽水井因地下水含鹽份過高已無法使用。

圖 3-1 台灣主要河川示意圖

★ 3.1.4 降 雨

由降雨觀之,大自然提供給台灣的水資源在時間及空間極其多變而且不均勻。大體而言,北部及東部全年降雨量大於蒸發量,水資源的補充較沒問題。

中南部降雨量都集中於梅雨季及夏季,乾季長達半年之久,具有潛在性乾旱的特性。如果梅雨不顯著或侵台颱風太少,則隔年發生缺水的機率相當高。過去資料顯示台灣斷斷續續皆有乾旱發生,並非是這幾年才發生。由以上討論我們知道,台灣水資源不足,不能全歸咎於自然的變因。森林濫砍、山坡地濫墾等環境破壞,擾亂水循環過程,人為排放溫室氣體造成全球暖化以及濫用水資源,恐怕才是造成水資源不足的主要原因。

★ 3.1.5 水 庫

台灣各水庫之特性簡介如下,表 3-2 為台灣地區主要水庫。

表 3-2 台灣地區主要水庫 [1]

分區	主要水庫
北區	翡翠水庫
	石門水庫
	寶山水庫
中區	永和山水庫
	明德水庫
	鯉魚潭水庫
	德基水庫
	霧社水庫
	日月潭水庫
南區	曾文水庫
	阿公店水庫

一、翡翠水庫

位置：台北縣新店市

河系：主流新店溪；支流北勢溪

水庫：集水面積 303 平方公里

正常蓄水位標高：170 公尺（最高洪水位標高：171 公尺）

滿水位面積：1,024 公頃

總蓄水量：406,000,000 立方公尺

計畫有效蓄水量：327,000,000 立方公尺（完工後 50 年）

現有效蓄水量：359,000,000 立方公尺（民國 77 年測量）

計畫年運用水量：1,196,000,000 立方公尺（與南勢溪合併運用）

自來水：24.19 立方公尺／天（78 年）計畫年供水量 763,000,000 立方
　　　　公尺（與南勢溪合併運用）

發電：裝機容量 70,000 仟瓦；計畫年發電量 222,700,000 度

翡翠水庫俯視圖如圖 3-2 所示

圖 3-2　翡翠水庫俯視圖

二、石門水庫

位置：桃園縣

河系：主流淡水河；支流大漢溪

水庫：集水面積 763.4 平方公里

正常蓄水位標高：245 公尺（最高洪水位標高 249.5 公尺）

滿水位面積：800 公頃

總蓄水量：309,120,000 立方公尺

計畫有效蓄水量：235,669,000 立方公尺（民國 77 年測量）

計畫年運用水量：815,205,600 立方公尺

自來水：計畫供水量 34,689,600 立方公尺；現有年供水量 220,752,000 立方公尺

發電：裝機容量 90,000 仟瓦；計畫年發電量 210,000,000 度

防洪：降低洪峰 700 立方公尺／秒或調節洪水量 64,000,000 立方公尺

石門水庫俯視圖如圖 3-3 所示

圖 3-3　石門水庫俯視圖

三、寶山水庫

水庫：集水面積 3.2 平方公里

正常蓄水位標高：141.60 公尺（最高洪水位標高 142.8 公尺）

滿水位面積：60.2 公頃

總蓄水量：5,470,000 立方公尺

計畫有效蓄水量：5,350,00 立方公尺

計畫年運用水量：15,330,000 立方公尺

灌溉：面積 65 公頃

自來水：42,000 立方公尺／天；計畫年供水量 15,330,000 立方公尺

四、永和山水庫

位置：苗栗縣頭份鎮及三灣鄉交界

河系：主流中港溪；支流北坑溝

水庫：集水面積 4.8 平方公里

正常蓄水位標高：85 公尺（最高洪水位標高 86 公尺）

滿水位面積：165 公頃

總蓄水量：29,580,000 立方公尺

計畫有效蓄水量：28,420,000 立方公尺

計畫年運用水量：68,255,000 立方公尺

五、明德水庫

水庫：集水面積 61 平方公里

正常蓄水位標高：61 公尺（最高洪水位標高 61.3 公尺）

滿水位面積：162 公頃

總蓄水量：17,700,000 立方公尺

計畫有效蓄水量：16,500,000 立方公尺

計畫年供水量：47,930,000 立方公尺

自來水：14,000 立方公尺／天

六、鯉魚潭水庫

位置：苗栗縣三義鄉

河系：主流大安溪；支流景山溪

水庫：集水面積 53.45 平方公里

正常蓄水位標高：300 公尺（最高洪水位標高 303.5 公尺）

滿水位面積：432 公頃

總蓄水量：126,120,000 立方公尺

計畫有效蓄水量：122,776,000 立方公尺

計畫年運用水量：280,000,000 立方公尺

七、德基水庫

位置：苗栗縣三義鄉

河系：主流大安溪；支流景山溪

水庫：集水面積 53.45 平方公里

正常蓄水位標高：300 公尺（最高洪水位標高 303.5 公尺）

滿水位面積：432 公頃

總蓄水量 126,120,000 立方公尺

計畫有效蓄水量：122,776,000 立方公尺

計畫年運用水量：280,000,000 立方公尺

灌溉：裝機容量 234,000 仟瓦；計畫年發電量 410,000,000 仟瓦／小時

防洪：降低洪峰 6400 立方公尺／秒

圖 3-4 為德基水庫俯視圖

八、曾文及烏山頭水庫

曾文水庫位於曾文溪上游，完成於民國 62 年，水庫集水區面積 481 平方公里，水庫容量 708 百萬立方公尺。水庫功能為灌溉、發電、給水、防洪等多目標營運，與烏山頭水庫串聯運用。烏山頭水庫位於曾文溪支流官田溪上，完成於民國 19 年，水庫集水區面積 58 平方公里，水庫容量 83.75 百萬立方公尺。水庫蓄水主要利用東口攔河堰引曾文水庫之調節放水量，圖 3-5 為曾文水庫洩洪閘門。

圖 3-4 德基水庫俯視圖

圖 3-5 曾文水庫洩洪閘門

3.2 國外水資源方向

由於全球人口和經濟的持續成長，對水資源的需求日殷，加上新水源開發困難重重以及水質不斷惡化，而加重供給面的壓力。為解決水資源供需失衡的問題，各國亟需在水資源的規劃方面進行適度的調整，其中有兩大方向：(1)市場機制的引進，(2)環境意識的覺醒，正影響著各國水資源管理制度的調整方向。

隨著經濟活動的擴展，水資源漸成為一種稀少資源，其取得與使用成本也愈來愈高，水資源於是由自由財轉變成為經濟財，水資源開始被視為一種商品。這種基本觀念上的轉變使得水資源的管理產生了變化，那就是市場機制的引進。

改變水資源方向的另一股力量來自於環境意識的覺醒。由於地球的負載力（Carrying Capacity）有限，人類過去對經濟發展過度追求的結果，不僅對環境帶來沈重的負擔，更對自然資源和環境生態造成難以彌補的傷害。

有鑑於此，1987 年聯合國在布特蘭報告（Brundtland Report），「我們共同的未來」中揭示永續發展的概念，認為發展須在不危害未來世代福祉之原則下滿足當前的需要。[2]永續發展的觀念於 1992 年在巴西里約所舉行的地球高峰會議中再度被強調。其中二十一世紀議程（Agenda 21）掌握了永續發展的議題，揭示水資源的推動計畫，包括整合性的水資源發展、水資源評估、水質與水文生態保護、飲用水供給與衛生、水與都市永續發展、水與永續糧食生產和農村發展、以及氣候變遷對水資源的衝擊等，由此可看出永續發展已成為當前水資源的原則，環境生態保護意識的提升，使得維護環境生態成為水資源政策的重要考量因素。

市場機制運作的結果則顯示在水價合理化、使用者付費、水權交易等趨勢上面。提升用水效率和公平分配水資源為依歸，無論是供給面或需求面的管理，環保意識的提升，使得水資源政策多優先考量其對環境生態的衝擊，其中對水質的要求、河川生態的維護、地下水超抽的限制、環境用

水的保留都顯現環境保育所帶來的影響。

3.3　國內水資源政策

　　台灣以往之水資源政策主要係以興建水庫或大型水資源設施為主，但是近年來水利署之水資源基本策略已修正為以調度管理為優先；改善現有設施、加強現有資源之使用效率以及興建小型攔河堰以改善川流取水為其次；最後不得已才考慮中大型水庫之興建，惟其施工亦必須在對環境生態衝擊最小之情況下為之，以促進水資源永續發展，依此政策經濟部將以下列八項水資源方向因應：

一、加強節約用水。
二、改善加強現有水源設施之運用效率。
三、現有區域性水源之聯合運用。
四、地表水及地下水聯合運用。
五、興建攔河堰提高河川逕流之利用效率。
六、加強集水區保育及水源涵養工作。
七、建立農業用水有償移用制度，機動調度農業用水。
八、在最小環境衝擊之情況下進行新水源工程計畫。

　　在調度管理方面，經濟部水利署目前已成立北、中、南三區水資源局，以加強區域內水資源統籌調配管理，增加水資源的利用效率，以建立水資源區域經營體系，其方法如下說明：

（一）研擬移用農業用水補償辦法，以促進區域水資源的有效調度：

　　水庫興建雖可蓄豐濟枯，惟其規劃上因考慮經濟效益，仍不能達成百分之百不缺水。因此在缺水期間，還需用水之機動調度，以減少對人生生活及社會經濟的影響。

（二）地表地下水聯合運用：

地表地下水各有其優缺點，如能確實掌握各別之優劣特性，規劃設計一套相互間優劣點互補之聯合運用模式，整體水資源的利用價值即可提高。

（三）地下水資源分區及總量管制：

台灣地下水分為十區，而其中以濁水溪沖積扇（彰雲地區）、屏東平原、宜蘭及花東縱谷四區最為重要，惟西南沿海地區因地下水超抽而造成不良之後果，故需加以適當控制，以免地層下陷，海水倒灌或入侵等災害擴大。

在小型的水資源工程方法，有下列方法：

（一）河川攔河堰及固床工：

攔河堰及固床工雖有投資小、興建簡便及對環境衝擊小的優點，惟其蓄豐濟枯幾等於無，但若將攔河堰及固床工與水庫或地下水聯合運用，即豐水期儘量利用攔河堰川流取水，並增加水庫或地下水之蓄存量，枯水期河川無水可取時，再利用水庫蓄水或地下水，將使水資源利用效率更形提高。

（二）區域聯絡管線的興建：

在一個區域內之各不同水源應互通有無，區域與區域之間有時也確定會互相支援之必要，因此，區域聯絡管線就變得很重要。目前各區域之重要聯絡管線部份已完成，部份仍在積極辦理中。

（三）現有水庫之清淤及集水區保育整治：

台灣因受地質影響，在槽水庫淤積相當快速，如不予以設法清除，最後勢必面臨無庫容可蓄水窘境，即為水庫壽命之結束；因此，水庫淤砂之處理及上游集水區之保育整治應加強辦理，才能達成水庫之永續利用。

（四）現有輸配水設施之維護及老舊管線之汰舊換新：

目前許多自來水管線均已老舊，輸水損失甚大，因此，應儘速更換維護老舊管線，以提昇輸水效率減少損失。

（五）地下水人工補注：

目前積極推動中之地下水補注計畫以濁水溪沖積扇及屏東平原為主。其工程內容主要包括補注池、攔河堰或固床工及引水路之興建。補注池必須設在各地下水層的自然補注區，補注池之試驗已有初步成果。

3.4　市場導向的水資源

水權（Water Rights）可廣泛定義為享用（Enjoy）或使用（Use）水資源的權利[3]。各國水權管理制度的形成與運作主要目的在於透過水資源財產權的界定，保障水權人用水的權益，同時也規範用水的方式，建立水資源的使用秩序。

水權制度由水權分配、使用到調整之過程的整體定位來看，水權主管機關可採取嚴格的行政管制，或是開放市場機制的運作，或是在不同時機搭配多種管制與經濟工具，以配合各地區特有的自然條件與政經背景，各國所採行的水資源分配與管理策略主要包括：

一、政府的行政管制分配（Public Administratively Allocation）。

二、水權費徵收。

三、用水者參與分配（User-based Allocation）。

四、水權交易機制（Water Trading）。

水權費的徵收則是由主管機關依據用水量（取水量）、使用時間、使用地點之不同，訂定費率並收取費用，以落實成本回收或使用者付費原則。水權費所反映的是水資源的價值或用水的機會成本，其中包含財務因素與經濟誘因，例如英國、德國、法國、荷蘭、澳洲等國，均有實施開徵水權費的經驗。[4]

透過水權費的經濟誘因，可避免水資源過度使用，達到節水的目的，水權費搭配水污染排放費，可有效控制水資源使用的外部性。但水權費率的訂定必須因時、因地、因量而異，在主管機關對用水資訊無法充分掌握的情況下，需要一段嘗試錯誤的階段；因此除了以供水成本回收為目的所

收取的規費外，水權費開徵往往容易遭遇很大的阻力而無法達成預期目標，例如葡萄牙在 1995 年所預定開徵的水權費即因阻力過大而放棄。

水權交易制度乃是透過市場機制促使水權人以自願性的水資源移轉方式，達到水資源重新配置與使用，其中包括短期的水量移用與長期的水權移轉。水權市場的運作至少須具備以下基本條件：(1)最初水權的分配確定，(2)水權交易的制度與法令依據，(3)水利基礎建設與輸配水設備的配合。又因水資源具有共有性和公共性，水權交易必須在政府適度的管制下進行。

由各國水權交易制度的經驗來看，水權交易在部分國家和地區，尤其是美國西部與澳洲確實發揮了多項功能，包括：(1)使新增或潛在的用水人有機會取得所需的水資源，不致阻礙經濟成長；(2)使水權人得以享受用水效率提升的經濟效益；(3)使水資源得以轉用於具有更高經濟價值的用途上；(4)使水權成為一項有價的資產，活絡水資源的資產流動性。【5】

3.5　水資源在台灣的發展狀況

台灣水資源主要來自地面水和地下水，以往年為例，地面水和地下水供給的比例為 2：1，地面水又分為河川水和水庫貯水，其供給受限於降雨量。台灣的降雨量不論在季節時間上或地理空間上的分配都極度不平均，加上地形因素造成河川短促流急，河流水量保持不易，豐水期大致有 70% 以上的降雨量逕流入海，每年可用的水量僅達世界平均水準的七分之一左右。

台灣地區一年中的降雨量多集中於 5 月至 10 月，這段期間降雨量約佔全年的四分之三，是為豐水期；11 月至翌年 4 月降雨量僅佔四分之一，稱之為枯水期。由此可看出，豐枯水期的降雨量差距頗大。

我國最大的用水量依次為農業用水、生活用水和工業用水，但在用水所佔比例上，農業用水不斷下降，生活用水和工業用水則不斷上升。因為用水需求發生結構性的改變，各標的間水資源配置有必要重新調整。

　　氣候變遷之影響將於第十二章討論，不在本章敘述之下，台灣水資源所面臨的主要問題為「不足」和「不均」，解決之道不外乎「開源」或「節流」，但受到環保潮流的影響，民眾抗爭日劇，加上優良壩址已開發殆盡，開發新水源困難重重，美濃水庫的開發案即是一例。因「開源」困難，「節流」即成為解決台灣水資源問題的關鍵，「節流」是一種需求面的管理，重在水資源的有效配置和用水效率的提升。

　　以往臺灣水資源需求面的管理都以行政管理為主，但受到世界潮流的影響，學者專家極力呼籲利用市場機制或經濟誘因的方式來提升用水效率，其中最重要的兩項措施為水權交易制度和水權費徵收。以下針對美濃水庫開發案、水權交易和水權費徵收個別探討水資源管理趨勢對台灣的影響和在臺灣的適用性。

（一）美濃水庫開發案：

　　台灣降雨時空不均的特性在南部地區特別顯著，每年 5 月至 10 月為豐水期，11 月至次年 4 月為枯水期，豐枯水期之雨量懸殊，約為九比一，比例之懸殊高於其他各地。高屏溪為南部地區逕流量最豐的河流，但枯水期流量每日僅 300 萬噸，且長達一百餘日。因豐枯期水量的懸殊，使得南部地區水資源的調配與利用倍加困難，尤其在枯水期更面臨缺水的困擾。由台經院[9]的研究結果顯示南部地區缺水情形嚴重。南部地區雨量豐枯差距相當大，但生活和工業用水的多寡卻不因豐枯水期而有不同，所以南部地區水資源的管理與利用首在「蓄豐濟枯」。

　　為供應高屏地區的用水需求，行政院於民國 81 年核定美濃水庫的興建，核定投資金額為 469 億元。美濃水庫為一離槽水庫，主要是利用豐水期從荖濃溪引取河川剩餘的水量，儲於水庫以供枯水期使用。民國 81 年核定至今，因地方的質疑與抗爭而遲遲無法推動。

　　反對興建美濃水庫的理由，包括(1)水庫安全問題：壩址可能位在斷層上，民眾對水庫的安全問題存疑，認為萬一發生崩塌，將造成下游人民生命財產之重大損失；(2)環境生態保護問題：水庫的興建地點有全世界獨一無二的生態型蝴蝶谷-黃蝶翠谷，另有熱帶樹木園，水庫興建後將淹沒整個黃蝶翠谷和熱帶樹木園；另外，興建水庫後河川將喪失或減少補注地下水

源的能力，使地下水位降低；(3)社會文化問題：美濃是台灣保存最完整的客家文化所在，水庫一旦興建，小鎮將不得安寧，治安社會問題亦將接踵而至，水庫發生意外時客家文化將隨之毀滅。

地方政府和人士積極反對興建美濃水庫，進行了多年的抗爭行動，期間各界相繼提出各種不同的替代方案，這些替代方案大致可歸類為（一）新增水源方案；（二）跨域聯合調配方案；（三）需求面管理方案；（四）其他方案。事實上，這些方案是否可行，至今未有整體性的評估，因此若停止美濃水庫的興建，這些方案是否能完全替代美濃水庫的蓄水儲水功能並沒有定論。

美濃水庫興建的爭議，本質上的癥結在於到底是要追求永續發展，還是經濟成長？解決南部地區的用水問題是否非蓋水庫不可？這應該回歸到最基本問題：環境和經濟孰輕孰重？如果環境生態重於經濟成長，那麼水資源便是經濟發展的限制條件，一切經濟發展行為都得受限於水資源總量；否則水資源即是經濟發展的配合條件，也就是先決定經濟和產業政策之後，再積極尋求水資源予以配合，那麼興建水庫可能是其中的一個選擇，也就是須先決定經濟和產業政策之後，才能選擇水資源策略予以配合，不過在規劃經濟和產業政策時都應考慮到水資源的侷限性。

世界的趨勢傾向終止大型水利設施的建設，即在有限的水資源下，重新分配水資源的用途，以提升水資源的使用效率。以台灣的自然因素來看，最大的問題在於豐枯水期的水量太過於懸殊，枯水期沒有貯水的機制便無水可用，因此水庫的興建可能無法避免。但其興建與否都應經過詳細審慎的考量，任何對環境生態、社會文化有衝擊的水源開發方案都應當被列為最後不得已的選擇，除非完全沒有替代方案，否則水庫之興建不應列為優先選擇。

（二）水權交易制度：

水權交易制度是國際間用來解決水資源供需失衡問題的重要趨勢，由澳洲、美國西部各州和智利等地區的例子來看，水權交易制度也的確能解決用水標的間水資源配置不當和臨時缺水的問題。根據台經院 2000 年的研究顯示，台灣確實有實施水權交易的條件。從經濟面看，水權交易形成的

條件為：

　　1. 存有潛在的買賣方。

　　2. 在現有的水資源分配下，用水人有不同的用水邊際效益。

　　3. 透過交易可增進個別用水人和整體經濟效益。

（三）水權費徵收：

　　目前各國水權費的徵收多止於規費或行政成本的回收，嚴格來說，徵收的費率並未達到可落實使用者付費的水準，其原因在於水權費多被視為一種稅收，徵收的阻力很大。從使用者付費的角度，水權費的徵收除了考慮水利設施之投資成本和行政成本外，應包括水資源的使用價值和稀少性。在我國水利法第八十四條明文規定，政府為發展及維護水利事業得徵收水權費，並規定得專款專用撥充水利建設專款，雖然於法有據，但四、五十年來水權費並未徵收。

　　台灣水資源管理可以未來展望可以規劃出六個方向：

　　1. 加強教育宣導珍惜水資源、節約用水。

　　2. 持續檢討釐訂北、中、南、東區域性及流域性水源開發運用策略。

　　3. 推動分區及跨區聯絡供水工程計畫。

　　4. 配合生態保育加強地表地下水源涵養補注及聯合運用。

　　5. 持續推動各項水資源工程並積極開發規劃新水源。

　　6. 加強集水區經營管理，涵養保護水資源。

3.6　例　題

例題1

　　學生採集地下水水漾含有 20mg/L 氨氮（NH_4^+-N）及 100mg/L 硝酸鹽氮（NO_3^-N），計算水樣總氮濃度。假設亞硝酸鹽氮濃度未檢出忽略不計，N = 14, H = 1, O = 16。

答：總氮濃度 = 氨氮 + 硝酸鹽氮

NH_4^+-N = 20mg/L×14/18 = 15.5mg/L

$NO_3^-N = 100mg/L \times 14/62 = 22.6\ mg/L$

總氮濃度 = 氨氮 + 硝酸鹽氮 = 15.5 + 22.6 = 38.1mg/L

例題 2

學生採集某水庫進流水源之漾品回實驗室檢驗水質總硬度？以 ICP 檢驗出含有 100mg/L 鈣（Ca^+）及 16mg/L 鎂（Mg^{+2}）。試將總硬度濃度換算為 mg-$CaCO_3$/L，並評估該水源之應用性（已知：Ca = 40, Mg = 24.3, O = 16, C = 12）。

答：$CaCO_3$ 克當量 = 100/2 = 50g/eq，Ca^+克當量 = 40/2 = 20g/eq，Mg^{+2} 克當量 = 24.3/2 = 12.15g/eq

鈣（Ca^+）硬度濃度 = 100mg/L $\times$ 50/20 = 250mg-$CaCO_3$/L

鎂（Mg^{+2}）硬度濃度 = 16mg/L $\times$ 50/12.15 = 66mg-$CaCO_3$/L

總氮濃度 = 鈣（Ca^+）硬度濃度+鎂（Mg^{+2}）硬度濃度

$\qquad$ = 250 + 66 = 316mg-$CaCO_3$/L

若以自來水水質標準 150mg-$CaCO_3$/L 而言，該水源屬於高硬度。

例題3

台灣降雨時空不均的特性在南部特別明顯，豐、枯水期之雨量比約為多少？

答：9：1

例題4

小型的水資源工程方法有哪五項？

答：河川攔河堰及固床工程、區域聯絡管線的興建、現有水庫之清淤及集水區保育、現有輸配水設施維護及老舊管線汰舊換新、地下水人工補注。

參考文獻

1. 經濟部水利署，http://www.wra.gov.tw/

2. WCED (World Commission on Environment and Development), 1987, The Brundtland Report: Our Common Future. Oxford, UK; Oxford University Press.

3. Scott, A., and G. Coustalin, 1995, The Evolution of Water Rights, Natural Resources Journal, Vol. 35, pp.821-979.

4. 黃宗煌，1999，澳洲水權制度－以新南威爾斯州為例，各國水權管理制度研討會論文集，三卷一期，pp. 3.24。

5. 黃宗煌，1999，開徵水權費之意義與芻議，國立清華大學經濟系，未發表論文。

6. Loucks, Daniel P., 2000, Sustainable Water Resources Management, Water International, Vol. 25, No. 1, pp. 3.10.

7. Gleick, Peter H., 2000, The Changing Water Paradigm: A Look at Twenty-first Century Water Resources Development, Water International, Vol. 25, No. 1, pp. 127-138.

8. Gleick, Peter H., 2000, The World's Water 2000-2001: The Biennial Report on Freshwater Resources, Washington, DC, USA. Island Press.

9. 台經院，1994，土地與水資源對製造業發展之影響研究，經濟部工業局委託計畫報告。

10. 水資源管理新思維 http://www.moea.gov.tw/~ecobook/season/8909/q6-2-a5.htm

11. 水資源管理資訊網 http://wrm.hre.ntou.edu.tw/wrm/wrm.htm

自我評量

是非題：

（　）1. 台灣雨量豐沛，約為世界平均值之 2.6 倍，但因地狹人稠，將降雨量除以人口數，台灣每人每年所分配雨量僅及世界平均值之七分之一。

（　）2. 台灣地區一年中的降雨量多集中於 5 月至 10 月，這段期間降雨量約佔全年的四分之三，是為豐水期；11 月至翌年 4 月降雨量僅佔四分之一，稱之為枯水期。

（　）3. 水權（water rights）可廣泛定義為享用（enjoy）或使用（use）水資源的權利。

（　）4. 我國最大的用水量依次為農業用水、生活用水和工業用水。

（　）5. 水權交易制度也的確能解決用水標的間水資源配置不當和臨時缺水的問題。

選擇題：

（　）1. 請問地下水佔陸地上總水量百分比為多少？

（1）12%

（2）24%

（3）36%

（4）48%

（　）2. 何者非北部主要的水庫？

（1）翡翠水庫

（2）石門水庫

（3）寶山水庫

（4）德基水庫

（　）3. 台灣水資源主要來自地面水和地下水，其地面水和地下水供給的比例為：

（1）1：1

（2）2：1

（3）3：1

（4）4：1

（　）4. 水權交易形成的條件為何？

（1）存有潛在的買賣方

（2）在現有的水資源分配下，用水人有不同的用水邊際效益

（3）透過交易可增進個別用水人和整體經濟效益

（4）以上皆是

（　）5. 水權市場的運作至少須具備哪些條件？

（1）最初水權的分配確定

（2）水權交易的制度與法令依據

（3）基礎建設與輸配水設備的配合

（4）以上皆是

問答題：

1. 請簡述永續發展的概念？

2. 各國所採行的水資源分配與管理策略包括哪些？

3. 反對興建美濃水庫的理由包括哪些？

4. 台灣水資源所面臨的主要問題和解決之道為何？

5. 台灣水資源管理可以未來展望可以規劃出哪六個方向？

Chapter *4*

國內水資源
保育法規

4.1　前　言

　　台灣屬於海島型國家，但是境內地形山地居多，因為地形的關係，雨水進入河川後，旋即快速流回大海，故造成台灣每年仍均有旱、雨季的差別，更突顯出水資源的重要，而管理水資源，必須有一定的法規及方法，故以下將介紹水資源保育相關之六種環保法規，包括：

一、水污染防治法
二、自來水法
三、飲用水管理條例及飲用水水質標準
四、各種水體水質採樣與監測站設置及監測準則
五、地面水分類及水質標準
六、土壤及地下水污染整治法（簡稱土水法）

4.2　法規簡介

★ 4.2.1　水污染防治法

　　為防治水污染，確保水資源之清潔，以維護生態體系，改善生活環境，增進國民健康，特制定本法。在本法中有專門相關名詞之定義，為避免妨害水體之用途，利用水體以承受或傳運放流水者，將規定不得超過水體之涵容能力，以及水污染防法之相關罰則。

★ 4.2.2　自來水法

　　為策進自來水事業之合理發展，加強其營運之有效管理，以供應充裕而合於衛生之用水，改善國民生活環境，促進工商業發達，特制定本法。在本法中有規定水源之管理，在自來水水源水質保護區或自來水取水口一

定距離內之地區，不得有污染水源水質之行為，和自來水有關之設備及管理和水質管理及自來水水質，應符合自來水水質標準，以及自來水法之相關罰則。

★ 4.2.3　飲用水管理條例及飲用水水質標準

為確保飲用水水源水質，提昇公眾飲用水品質，維護國民健康，特制定本條例。本條例所稱飲用水，指供人飲用之水。本法規定在飲用水水源水質保護區或飲用水取水口一定距離內之地區，不得有污染水源水質之行為。自來水有關之設備及管理、水質管理均應符合飲用水水質標準，以及自來水法之相關罰則。

★ 4.2.4　各種水體水質採樣與監測站設置及監測準則

為因應水污染防治法之需要，而進行設置水體水質採樣與監測站及其監測準則，本準則依水污染防治法施行細則第十五條第四項規定訂定之。在本法中所稱之各種水體包括河川、湖泊、水庫、海域及地下水，其中規範其採樣位置、頻率及部位。

★ 4.2.5　地面水分類及水質標準

地面水分類及水質標準依水污染防治法第六條第一項規定訂定之。本法為將不同地面水之水資源不同用途，而將其地面水分為三種級數之公共用水、二種級數之水產用水以及二種級數之工業用水。陸域地面水分類亦分為甲、乙、丙、丁、戊五類，並依其性質規定所適用之不同級數之水資源之利用。

★ 4.2.6 土水法

　　近年來國內之環境保護工作，於水、空氣、廢棄物及毒化物的預防及管理層面相關法規已日臻完備，各項工作亦已制度化推展當中，然綜觀整體環境污染負荷，尤其在廢棄物處理設備不足與最終處理場缺乏情形下，致有害事業廢棄物任意棄置之不法情事時有所聞，使得土壤與地下水污染問題，亟需政府積極妥善面對。

　　土水法訂定之目的，一方面擬藉由建立土壤污染之處理機制，以順利展開環境污染整治工作，另一方面則依據該法規範促使污染物產生者，正視環境保護於污染預防與管制之重要性，積極從減輕污染與控制源頭著手，以避免觸及複雜之土壤污染問題。因此其立法精神為：

一、注重污染整治為主。

二、採取資訊公開原則，建立民眾參與管道。

三、採取控制與整治兩階段整治進程，較彈性務實地進行整治工作。

四、設置土壤及地下水污染整治基金，擴大污染整治經費來源。

五、擴大污染責任主體，除污染行為人外，兼及有重大過失的土地關係人。

六、適度考量污染危害與土地利用供需平衡。

　　法案之相關要點包含：釐清權責歸屬、場址控制／整治、溯及既往原則、污染行為人／關係人（土地使用人、管理人或所有人）之刑罰責、公民訴訟制度、土壤及地下水污染整治基金等六大項。

4.3　各法條詳細內容

★ 4.3.1　飲用水管理條例

　　中華民國九十二年一月八日總統華總一義字第〇九一〇〇二五五七三〇號令公布增訂第十二條之一、第十四條之一、第二十四條之一至第

二十四條之三及第二十五條之一條文。

4.3.1.1 總 則

第一條 為確保飲用水水源水質，提昇公眾飲用水品質，維護國民健康，特制定本條例。本條例未規定者，適用其他有關法令之規定。

第二條 本條例所稱主管機關：在中央為行政院環境保護署；在直轄市為直轄市政府；在縣（市）為縣（市）政府。

第三條 本條例所稱飲用水，指供人飲用之水。其來源如左：

一、自來水：指依自來水法以水管及其他設施導引供應合於衛生之公共給水。

二、地面水體：指存在於河川、湖潭、水庫、池塘或其他體系內全部或部分之水。

三、地下水體：指存在於地下水層之水。

四、其他經中央主管機關指定之水。

第四條 本條例所稱飲用水設備，指依自來水法規定之設備、社區自設公共給水設備、公私場所供公眾飲用之連續供水固定設備及其他經中央主管機關指定公告之設備。

4.3.1.2 水源管理

第五條 在飲用水水源水質保護區或飲用水取水口一定距離內之地區，不得有污染水源水質之行為。

前項污染水源水質之行為係指：

一、非法砍伐林木或開墾土地。

二、工業區之開發或污染性工廠之設立。

三、核能及其他能源之開發及放射性核廢料儲存或處理場所之興建。

四、傾倒、施放或棄置垃圾、灰渣、土石、污泥、糞尿、廢油、廢化學品、動物屍骸或其他足以污染水源水質之物品。

五、以營利為目的之飼養家畜、家禽。

六、新社區之開發。但原住民部落因人口自然增加形成之社區，不在此限。

七、高爾夫球場之興、修建或擴建。

八、土石採取及探礦、採礦。

九、規模及範圍達應實施環境影響評估之鐵路、大眾捷運系統、港灣及機場之開發。

十、河道變更足以影響水質自淨能力，且未經主管機關及目的事業主管機關同意者。

十一、道路及運動場地之開發，未經主管機關及目的事業主管機關同意者。

十二、其他經中央主管機關公告禁止之行為。

前項第一款至第九款及第十二款之行為，為居民生活所必要，且經主管機關核准者，不在此限。

第一項飲用水水源水質保護區之範圍及飲用水取水口之一定距離，由直轄市、縣（市）主管機關擬訂，報請中央主管機關核定後公告之。其涉及二直轄市、縣（市）以上者，由中央主管機關訂定公告之。

飲用水水源水質保護區及飲用水取水口一定距離內之地區，於公告後原有建築物及土地使用，經主管機關會商有關機關認為有污染水源水質者，得通知所有權人或使用人於一定期間內拆除、改善或改變使用。其所受之損失，由自來水事業或相關事業補償之。

第六條　地面水體及地下水體符合飲用水水源之水質標準者，始得作為飲用水之水源。但經中央主管機關核准者，不在此限。

前項飲用水水源之水質標準，由中央主管機關定之。

4.3.1.3　設備管理

第七條　自來水有關之設備及管理，依自來水法之規定。

第八條　經中央主管機關指定公告之公私場所，設有供公眾飲用之飲用水

設備者，應向所在地之直轄市或縣（市）主管機關申請登記，始得使用。

第九條　公私場所設置供公眾飲用之飲用水設備者，應依規定維護並作成飲用水設備維護紀錄；其屬前條指定之公私場所設置之飲用水設備者，並應定期將其紀錄向直轄市或縣（市）主管機關申報。

前項飲用水設備之維護及管理辦法，由中央主管機關會商有關機關定之。

第十條　經中央主管機關指定公告之飲用水設備，應符合國家標準；無國家標準者，由中央主管機關公告其標準。

4.3.1.4　水質管理

第十一條　飲用水水質應符合飲用水水質標準。

前項飲用水水質標準，由中央主管機關定之。

第十二條　公私場所設置供公眾飲用之飲用水設備者，應依規定定期檢驗水質狀況並公布之；其屬第八條指定之公私場所設置之飲用水設備者，並應定期將水質狀況紀錄向直轄市或縣（市）主管機關申報。

前項飲用水水質狀況之檢驗測定，由經中央主管機關認可之檢驗測定機構辦理。

第十二條之一　檢驗測定機構應取得中央主管機關核給之許可證後，始得辦理本法規定之檢驗測定。前項檢驗測定機構應具備之條件、設施、許可證之申請、審查程序、核（換）發、撤銷、廢止、停業、復業、查核、評鑑程序及其他應遵行事項之管理辦法，由中央主管機關定之。

飲用水水源水質、飲用水水質及飲用水水質處理藥劑之檢測方式及品質管制事項，由中央主管機關定之。

第十三條　飲用水水質處理所使用之藥劑，以經中央主管機關指定公告者為限。

第十四條　各級主管機關應選定地點，定期採樣檢驗，整理分析，並依據

檢驗結果，採取適當措施。經證明有危害人體健康之虞者，應即公告禁止飲用。

前項採樣地點、檢驗結果及採取之措施，直轄市、縣（市）主管機關應向中央主管機關報告。

第十四條之一 因天災或其他不可抗力事由，造成飲用水水源水質惡化時，自來水、簡易自來水或社區自設公共給水之供水單位應於事實發生後，立即採取應變措施及加強飲用水水質檢驗，並應透過報紙、電視、電台、沿街廣播、張貼公告或其他方式，迅即通知民眾水質狀況及因應措施。

第十五條 各級主管機關得派員攜帶證明文件，進入公私場所查驗飲用水設備、飲用水水質或索取有關樣品、資料，公私場所之所有人、使用人或管理人，不得規避、妨礙或拒絕。

4.3.1.5 罰　則

第 十六 條 有左列情形之一者，處一年以下有期徒刑、拘役，得併科新臺幣六萬元以下罰金：

一、違反第五條第一項規定，經禁止為該行為而不遵行者。

二、違反第六條第一項規定，經禁止作為飲用水水源而不遵行者。

三、違反第十一條第一項規定，經禁止供公眾飲用而不遵行者。

犯前項之罪因而致人於死者，處七年以下有期徒刑，得併科新臺幣三十萬元以下罰金。致重傷者，處五年以下有期徒刑，得併科新臺幣十五萬元以下罰金。

第 十七 條 依第九條第一項、第十二條第一項規定申報時，明知為不實之事項而申報不實，或於業務上作成之文書為虛偽記載者，處三年以下有期徒刑、拘役或科或併科新臺幣六萬元以下罰金。

第 十八 條 違反第十三條規定者，處一年以下有期徒刑、拘役或科或併

科新臺幣六萬元以下罰金。

第 十九 條　法人之代表人、法人或自然人之代理人、受僱人或其他從業人員，因執行業務犯第十六條至第十八條規定之罪者，除依各該條規定處罰其行為人外，對該法人或自然人亦科以各該條之罰金。

第 二十 條　違反第五條第一項規定者，處新臺幣十萬元以上一百萬元以下罰鍰，並通知禁止該行為。

第二十一條　違反第六條第一項規定者，處新臺幣六萬元以上六十萬元以下罰鍰，並通知禁止作為飲用水水源。

第二十二條　違反第八條規定者，處新臺幣一萬元以上十萬元以下罰鍰，並通知限期補正，屆期仍未補正者，按次處罰。

第二十三條　未依第九條第一項規定作成飲用水設備維護紀錄或未依第十二條第一項規定公布水質狀況者，處新臺幣一萬元以上十萬元以下罰鍰，並通知限期改善，屆期仍未完成改善者，按次處罰；其未依第九條第一項或第十二條第一項規定申報紀錄者，處新臺幣一萬元以上十萬元以下罰鍰，並通知限期申報，屆期仍未申報者，按日連續處罰。

違反依第九條第二項所定辦法者，處新臺幣一萬元以上十萬元以下罰鍰，並通知限期改善，屆期仍未完成改善者，按日連續處罰。

第二十四條　公私場所供公眾飲用之飲用水水質，違反第十一條第一項規定者，處新臺幣六萬元以上六十萬元以下罰鍰，並通知限期改善，屆期仍未完成改善者，按日連續處罰；情節重大者，禁止供飲用。

第二十四條
之一　違反第十二條之一第二項所定辦法者，處新臺幣五萬元以上五十萬元以下罰鍰，並通知限期改善；屆期仍未完成改善者，按日連續處罰；情節重大者，得命其停業，必要時，並得廢止其許可證。

第二十四條
之二　　　　公私場所未於依第二十二條、第二十三條、第二十四條或第二十四條之一所為通知限期改善、申報或補正期限屆滿前，檢具符合飲用水水質標準或其他規定之證明文件，向主管機關報請查驗者，視為未完成改善。

前項符合飲用水水質標準之證明文件，如為經中央主管機關核給許可證之環境檢驗測定機構所出具之檢驗報告者，主管機關得免水質採樣及檢驗。

第二十四條
之三　　　　本條例所稱按日連續處罰，其起算日、暫停日、停止日、改善完成認定查驗及其他應遵行之事項，由中央主管機關定之。

第二十五條　規避、妨礙或拒絕依第十五條規定之查驗或提供樣品、資料，或提供不實之樣品、資料者，處新臺幣三萬元以上三十萬元以下罰鍰，並得按次處罰及強制執行查驗。

第二十五條
之一　　　　依本條例通知限期改善者，其改善措施及工程計畫，因天災或其他不可抗力事由，致不能於期限內完成改善者，應於其原因消滅後繼續進行改善，並於原因消滅後十日內以書面敘明理由，檢具有關證明文件，向原核定機關申請重新核定改善期限。

第二十六條　本條例所定之處罰，除本條例另有規定外，在中央由行政院環境保護署為之，在直轄市由直轄市政府為之，在縣（市）由縣（市）政府為之。

第二十七條　依本條例所處之罰鍰，經通知限期繳納，屆期仍未繳納者，移送法院強制執行。

4.3.1.6　附　則

第二十八條　供販賣之包裝或盛裝之飲用水，其水源之水質管理，依本條例之規定；其容器、包裝與製造過程之衛生、標示、廣告及水質之查驗，依食品衛生管理法之規定。

第二十九條　依第八條指定公告之公私場所，其於指定公告前已設置飲用

水設備者，應自指定公告之日起六個月內依第八條之規定申請登記。

第 三十 條 本條例施行細則，由中央主管機關定之。

第三十一條 本條例自公布日施行。

第二十五條之一 依本條例通知限期改善者，其改善措施及工程計畫，因天災或其他不可抗力事由，致不能於期限內完成改善者，應於其原因消滅後繼續進行改善，並於原因消滅後十日內以書面敘明理由，檢具有關證明文件，向原核定機關申請重新核定改善期限。

表 4-1 我國飲用水水質標準及自來水水質標準

一、細菌性標準

項 目	最大限值	單 位
大腸桿菌群 （Coliform Group）	6（多管發酵法）	MPN/100mL
	6（濾膜法）	CFU/100mL
總菌落數 （Total Bacterial Count）	100	CFU/mL

二、物理性標準

項 目	最大限值	單 位
臭 度	3	初嗅數
濁 度	2	NTU
色 度	5	鉑鈷單位

三、化學性標準

（一）影響健康物質

項 目	最大限值	單 位
砷	0.01	mg/L
鉛	0.05	mg/L
硒	0.01	mg/L
鉻	0.05	mg/L
鎘	0.005	mg/L
鋇	2.0	mg/L

	鎓	0.01	mg/L
	鎳	0.1	mg/L
	汞	0.002	mg/L
	氰鹽（以 CN⁻ 計）	0.05	mg/L
	亞硝酸鹽氮（以氮計）	0.1	mg/L
	總三鹵甲烷（THMs）	0.08	mg/L
揮發性有機物	三氯乙烯	0.005	mg/L
	四氯化碳	0.005	mg/L
	1, 1, 1-三氯乙烷	0.20	mg/L
	1, 2-二氯乙烷	0.005	mg/L
	氯乙烯	0.002	mg/L
	苯	0.005	mg/L
	對-二氯苯	0.075	mg/L
	1, 1-二氯乙烯	0.007	mg/L
農藥	安殺番（Endosulfan）	0.003	mg/L
	靈丹（Lindane）	0.0002	mg/L
	丁基拉草（Butachlor）	0.02	mg/L
	2, 4-地（2, 4-D）	0.07	mg/L
	巴拉刈（Paraquat）	0.01	mg/L
	納乃得（Methomyl）	0.01	mg/L
	加保扶（Carbofuran）	0.02	mg/L
	減必蝨（Isoprocarb）	0.02	mg/L
	達馬松（Methamidophos）	0.02	mg/L
	大利松（Diazinon）	0.005	mg/L
	巴拉松（Parathion）	0.02	mg/L
	一品松（EPN）	0.005	mg/L
	亞素靈（Monocrotophos）	0.003	mg/L

（二）可能影響健康物質

項　目	最大限值	單　位
氟鹽（以 F⁻ 表示）	0.8	mg/L
硝酸鹽氮（以氮計）	10.0	mg/L
銀	0.05	mg/L

（三）影響適飲性物質

項　目	最大限值	單　位
鐵	0.3	mg/L
錳	0.05	mg/L
銅	1.0	mg/L
鋅	5.0	mg/L
硫酸鹽（以 SO_4^{2-} 計）	250	mg/L
酚類（以酚計）	0.001	mg/L
陰離子界面活性劑（MBAS）	0.5	mg/L
氯鹽（以 Cl^- 計）	250	mg/L
氨氮（以氮計）	0.1	mg/L
總硬度（以 $CaCO_3$ 計）	150	mg/L
總溶解固體量	250	mg/L
自由有效餘氯（Cl）	0.2～1.0	mg/L
氫離子濃度（pH）	6.0～8.5	－

★ 4.3.2 河川湖泊水庫地下水與海域的水質採樣規定及監測站設置及監測準則

中華民國八十四年八月二十三日行政院環境保護署（環署水字第四三六〇二號令訂定發布全文十五條）。

第 一 條　本準則依水污染防治法施行細則第十五條第四項規定訂定之。

第 二 條　河川水質監測站設置以左列位置為原則：

　　　　　一、重要污染源流入點。

　　　　　二、主流與重要支流合流點。

　　　　　三、重要水利用點。

　　　　　四、可反映一般水質點。

　　　　　五、其他必要點。

第 三 條　湖泊、水庫水質監測站設置以左列位置為原則：

　　　　　一、重要污染源流入點。

二、河川水流入點及湖泊水庫的水流出點。

三、重要水利用點。

四、可反映一般水質點。

五、其他必要點。

第 四 條　海域水質監測站設置以左列位置為原則：

一、主次要河川入海口。

二、重要污染源流入點。

三、港灣。

四、重要水利用點。

五、其他必要點。

第 五 條　地下水水質監測站設置以左列位置為原則：

一、重要污染源。

二、海水入侵地區。

三、其他污染潛勢較高之地區。

四、重要水利用點。

五、可反映一般水質點。

六、其他必要點。

第 六 條　河川之採樣頻率及部位，規定如左：

一、採樣頻率主要河川以每月一次為原則，其他河川以每季一次為原則，並應選擇水質較穩定時為之。

二、採樣部位應考慮河川寬度、深度，以取得代表性水樣，並得加測流量。

三、採樣宜由上游而下逐點取樣，於感潮河段宜於退潮時採樣。

第 七 條　湖泊、水庫之採樣頻率及部位，規定如左：

一、採樣頻率以每季一次為原則，並應考慮水體季節性變化調整之。

二、採樣時應考慮湖庫面積、深度及分層，以取得代表性水樣。

第 八 條　海域之採樣頻率及部位，規定如左：

　　　　　一、採樣頻率以每季一次為原則。於河川入海口，以枯水期水質較差時為原則。

　　　　　二、採樣時應避免大潮或劇烈氣象變化時為之，並注意漲退潮之影響。

　　　　　三、採樣時應考慮海域範圍、深度及分層，以取得代表性水樣。

第 九 條　地下水採樣頻率及採樣程序，規定如左：

　　　　　一、採樣頻率以每季採樣一次為原則，有污染之虞者應提高其頻率。

　　　　　二、採樣時應取得代表性水樣。

第 十 條　第六條至第九條之採樣方法由中央主管機關定之，必要時得由各級主管機關定之。

第十一條　監測站之規劃設置規範得由中央主管機關定之。

第十二條　樣品之保存及檢驗方法由中央主管機關公告之。

第十三條　主管機關委託檢驗測定機構或相關團體執行水質檢驗時，應要求先提出專案計畫品保規劃書，經認可後確實執行。

第十四條　本準則發布前之既設監測站得逐步檢討修正。

第十五條　本準則自發布日施行。

★ 4.3.3　地面水體分類及水質標準

　　中華民國八十七年六月二十四日行政院環境保護署（八七）環署水字第○○三九一五九號令修正發布。

第一條　地面水體分類及水質標準（以下簡稱本標準）依水污染防治法第六條第一項規定訂定之。

第二條　本標準專用名詞之定義如下：

　　　　一、一級公共用水：指經消毒處理即可供公共給水之水源。

　　　　二、二級公共用水：指需經混凝、沈澱、過濾、消毒等一般通用

之淨水方法處理可供公共給水之水源。

三、三級公共用水：指經活性碳吸附、離子交換、逆滲透等特殊或高度處理可供公共給水之水源。

四、一級水產用水：在陸域地面水體，指可供鱒魚、香魚及鱸魚培養用水之水源；在海域水體，指可供嘉鱲魚及紫菜類培養用水之水源。

五、二級水產用水：在陸域地面水體，指可供鰱魚、草魚及貝類培養用水之水源；在海域水體，指虱目魚、烏魚及龍鬚菜培養用水之水源。

六、一級工業用水：指可供製造用水之水源。

七、二級工業用水：指可供冷卻用水之水源。

第三條　陸域、海域地面水體分類係依水體特質規範其適用性質及其相關環境基準，非為限制水體之用途。

其相關環境基準關係保護人體健康及保護生活環境，分別規定保護生活環境相關基準如附表一及保護人體健康相關環境基準如附表二。

第四條　陸域地面水體分類分為甲、乙、丙、丁、戊五類，其適用性質如下：

一、甲類：適用於一級公共用水、游泳、乙類、丙類、丁類及戊類。

二、乙類：適用於二級公共用水、一級水產用水、丙類、丁類及戊類。

三、丙類：適用於三級公共用水、二級水產用水、一級工業用水、丁類及戊類。

四、丁類：適用於灌溉用水、二級工業用水及環境保育。

五、戊類：適用環境保育。

海域地面水體分類分為甲、乙、丙三類，其適用性質如下：

一、甲類：適用於一級水產用水、游泳、乙類及丙類。

二、乙類：適用於二級水產用水、二級工業用水及環境保育。

三、丙類：適用環境保育。

第五條　陸域、海域地面水體經自淨或整治後達到相關環境基準時，即不得降低其水體分類及相關環境基準值。

主管機關得於本標準修正後二年內檢討現行劃定之水區及其水體分類，其檢討不受前項限制。

第六條　本標準所列水質之檢驗方法，由中央主管機關訂定公告之。

第七條　本標準自發布日施行。

★ 4.3.4　土壤及地下水污染整治法

一、釐清責任歸屬

（一）事業機構之責任

1. 目的事業主管機關或土地關係人具有通知所在地主管機關土壤及地下水污染情形之責任。

2. 公私場所使用人需配合各級主管機關之污染查證工作，不得規避、妨礙或拒絕。

3. 經環保署指定公告的事業所使用土地辦理移轉時，讓與人具提供土壤污染檢測資料之責任，當該土地被公告為控制或整治場址時，若讓與人未依規定提供資料，其所負責任與土地所有人相同。

4. 經環保署指定公告的事業，若要新設、歇業或是停業時，應檢具用地的土壤污染檢測資料，報請所在地主管機關備查後，方能向目的事業主管機關申辦有關事宜。

5. 經公告之整治場址的污染行為所有人或土地關係人，必須提出土壤、地下水調查及評估計畫；並續由污染行為所有人訂定污染整治計畫，經核定後據以實施，若污染行為人不明或不遵行規定時，土地關係人則必須訂定計畫並據以實施。

6. 對於污染來源明確的整治責任及相關整治費用的追償，重大過失之污染土地關係人須與污染行為人負連帶清償責任，不過基於公平正義原則，污染行為人應負終局責任，因此容許污染土地關係人向污

染行為人求償。

（二）主管機關之權利

1. 各級主管機關有權派員攜帶證明文件進入公私場所，調查土壤及地下水污染情形等事項，以及檢查或要求提供整治或控制計畫之實施情形與資料。

2. 為避免污染擴大，主管機關有權命令土壤或地下水污染行為人停止作為、停業、部份或全部停工。

二、場址控制／整治

（一）土壤、地下水污染管制區內之土地使用或人為活動，依法應進行管制。

（二）土地使用人、管理人或所有人因管制而遭受之損害，得向污染行為人請求損害賠償。

（三）整治場址被處以土地禁止處分登記。

三、溯及既往原則

僅適用於污染行為人，其必須承擔溯及既往之整治責任，包括執行緊急必要措施、提出調查與評估計畫、停止作為、停業、部份或全部停工並承擔污染責任、提出污染整治計畫並配合檢查工作以及未依規定執行之罰責。

四、污染行為人／關係人之刑罰責

土污法對於因違反該法或意圖變更土地使用編定而故意污染土壤，致人於死者，最高處無期徒刑或七年以上有期徒刑，得併科新台幣五百萬元以下罰金，致重傷者，處三年以上十年以下有期徒刑，得併科新台幣三百萬元以下罰金。其刑罰責適用對象包括污染行為人與關係人。

五、公民訴訟制度

明定主管機關疏於執行該法或相關命令，受害人或公益團體可採公民訴訟制度，以該主管機關為被告直接向行政法院提出訴訟，費用由政府（被告機關）支付。

六、土壤及地下水污染整治基金

為妥善處理土壤及地下水問題，必須有一套完整之財務籌措機制，方不致使整治工作延宕，因此，土污法為強化污染整治財務來源，故該法訂定設置土壤及地下水污染整治基金，並明定基金來源，包括：土壤及地下水污染整治費收入、污染行為人或污染土地關係人依第三十八條、第三十九條規定繳納之款項、土地開發行為人依第四十六條第三項規定繳交之款項、基金孳息收入、中央主管機關循預算程序之撥款、環境保護相關基金之部分提撥、環境污染之罰金及行政罰鍰之部分提撥及其他有關收入。

4.3.4.1 土水法法規說明

依土壤及地下水污染整治法之章節條文，可歸納其要旨於表 1-3-1。其中有關整治責任主體及名詞定義有：

一、整治責任主體：污染行為人及重大過失之污染土地關係人。

二、污染行為人：因下列行為之一而造成土壤或地下水污染之人。

　　（一）非法排放、洩漏、灌注或棄置污染物。

　　（二）仲介或容許非法排放、洩漏、灌注或棄置污染物。

　　（三）未依法令規定清理污染物。

三、污染土地關係人：土地經公告為污染整治場址時，非屬於污染行為人之土地使用人、管理人或所有人而其與產業密切有關之特點包括：

　　（一）主管機關得派員攜帶證明文件，進入公私場所進行查證（第 7條）。

　　（二）指定公告事業之土地移轉時，讓與人應提供土壤污染檢測資料（第 8 條）。

　　（三）指定公告之事業於設立、停業或歇業前，應檢具土壤污染檢測資料始得辦理（第 9 條）。

　　（四）土地被公告為污染場址時，即禁止移轉處分，不得買賣（第 15條）。

　　（五）指定公告之化學物質，其製造及輸入者將徵收土壤及地下水污

染整治費（第22條）。

（六）污染行為人責任採溯及既往原則，最高可處無期徒刑（第48條）。

（七）民眾或公益團體可採公民訴訟制度，發揮監督功能（第49條）。

至於土水法相關法規之建制情形則摘列於表4-2。

表 4-2　土壤及地下水污染整治法要旨

章　節	要　旨
第一章　總則 （第1條至第4條）	明訂本法之立法目的、專有名詞定義、主管機關及專責。
第二章　防治措施 （第5條至第10條）	明訂主管機關應定期對土壤及地下水污染監測查證與通報及土地移轉相關事宜。
第三章　調查評估措施 （第11條至第12條）	明訂各級主管機關對於有污染之虞場址，應進行查證並調查土壤、地下水污染範圍及評估對環境之影響。
第四章　管制措施 （第13條至第15條）	明定主管機關緊急應變措施、列管場址管制及土地移轉之禁止。
第五章　整治復育措施 （第16條至第21條）	明定整治場址之污染行為人或所在地主管機關依調查評估結果，訂定土壤、地下水污染整治計畫，以及污染整治基準訂定、整治計畫訂定程序、解除污染場址列管規定。
第六章　財務及責任 （第22條至第25條）	明定成立土壤、地下水污染整治基金及支應範圍、基金來源。明定土地關係人應盡管理人之義務，防制土壤及地下水受污染。
第七章　罰則 （第26條至第42條）	明定違反本法之懲處罰則及執行處分之機關。
第八章　附則 （第43條至第51條）	明定土壤及地下水污染防制與整治輔導、土地變更編定限制、歸責要件及溯及適用，及施行細則之訂定及本法施行日。

4.3.4.2　產業因應本法執行之注意事項

土壤與地下水污染調查與整治工作不但技術昂貴且冗長費時，以美國超級基金為例，至1995年為止已投入169億美元，每場址之平均整治費用高達1,300萬美元（4億台幣），平均整治時間約4年，而後續監測至少15年，因此產業界於進行調查與整治之前，應採取極為謹慎之態度，先蒐集彙整先進國家既有整治案例及配套技術，配合國內場址污染現況深入評析，循序漸進發展一務實可行對策以避免國外失敗經驗再次重演。

4.4 例 題

例題1

地面水體是指？

答：存在於河川、湖潭、水庫、池塘、地下水層或其他體系內全部或部分之水。

例題2

海域之採樣頻率及位置？

答：(1) 採樣頻率以每季一次為原則。

(2) 河川入海口，以枯水期水質較好時為原則。採樣時宜由上游而下逐點採 n 樣。

例題3

列出土水法中，規定的污染行為人，是因哪些行為而造成土壤或地下水污染？

答：(1) 非法排放、洩漏、灌注或棄置污染物。

(2) 仲介或容許非法排放、洩漏、灌注或棄置污染物。

(3) 未依法令規定清理污染物。

例題4

水漾中含有 0.01M $CaCl_2$ 及 0.001M Na_2SO_4，計算水樣之離子強度。

答：決定離子種類之氧化數（或價數）

$CaCl_2$：(1) Ca^{+2} (2) Cl^{-1}

Na_2SO_4：(1) Na^{+1} (2) SO_4^{-2}

計算 $I = \dfrac{1}{2}[(0.01)(2)^2 + 2(0.01)(1)^2 + 2(0.001)(1)^2 + (0.001)(2)^2]$

$= 0.033$

提示說明：離子強度代表溶解於水中陰、陽離子之強度總合，以無因次單位或濃度單位（M）表示皆可。已知離子強度（I）＝$(\sum_1^i C_i Z_i^2)$，Ci 為 i 離子之檢驗濃度（M, mole/L），Zi 為 i 離子氧化數（或離子價數）

參考文獻

1. 行政院環保署環境檢驗所-環保法規，http://w3.epa.gov.tw/epalaw/index.htm
2. 行政院環境保護署，「飲用水管理條例」，http://w3.epa.gov.tw/epalaw/index.htm
3. 行政院環境保護署，「飲用水水質標準」，http://www.ttepb.gov.tw/water/link2-2.htm
4. 行政院環境保護署，「水體水質監測站設置及監測準則」，http://w3.epa.gov.tw/scripts/runisa.dll?HTLW.1573128:LNam
5. 環保署土壤及地下水污染整治基金管理委員會網站，http://ww2.epa.gov.tw/SoilGW/index.asp

自我評量

是非題：

（　）1. 主要河川之採樣頻率以每月一次為原則，其他河川以每季一次為原則，並應選擇水質較穩定時為之。

（　）2. 一級公共用水是指經消毒處理即可供公共給水之水源。

（　）3. 一級工業用水是指可供冷卻用水之水源。

（　）4. 依照飲用水管理條例所稱主管機關在中央為行政院環境保護署；在直轄市為直轄市政府；在縣（市）為縣（市）政府。

（　）5. 地面水體為存在於河川、湖潭、水庫、池塘或其他體系內全部或部

分之水。

（　）6. 土壤與地下水污染調查與整治工作不但技術昂貴且冗長費時。

選擇題：

（　）1. 依照我國現行飲用水水質標準及自來水水質標準，請問何者不是化
學性標準中項目：

（1）臭度

（2）砷

（3）氰鹽

（4）總三鹵甲烷

（　）2. 依照我國現行飲用水水質標準及自來水水質標準，請問何者是錯誤
的：

（1）影響適飲性物質的氫離子濃度（pH）需介於 6.0～8.5。

（2）化學性標準影響健康物質的砷 0.01 mg/L。

（3）化學性標準影響健康物質的總三鹵甲烷（THMs）0.1 mg/L。

（4）化學性標準影響健康物質的氰鹽 0.05 mg/L。

（　）3. 何者不是在湖泊、水庫水質監測站設置原則：

（1）重要污染源流入點。

（2）河川主流與支流匯合點。

（3）重要水利用點。

（4）可反映一般水質點與其他必要點。

（　）4. 依地面水體分類及水質標準對公共用水之定義，請問何者是正確
的：

（1）一級公共用水指經消毒處理即可供公共給水之水源。

（2）二級公共用水指需經混凝、沈澱、過濾、消毒等一般通用之淨
水方法處理可供公共給水之水源。

（3）三級公共用水：指經活性碳吸附、離子交換、逆滲透等特殊或
高度處理可供公共給水之水源。

（4）以上皆是。

（　）5. 何者為土水法規定的污染行為人：

（1）非法排放、洩漏、灌注或棄置污染物。

（2）仲介或容許非法排放、洩漏、灌注或棄置污染物。

（3）未依法令規定清理污染物。

（4）以上皆是。

（　）6. 土污法對於因違反該法或意圖變更土地使用編定而故意污染土壤，致人重傷，併科罰金多少，其刑罰責適用對象包括污染行為人與關係人。

（1）新台幣五百萬元以下罰金。

（2）新台幣三百萬元以下罰金。

（3）新台幣一百萬元以下。

（4）新台幣五十萬元以下。

問答題：

1. 國內現行和水資源保育相關之環保法規，包含哪六種？

2. 依地面水體分類及水質標準將地面水體分為哪幾種級數？

3. 試列舉五種在飲用水水源水質保護區或飲用水取水口一定距離內之地區污染水源水質之行為？

4. 我國現行飲用水水質標準及自來水水質標準在影響適飲性物質方面包含哪幾個項目？

5. 陸域、海域地面水體分為哪幾類，其適用性質為何？

Chapter 5

水資源基本的
水質檢驗項目

5.1　濁　度

　　當水中含有懸浮物質，就會造成混濁度，使光線通過時產生干擾。在水質上，我們可以濁度（Turbidity）來表現水樣的混濁程度。基本上，濁度是一個水樣之光學性質，水樣中有懸浮物質存在時，可散射光線，其散射強度與懸浮物質之量及性質有關。會造成混濁度的懸浮物質，種類相當多，諸如黏粒、有機物、浮游生物、微生物等，其顆粒大小範圍可從膠狀分子（1～100 奈米）到大而分散的懸浮物質不等。

　　靜止狀態下的水體，如湖泊或水澤，水中的濁度，多來自膠體粒子，但流動狀態下的水體，如河川，水中的濁度則主要來自較粗大的懸浮物質。

　　在河川上游，降雨時，許多土壤因沖蝕作用而進入河川，土壤的礦物質部分及有機質部分均會導致水體中濁度的增加；河川中下游，常有工業廢水及都市污水流入，廢水中的各類有機物或無機污染物質，均無可避免的會增加河川之濁度，尤其在有機物流入河川後，會促進細菌與其他微生物的生長，更增加了混濁度。

　　農田施肥後之排水或養豬廢水流入河川中，會使河川中氮、磷成分增加，造成優氧化，刺激藻類大量生長，其結果是造成水中濁度的增加。由上述可知，引起水中濁度增加的物質，本質上可分為無機物及有機物兩大類，這種本質上的差異，將會影響環境工程上淨化程序是否合適，進而增加工程上的難度。

　　在公共給水上，濁度是相當重要的指標，濁度高的水，在外觀上給予人不潔淨的感覺，在飲用時易受到排斥。另濁度高的水，在給水工程上亦發生困難，因會使過濾過程負荷增加，砂濾也無法達到效率，且增加清洗費用。此外，在公共用水進行消毒時，有些細菌或其他微生物會附著在造成濁度的顆粒上，而得以抗拒氯氣或臭氧等消毒劑，導致消毒不易完全。

5.2 色 度

自然界的金屬離子（諸如鐵及錳離子）、泥炭土、腐植質、浮游生物、水草、微生物及工業廢水等，常使水源帶有顏色，水之色度（Color）會影響水資源之觀瞻及利用，往往需要處理。

當水樣中含有懸浮固體物時，水之色度不僅來自水溶液中的物質，也會受懸浮固體物的影響。因此，我們可將色度分為真色（True Color）與外觀色（Apparent Color）。真色是將水樣經離心或過濾的程序去除懸浮固體物所得的水樣色度；外觀色則是由水樣直接目測所得之色度，也稱為視色。一般水源當 pH 值增加時，色度亦隨之增加，因此 pH 值亦會影響水之色度，故水樣檢驗色度時，應同時註明 pH 值。

前所述及色度的來源，我們可將其分為天然及人為來源，天然的來源中，有機碎屑如樹葉及木材萃取物、腐植質、木質素的衍生物等，常發生於地表水流經森林地或沼澤地區時所帶出；鐵及錳則源自礦物之溶解。人為來源較常源自工業廢水，如染整工業、造紙工業及製革工業等廢水，欲經濟有效的去除水中色度，並不是簡單的工作。

公共用水如果色度很高，消費者必然質疑水質的純淨程度，即使水質無礙健康，亦不易受到採信。因此，各國飲用水均定有色度的標準，在淨水工程上，水質工程師均相當重視色度之高低。此外，工業用水諸如紡織染整用水，對色度的要求亦很高，是為了避免水中色度對產品品質造成影響。

5.3 硬 度

水中之多價陽離子（Multivalent Cations）是導致水具有硬度的主要原因，多價陽離子中，尤以鈣與鎂離子兩者為天然水中之陽離子，其餘如 Fe^{2+}、Mn^{2+}、Sr^{2+}、Al^{3+} 等亦可能存在天然水中，但其相對含量低，常予以

忽略不計。一般而言，含石灰岩地區及土壤表層較厚地區，雨水、岩石與土壤接觸會溶出較多的鈣鎂離子，故硬度較高。

　　水中硬度之高低，對工業用水之管理相當重要，這是因為大部分均有冷卻水及鍋爐系統，若不予以注意控制硬度，除會降低機械效率，增加操作成本外，尚有造成鍋爐發生爆炸之危險，故工業用水中硬度之監控處理相當重要，則需測定硬度，表 5-1 為水質依硬度之分類表。

表 5-1　水質上依硬度之分類表

程　　度	硬度單位	
	Meq/L	mg/Las CaCO$_3$
軟（soft）	< 1	< 50
中度（moderately hard）	1～3	50～150
硬（hard）	3～6	150～300
甚硬（very hard）	> 6	> 300

5.4　導電度

　　導電度（Electrical Conductivity，簡稱 E.C.）是量測水樣導電能力之強弱，其單位為毫姆歐／公分或微姆歐／公分表示。導電度大小與水中解離之離子含量之多寡以及溫度有關。一般物質在水中解離產生電流，陽離子會移動至陰極，陰離子則移動至陽極，而大多數的無機酸、鹼以及鹽類均是很好的導電體，但是某些有機分子如蔗糖及苯在水中不易解離，導電度相當小。

　　導電度之測定，可以用標準導電度溶液先行調整導電度計再行測定，有些導電度計可測定導電度範圍很小，或者即使很廣，其靈敏度很差，只適合用於海水或半鹹水，有些又只適合於淡水，因此可備有至少兩部導電度計，一部測定鹹水，一部測定淡水用。

　　新鮮的蒸餾水其導電度約在 0.5～2 微姆歐／公分，經一段時間後導電度值會增加，增加的原因為空氣中之二氧化碳或氨等跑進去之緣故，美

國飲用水其導電度在 50～1500 微姆歐／公分之間，台灣的湖泊水為 100～400 微姆歐／公分左右，工廠廢水導電度往往皆超過 10,000 微姆歐／公分。

由於導電度之測定相當簡便，導電度計亦方便攜帶至現場使用，在環境監測上，水之導電度常被用來評估水體是否遭受污染的指標，用途相當廣泛。

海水及淡水之導電度差距非常大，於海岸地區監測是否有海水入侵現象時，導電度更屬不可或缺之測定指標之一。

灌溉水品質之等級，導電度為重要之評估標準之一，依美國鹽性研究所之分級，將水導電度分為六級，自 C-1 至 C-6，灌溉水之導電度可由 0～250 微姆歐／公分的 C-1 級至 ＞6,000 微姆歐／公分的 C-6 級，鹽分越多愈不適合灌溉，台灣省灌溉水質標準亦有導電度小於 750 微姆歐／公分之限值，亦即 C-2 級以內者，才符合灌溉水標準。

5.5 固體物

除了純水外，一般天然水體之水或廢水均含有固形物（Soild Matter）。在水質名詞中，總固體物（Total Solid, T.S.）是指將水樣蒸發後，其殘留物質在某一溫度之下乾燥所得者。總固體物包括兩部分，若將水分先經過一個過濾設備，則存留在過濾設備上之固形物，經一定溫度乾燥所得之部分稱為總懸浮固體物，而濾液經一定溫度乾燥後所得之部分稱為總溶解固體物。過濾器形式、濾紙孔隙大小、孔隙率、面積及厚度均會影響過濾結果，不僅如此，水樣的物理性質、固形物之粒徑大小定為 2.0 微米，水樣留存在此空隙大小濾紙之固形物經特定條件測出之部分稱為懸浮固體。

水中懸浮固體物的測定，在水質分析上相當重要，在事業放流水排放標準中，對各行業之放流水中懸浮固體物含量，均有詳細的規定，這是因為在污染程度之研判上，它具有指標的作用。而在一般污水處理單元設計

上，污水中固體物亦為移除之重點，故固體物測定可用於評估處理方法之效率。此外，沈降性固體物之測定為污泥性質之重要項目，對污泥之處理方法有重要的參考價值。

飲用水水質標準中重要項目之一，在台灣省自來水水質標準中，訂有 500 毫克／升之限值，故在飲用水之處理程序中為考慮之指標之一。

5.6 氫離子濃度指數（pH 值）

1887 年瑞典科學家 Arrhenius 提出游離理論，認為水溶液中會產生氫離子（H^+）者為酸，而會產生氫氧離子（OH^-）者為鹼。依其理論，強酸與強鹼在水溶液中之解離相當大，弱酸與強鹼的解離度則相當小。當水分子解離時，會生成部分的氫氧離子，其反應式如下：

$$H_2O \Leftrightarrow H^+_{(aq)} + OH^-_{(aq)}$$

當加酸入水中時，由於 H^+ 濃度會增加，為了維持 K_w 為定值，OH^- 濃度就減少；相反的，加鹼於水中時，則 OH^- 濃度大增，H^+ 濃度即減少。不管水中 H^+ 及 OH^- 濃度如何變化，其 H^+ 和 OH^- 濃度的乘積 K_w 恆為常數，室溫時為 1.0×10^{-14}。

1909 年瑞典化學家 Soreson 氏建議以負對數值來取代莫耳濃度，日後廣被採用，即所謂的 pH 值，有時逕稱「氫離子濃度指數」，以下式表現之：

$$pH = -\log [H^+] \quad 或 \quad pH = \log \frac{1}{[H^+]}$$

pH 值的範圍，一般在 0 到 14 之間，純水為中性，其 pH 值為 7.0，當溶液為酸性時，$[H^+] > 10^{-7}$ M，pH 值將小於 7，即 pH 值越小酸性越強，反之，溶液為鹼性時，$[H^+] < 10^{-7}$ M，pH 值大於 7，即 pH 值越大鹼性越

強。

天然水之 pH 值受碳酸鹽系統（carbonate system）影響很大，以降雨為例，由於雨水吸收空氣中的二氧化碳，形成碳酸，使其在正常情形下 pH 值常低於 5.65 左右，若再受工業污染物之影響，則可能成為酸雨。

大部分的水生生物，均對水環境中 pH 值範圍相當敏感，因此，基於維護生態平衡的考量、事業放流水之排放，均需控制其 pH 值，以防止對水生生物的衝擊。在環境工程上，不論是給水或污水之處理，pH 值的控制均相當重要，這是因為 pH 值的高低，對於沉澱、化學混凝、消毒、氧化還原及水質軟化……等處理程序均有影響。此外，再利用微生物處理廢水時，pH 值必須控制在微生物有利的範圍內。

5.7 溶 氧

自然界的水，由於與大氣接觸，或多或少溶解氧氣，這些氧氣稱為水中溶氧（Dissolved Oxygen, DO）。由於幾乎所有的生物，均仰賴溶氧以維持代謝程序，並產生能量來生長與再生細胞，因此水中溶氧濃度與水生生物相當重要。

氧在水中溶解度不大，在 20 ℃ 及 1 大氣壓時約 30 毫升 / 升，溶解度隨溫度及大氣中氧之分壓而改變，遵循亨利定律（Henry Law），如下式所示：

$$[O_2] = K_h \times P_{O_2}$$

式中 $[O_2]$ 為水溶液氧氣之平衡，P_{O_2} 為氧氣之分壓，K_h 則為亨利常數，其值隨溫度而異，當溫度高時，K_h 值較低，溫度低時，K_h 值較高。因此，夏季時溫度偏高時，水中溶氧值偏低，而冬季時，水中之溶氧值就會偏高。有些魚類只能生長在水中溶氧較高高冷山區，當改變環境至溫熱之平地，就會因缺乏溶氧而死亡。

水中鹽分含量亦會影響氧之溶解度，一般鹽分愈高，則溶氧量愈低。以 20℃ 之純水為例，其飽和溶氧量為 9.07 毫克／升，但 20℃ 之海水，飽和溶氧量只有 7.33 毫克／升。

在各種不同水體，溶氧含量常是水質優劣之重要指標。以河川為例，溶氧含量在未受污染區段通常很高，甚至可達飽溶氧量，但在遭受有機物污染時，水中微生物繁殖會消耗氧氣，溶氧值即降低，嚴重時甚至接近 0 毫克／升，溶氧小於 2.0 毫克／升之河川水，屬戊類水質，甚至不適於灌溉用水之用途。

在廢水處理程序中，往往需利用好氧性微生物來分解廢水中之有機污染質，這時水中溶氧的控制就顯得很重要，為了維持適量的氧氣，不致因太多而浪費，太少而處理效果不佳，經常性的溶氧測定是無可避免的。

工業用水中，蒸氣鍋爐之用水是相當講究水中溶氧之去除的，因氧氣會使得高溫下之鍋爐鋼管發生腐蝕的問題，故加入除氧劑以去除溶氧，此時溶氧之測定有其必要，管理人員可由溶氧之數據控制除氧劑的用量，以達最佳操作。

5.8 氯 鹽

氯離子（Cl^-）是水及廢水中主要的陰離子之一，它在不同的水中有不同的濃度範圍。一般在山區及河川上游的地表水中，氯鹽（Chloride）之含量甚低，但河川下游或靠海的地下水中，有時含量很高，這可能與部分礦物溶出及農工廢水中氯鹽之進入有關，另一個原因是海水中氯鹽含量極高，平均為 19,000 毫克／升。

沿海地區的地下水，過度抽取地下水，會破壞此種平衡，而使海水易於入侵，地下水中之氯鹽含量就急遽增高，這種情況，在台灣的嘉南、高屏及宜蘭地區，已有許多報告提出。

人類的排泄物所含氯鹽頗多，導致生活污水中含有相當量的氯鹽。另外工業廢水亦含有大量之氯鹽。這是人為污染比較重要的兩個來源。

　　水中氯鹽含量較高時，水會帶有鹹味，尤其當主要陽離子為鈉離子時，氯鹽達 250 毫克／升即有鹹味，然而，若主要陽離子為鈣與鎂離子時，即使氯鹽含量高達 1000 毫克／升亦不覺得有鹹味。氯鹽含量高的水對金屬管線及結構有害，也不適於灌溉之用。

　　由於氯鹽為水及廢水主要陰離子之一，在一般環境監測工作上，為了解主要水質，均將氯鹽列為測定項目。目前我國飲用水及灌溉用水之水質標準中，均對氯鹽濃度定有限值 250 毫克／升。

　　氯鹽之來源有限，測定容易，有不易被吸附及不分解之性質，故常作為水質污染物追蹤之目標，以往有許多文獻亦以氯鹽為追蹤劑（tracer），研究環境中之污染物傳輸現象。

5.9　硫酸鹽

　　在天然水中，硫酸根離子（Sulfate, SO_4^{2-}）為重要的陰離子之一。其含量可由每升數個至數千毫克，在硫化礦物氧化時進入天然水之情況普遍。當其含量過高時，對某些用水標的會造成不良影響。以工業用水為例，SO_4^{2-} 之濃度過高，則會在鍋爐及熱交換器上形成水垢，阻礙這些設備傳熱效率。灌溉用水中，SO_4^{2-} 濃度過高時使土壤酸化危害作物。而在飲用水中，SO_4^{2-} 之濃度過高，則會危及人體健康。

　　在缺乏氧氣及硝酸鹽的環境中，硫酸鹽可作為氧的供給者，亦即電子接受者，以供厭氧細菌進行氧化，而 SO_4^{2-} 本身則被還原成 S^{2-}，依系統中不同之 pH 值，S^{2-}、HS^- 及 H_2S 分別成為優勢之化學型態，當 pH 值在 8 左右，最優勢的型態為 HS^-，pH 值在 8 以上，則漸漸轉為 S^{2-} 為主，pH 值在 8 以下，則 S^{2-} 不存在，漸漸由 HS^- 為主，轉為以 H_2S 為主，由於 H_2S 有臭味故在缺乏氧氣的環境中，SO_4^{2-} 會間接引起臭味，且在酸性情況下愈形嚴重。硫化氫氣體不僅產生臭味，亦具有相當強的毒性與腐蝕性。

　　在下水道管路中，若氧的供應不足，廢水中 SO_4^{2-} 即發生還原反應產生 H_2S，當 H_2S 溢出至管路之氣相中時，又會發生氧化反應，這個氧化反

應通常發生在管頂，由於 H_2SO_4 為強酸，會腐蝕混凝土，下水道管頂因此產生所謂的「皇冠型」腐蝕。

$SO_4{}^{2-}$ 的分析可了解其是否適合公共用水、工業用水及灌溉用水之用途。在河川溶氧不足的情況下，$SO_4{}^{2-}$ 會還原成 H_2S、NH_3 及 CH_4 等氣體同時放出，發生臭味，降低環境品質，此外，地下水或地表水中，$SO_4{}^{2-}$ 均為最重要的陰離子之一，可了解水質之化學結構，因此，水中 $SO_4{}^{2-}$ 之測定廣用於環境品質監測。

廢水與污泥在厭氧消化反應發生時，$SO_4{}^{2-}$ 會還原產生 H_2S，造成臭味及腐蝕的困擾，這種現象為環境工程師所需注意的。因此硫酸鹽測定資料可供工程師決定廢水與污泥、處理設備及設計尺寸大小之參考依據。

5.10　氮

對所有生物而言，氮素（Nitroqen, N）是最重要的元素之一。動物一般無法利用大氣中的氮氣（N_2）或無機態氮來製造所需的蛋白質，而必須攝食植物或其他動物來供應之。植物則利用無機態氮來製造蛋白質，鑒於氮對植物營養的重要性且經常缺乏，我們對作物施肥首重氮的補充，氮乃居肥料三要素之首。然而，氮供給量太多也對植物生長會造成不利影響。在環境污染上，氮污染亦日益受到重視，包括造成水體優氧化（Eutrophication）、生態平衡及衛生上的問題等。

氮化合物分為無機態與有機態兩大類。無機態氮以七種不同氧化態分子式存在著：NH_3、N_2、N_2O、NO、N_2O_3、NO_2、N_2O_5

這些型態中以 -3、0、$+3$、$+5$ 四種氧化態在生物界中最為重要。有機態氮則大多以 -3 價存在。$NH_4{}^+$（或 NH_3）經硝化作用（Nitrification）氧化成 NO^{2-}，而後 $NO_3{}^-$，$NO_3{}^-$ 可經硝酸還原作用（Nitrate Reduction）還原變成 $NO_2{}^-$ 後再還原成 $NH_4{}^+$，也可經脫氮作用（Denitrification）成為氮氣，而氮氣又可經氮素固定作用（Nitrogenfixation）形成 $NH_4{}^+$，上述反應都是由為生物催化進行的氧化還原反應。環境中氮化合物存在的形態，主

要不外乎前述的有機態氮、氨態氮（Amonia Nitrogen，NH_3-N）、亞硝酸態氮（Nitrite, NO_2^--N）及硝酸態氨（nitrate, NO_3^--N）。

　　有機態氮如動物糞尿中，含有大量尿素（Urea），尿素易受尿素分解酵素（Urease）分解而成，動植物體內的蛋白質亦會在動植物死亡後受細菌的作用生成氨態氮，這些氨態氮進入環境後，在好氧條件下，亞硝酸菌群（Nitrosomonas Group）會將其轉變成亞硝酸鹽，然後又可再為硝酸菌群（Nitrobacter Group）氧化成硝酸鹽，水體中 NH_3-N 與 NO_3^--N 是無機態氮存在的主要形態，NO_2^--N 較少見且濃度通常甚低。典型的污染水，初期主要為有機態氮及 NH_3-N，隨著暴露於空氣中的時間增加，而慢慢氧化以 NO_3^--N 形態出現。

　　在自然水體中，氮素測定的結果是判定水質好壞之重要依據。以台灣現行之水體水質標準及河川污染指數（River Pollution Index, RPI）為例，氨態氮濃度均為重要水質參數之一。原水中氨氮濃度偏高時，自來水廠即需增加加氯消毒之量，且指示原水可能受到污染。在各國飲用水水質標準中，一般均定有氨氮、硝酸態氮、亞硝酸態氮之限值，認為氨氮及亞硝酸態氮為「影響適飲性物質」，而硝酸態氮則屬於「可能影響健康之物質」。

　　硝酸態氮含量過高的飲用水，已有造成嬰兒罹患「藍嬰症」（Methemoglocinemia）之病例，飲用水中硝酸態氨的測定相當受重視。

　　氮素為微生物生長最重要的元素之一，因此，在廢污水生物處理程序中，氮素的控制為一重要的課題，需經常予以測定，以決定是否須補充氮源。

　　養豬場廢水氮含量高的廢污水，若排入環境水體中，亦促進藻類及水生植物的生長繁殖，使水體優氧化，故排放水中的氮素含量測定，亦頗受重視。

5.11 磷

　　天然水中之磷（Phosphorus）幾乎全部以磷酸鹽（Phosphate）的型式存在，磷酸鹽又可分為正磷酸鹽（Orthophosphate）、縮合磷酸鹽（Condensed Phosphate）及有機磷酸鹽（Organic Phosphate）三類，前兩類亦稱為無機磷酸鹽，縮合磷酸鹽又稱聚磷酸鹽（Polyphosphate）在水溶液中會逐漸水解，成為正磷酸鹽。水中磷酸鹽之存在型式，常和其來源有密切相關。

　　正磷酸鹽化合物常被使用作為磷肥，故經降雨之逕流會將其帶到地面水中。縮合磷酸鹽則大量使用於各類之清潔劑中，少部分使用於水質處理系統，如鍋爐、冷卻水塔等。

　　有機磷酸鹽基本上是由生物程序所形成的，污水中之有機磷化合物常來自人體排泄物、食物殘渣、水生植物等。

　　天然潔淨的水體中，藻類及其他水生生物繁殖不易，當水體由於日久的沖積或人為的污染，有機物和植物養分大量增加，導致藻類的大量生長，水體優氧化，水質漸趨劣化，在藻類本身死亡的過程中，會消耗大量溶氧，使水體處於厭氧狀態而發生臭味。在優養現象發生的過程中，水中氮與磷的濃度極為重要，限制其濃度，即可控制藻類之生長，亦即控制優氧現象，在生長條件下，無機磷的臨界濃度為 0.005 毫克／公升左右，高於此濃度，水體中之藻類即可繁殖。

　　在作為公共給水用途的湖泊及水庫特別需要留意，當水體中之磷酸鹽濃度偏高，則水體有優氧化之虞。

　　磷酸鹽化合物，廣泛的用於鍋爐水及冷卻水塔循環水水垢抑制劑中，監測其濃度，可供判斷水垢抑制劑之用量是否足夠，而採取必要之調整措施，以防水垢之形成，降低傳熱效率。

　　在許多工業廢水中，其含磷量並不足以供給微生物最適的生長，故往往要加些無機磷酸鹽化合物至處理系統中，因此，在廢水生物處理程序中，磷酸鹽含量的測定是基本的工作之一。

5.12 生化需氧量

生化需氧量（Biochemical Oxygen Demand, BOD）係指水中有機物質在某一特定的時間及溫度下，由於微生物的生物化學作用所耗用的氧量。

BOD 值的大小可表示生物可分解的有機物的多寡，用以指示水中有機物污染的程度。

在自然的條件下，許多在水中的有機物是會分解的，分解的程序以微生物進行氧化作用為主，完全的分解可使有機物氧化成 CO_2 與水。BOD 之測定基於此原理是一種生物分析，應提供微生物在實驗進行期間有良好的環境條件進行生物化學作用，這些環境條件諸如：無有毒物質、存在細菌生長的營養成分如氮、磷、鈣、鎂、鐵及微量元素等。

由於有機物完全生物氧化所需的時間相當長，一般需 20 天以上，在分析上有其缺點，標準檢驗法中乃規定 5 天培養時間，在這段培養時間內，水樣中易為生物氧化的有機物已有 70～80% 完成反應，大致可符合實務上的需求，故廣受採用。此外，生物氧化速率亦與培養之溫度息息相關，標準檢驗法中是採用 20℃ 為培養箱之溫度。

BOD 是測量生物性可氧化有機物的唯一方法，在環境科學或工程上具有廣泛用途。由於 BOD 可指示水中有機物污染的程度，故舉凡水體之水質標準分類、放流水標準擬定、河川污染程度評估及環保稽查處分等等法令或工作，均以 BOD 測定結果為重要依據。

污水處理工作上，BOD 資料之應用亦相當重要，諸如污染負荷之計算、設計處理單元、污水處理效率之評估等，均經常依據 BOD 測定數據來執行。

5.13 化學需氧量

化學需氧量（Chemical Oxygen Demand, COD）係指水中有機物質在酸

性及高溫條件，經由強氧化劑將其氧化成 CO_2 與 H_2O，所用的氧量。

COD 與 BOD 類似，COD 值的大小可表示水中有機物的多寡，用以指示水中有機物污染的程度。

在測定 COD 的過程中，其中之有機物不論是否屬微生物可氧化者，均會氧化成 CO_2 與 H_2O。因此，一般而言，COD 值較 BOD 值高，其間之關係隨水樣性質不同而有所不同，有些研究針對某些性質廢水求得 COD 與 BOD 之相關式，則可由 COD 值估算測定耗時的 BOD 值。

COD 測定中所用的氧化劑，如重鉻酸鉀（$K_2Cr_2O_7$）、高錳酸鉀（$KMnO_4$）、碘酸鉀（KIO_3）、硫酸鈰〔$Ce(SO_4)_2$〕等均曾被廣泛研究有效，但目前僅重鉻酸鉀及高錳酸鉀較常被使用。

在顯示水中有機污染物含量方面，總有機碳（Total Organic Carbon, TOC）、BOD 及 COD 三項水質參數最常被使用，由於 TOC 測定儀器設備價格高昂，BOD 及 COD 兩項指標較廣受採用。COD 測定約 3 小時即可在一般實驗室完成，而 BOD 量測則需耗時 5 天，因此，需要迅速得到水質資料以供分析研判時，COD 測定尤具實用價值。此外，當同時測得 BOD 與 COD 數據後，可研判水樣中是否有毒性或抗生物分解有機物之存在。

5.14 總有機碳

天然水體之有機物含量低，但受養豬廢水、家庭廢水、工業廢水、垃圾滲漏水之污染後，有機物含量會大量增加。水中有機物可依其親、疏水性及酸、鹼性，分成腐植酸（Humicacid）、黃酸（Fulvicacid）、親水性酸（Hydrophilicacid）及中性親水性物質（Hydrophilicneutral）等四大類。

前兩者屬疏水性大分子有機物，親水性酸大部分帶有較強羥基和羧基之聚電解質酸，而中性親水性物質則包括碳水化合物、羧酸、氨基酸、碳氫化合物等較小分子化合物。

水與廢水中之有機物，其碳素係以不同的氧化狀態存在，某些碳素可被生物利用氧化，我們可以生化需氧量（Biochemical Oxygen Demand,

BOD）來加以量化，而一般有更多的碳素可用化學氧化劑加以氧化，形成 CO_2，我們則可以用化學需氧量（Chemical Oxygen Demand, COD）加以量化。然而，仍有部分碳素無法以生物或化學方法加以量測。

總有機碳是比起 COD 或 BOD 較為方便且直接的碳素表現方法，它是指與有機物結合之碳素。理論上重覆量測大量基質成分相似樣品之 TOC、BOD 及 COD 可求出它們相關之實驗式，我們就可以測定其中一項而來估算其他項目之值。不過，一般並不認為 TOC 可取代 BOD 或 COD 之測定。

水中的碳素除了 TOC 外，尚有無機碳（Inorganic Carbon, IC）的分，IC 包括碳鹽、氫碳酸鹽、溶解之 CO_2 等，TOC 與 IC 總稱「總碳」（Total Carbon, TC），許多分析儀器可同時測定 TOC 及 IC。

總有機碳之數據，直接顯示水樣中有機物所含的碳素之量，這是顯示水中有機物含量多寡相當簡便有效的辦法，故廣泛用於環境調查分析與監測的工作。有機物的種類繁多，且大多定量步驟相當複雜，因此，在進行某些有機物處理效率之研究時，往往以總有機碳之分析結果代替個別有機化合物的分析結果。有機物含量低的天然水，TOC 之數據通常較準確，不過 BOD 與 COD 之分析數據誤差較大。在水樣中鹽分或氯鹽含量偏高的時，BOD 及 COD 之分析數均有困難，但 TOC 之分析則不受影響，其數據亦相對較可靠。

5.15 油 脂

油脂（oil and grease）係泛指可用特定溶劑自水樣中萃取的各種有機化合物。一般常用之溶劑為三氟三氯乙烷（Trichlorotrifluoroethane, $C_2F_3Cl_3$）。多年來，由於氟氯碳化合物會破壞臭氧層，引起人們的注意，部分方法已改用 20% MTBE（Methyl-Tert-Butyl Ether）與 80% 正己烷（n-Hexane）混合溶劑來取代三氟三氯乙烷，其萃取效果與三氟三氯乙烷差不多。正己烷對油脂之溶解力亦佳，可單獨作為萃取用溶劑。

油脂來源主要來自家庭污水及工業廢水。油、脂肪、蠟與脂肪酸均

為家庭污水中的主要油脂物質，其產生過程諸如洗衣、烹調、清洗地板等日常生活各種行為均會把油脂帶入廢水中，導致家庭污水中之油脂含量偏高。工業廢油中之油脂含量依工業類別及工廠製程而不同，某些工業如石化業、油脂業、食品業、屠宰業：等，其廢油中往往含可觀之油脂濃度，若不予以移除，常會引起其他廢水處理程序的困擾。

廢水中油脂含量過高時，會干擾好氧或厭氧生物處理程序，導致處理效率降低。當含高濃度油脂的廢水排入自然水體後，會導致水面上有一層油膜，使氧氣無法自空氣中溶解進入水中，而造成水質劣化。

在環境監測方面，許多法規定有水中油脂含量的標準，如工廠放流水水質標準即有此規故油脂測定成為例行環境監測工作之一。

在廢水處理，各處理程序前後廢水中油脂含量之變化，為評估處理效率及謀求改善之重要指標之一。如廢水沈降前後油脂的測定，可評估各級沈降槽的效率。

5.16 陰離子界面活性劑

清潔劑（Detergents）泛指各種具清潔污物功能之省質，在日常生活方面，如清洗衣服、碗盤時被廣泛使用。清潔劑中具有能使油與水的界面消除之成分，稱為界面活性劑（Surfactants），其分子基本上具有兩端，一端為疏水性基團（Hydrophobicgroup），易溶於水，這種分子結構，使其在油水交界面造成起泡（Foaming）、乳化（Emulsification）及顆粒懸浮等作用。

界面活性劑的疏水性基團係碳氫長鏈分子，碳數在 10 至 20 個之間，親水性基團則可分為兩類，一類為離子性，可再細分為陽離子及陰離子，另一類為非離子性。在美國，離子性的界面活性劑占生產量之三分之二，故陰離子界面活性劑可說是最重要的界面活性劑，廣泛使用於清潔劑中。市售清潔劑約含 20～30% 界面活性劑，另外 70～80% 的添加劑，如硫酸鈉、三聚磷酸鈉（Sodium Tripolyphosphate）、焦磷酸鈉（Sodium

Pyrophosphate）、矽酸鈉（Sodium Silicate）等，以加強其活性。

　　在天然水中，界面活性劑之含量應在 0.1 毫克／升以下，但家庭污水之污泥，每克污泥（乾重）即吸附陰離子界面活性劑 1 至 20 毫克，而普通家庭污水，亦可測出 1～20 毫克／升之陰離子界面活性劑。除了家庭污水外，工業廢油中亦常可測出相當可觀的陰離子界面活性劑，這通常是因其生產流程中有清洗程序，必須使用界面活性劑。

5.17　鐵及錳

　　鐵及錳均為岩石及土壤之成分之一，特別是鐵，它是一個存量豐富之元素，因此，鐵的含量往往高於錳。一般而言，水中不常發現鐵之含量超過 10 毫克／升或錳之含量超過 2 毫克／升。

　　鐵之氧化數以 +2 及 +3 為主，而錳則包括 +2、+3、+4、+6 或 +7，當水中有溶氧存在時，三價鐵及四價錳是唯一比較穩定的氧化態，由於此二種化學形式具很強的不溶解性，顯示水中有溶氧時，鐵與錳含量將極低。在湖泊或水庫底部，厭氧狀態將可溶性低的三價鐵轉變成較易溶解的二價鐵，四價錳則轉變成較易溶解的二價錳。

　　當水源中含鐵時，將造成下列問題：

1. 導致水中有金屬的味道。
2. 紙、纖維或皮革等工業產品將產生顏色。
3. 家庭用品如玻璃、碗盤等將被沾染顏色。
4. 衣服可能染上黃色或棕黃色。
5. 鐵的沉澱會阻塞管路並促使鐵細菌之繁殖生長，造成「紅水」問題。
6. 在低流量時，鐵細菌將引起味道及臭味問題。

　　錳的問題相當類似鐵，可能造成之問題如下：

1. 在高濃度時，錳將產生味道的問題。
2. 類似鐵，錳亦將使工業產品產生顏色。

3. 家庭用品將沾染棕色或黑色。

4. 衣物可能變灰暗或顯得髒。

　　工程上最常用以去除鐵及錳的方法為曝氣、然後沉澱、過濾。曝氣程序可去除 CO_2 並提高 pH 值，且引入氧氣氧化二價鐵及二價錳，使成三價鐵及四價錳，雖然有很多種類的曝氣設備，但是常用者為多孔盤。

　　自然界之水，以地下水含鐵錳量較多，地面水相對較少，此係由於水中鐵錳大部分來自地層之故。由於地下水是主要的水資源，且常作為飲用水及工業用水之用，鐵錳之測定成為環境工程上重要的分析項目，其數據可作為工程師決定是否需加以處理及處理方式之依據。在給水工程上，鐵與錳之去除是重要的課題，其去除效率之評估，以須依照例行性的鐵與錳測定數據進行。此外，鐵管與鋼管的腐蝕現象，會使管線中的水成為「紅水」，鐵含量的測定，可供瞭解腐蝕程度，以謀求方法解決之用。

5.18　重金屬及微量元素

　　重金屬係指密度大，且絕大部份在週期素中屬於過渡元素之重金屬化合物及其離子，如鎘、銅、鋅等元素；而微量元素是指在環境中含量甚低，但往往對植物及生物體正常生長卻是不可缺少之元素，如鈷、硼等元素。

　　水中之重金屬及微量元素若含量太高，則通常往往會對水體中生物造成危害，或經由食物鏈中之生物累積現象，而對人體或高等動植物產生毒害。

　　因此，許多水體用水均定有管制標準。由於各國之飲用水質背景及處理技術不同，故在標準之訂定上亦有其相異之處。水中重金屬偏高之原因除特殊之天然環境所導致外，工業污染物為其主因，排放各類污染物質之工業類別，如表 5-2 所示。

表 5-2 八種優先管制重金屬與污染物之工業類別來源

污染物	工業類別
鉻（Cr）	電鍍、鞣革、染料、化學工業、鋁極、冷卻水防蝕
銅（Cu）	鍍銅、金屬浸洗、銅礦、通信器材、金屬冶煉
鋅（Zn）	電鍍、橡膠黏膠絲、農業殺蟲劑、煉鋅
鉛（Pb）	電池製造、塗料、鉛礦、汽油、油漆
鎘（Cd）	煉鋅、鋅礦、電鍍、礦石
鎳（Ni）	電鍍、照相
砷（As）	採礦、製革、塗料、藥品、玻璃、染料、羊毛浸洗、農藥
汞（Hg）	鹼氯工廠（水銀電槽）、紙業、農藥、塑膠工廠、溫度計、纖維、農藥

資料來源：江漢全，《水質分析》。

一、鎘：

鎘及其化合物廣被用於電鍍、油漆顏料及塑膠工業中，另如電池、照相材料亦常使用。以塑膠工業為例，在塑膠加工過程中，必須加入安定劑，以抑制光和熱所引起的分解作用，特別是聚氯乙烯（PVC）為主料的軟性塑膠加工業尤為重要，塑膠安定劑的組成即為硬脂酸鎘及硬脂酸鉛。而在桃園縣造成「鎘米」事件的高銀及基力化工廠都是塑膠安定劑的製造廠，其工廠之廢水係先排放進入排水渠道後，而由農民引灌農田，造成土壤及稻米的大量累積。

二、鉻：

鉻及其化合物在工業上之主要用途為合金、防蝕、耐火材料、催化劑等。另鉻酸鹽用於油漆，並可製成實驗室用之酸洗液。各類型廢水排放入水體後，鉻主要以鉻酸鹽形式存在，會引起人的鉻酸鹽中毒、皮膚粗糙、肝臟受損、致癌等。

三、銅：

銅在工業上之主要用途為製造銅線、合金等。硫酸銅（$CuSO_4$）為相當有效的殺菌劑及殺藻劑，常被用於果樹及其他農作物之生產，而得以進入土壤、農田排水中，亦有機會經由施入水體控制藻類生長而殘留於水體中，當其濃度偏高，如大於 1.0 毫克／升時，會使魚類中毒。

四、鋅：

鋅之最重要用途為鐵金屬外皮之鍍鋅、亦常用於油墨、化粧品、油漆、橡膠等，上述工業廢水或棄物、污泥等，未經適當處理，均有可能污染水體，所幸其毒性不高。

五、鎳：

鎳在工業上最大的用途為鋼及合金之生產，也用於油漆原料、化粧品、機械零件、電池皮電接點等，這些工業產生的廢水或廢棄物污泥等，皆為水體中鎳污染之來源。

六、鉛：

鉛在工業上主要用途為汽車蓄電池、汽油抗膿劑四甲基鉛及四乙基鉛。蓄電池製造業之廢水或廢棄物如處理不當，會污染水體，使鉛之含量偏高；而汽油中添加之鉛化合物，將於燃燒時形成含鉛之粒狀污染物逸散至空氣中，最後掉落至地表或被雨水帶下，而造成水體中鉛含量之增加。

七、砷：

砷在工業上主要用途為玻璃器皿、陶瓷製造、製革、染色、農藥及化學製品等。砷元素在水中一般以 AsO_4^{3-} 及 AsO_3^{3-} 等陰離子形態存在，長期飲用含砷量高的井水，被疑與烏腳病之發生有關，水中砷之來源，除由地質而來，工業廢水或廢棄物、農藥為其主要污染源。

八、汞：

汞廣泛地用於科學儀器、電池、農藥、燈管等工業中，在鹼氯工業（生產氯氣及苛性鈉）以電解法進行生產時，係以汞為陰極，而在塑膠的生產中，汞也被用為觸媒。水體中汞之來源，主要為上述工業產生之廢水或廢棄物之不當排放。

在環境監測方面，水中重金屬之含量多寡是相當重要的資料，故許多法規均定有標準，如事業放流水水質標準、水體水質標準、飲用水水質標準、灌溉用水水質標準等，部分有毒的重金屬如鎘、鉻、汞、鉛等尤被列為例行檢驗項目之一。

5.19　總菌落數

　　在自然界裡，只要有水的地方就有細菌存在。細菌屬原核細胞之微生物，大部分細菌大小皆在 0.5〜3μm 左右的單細胞。

　　細菌依其形狀不同，可分為球菌（Coccus）、桿菌（Bacillus）及螺旋菌（Spirillum）等三種；依氧氣需求程度不同，可分為好氧菌（Aerobes）、兼性厭棄菌（Facultative Anaerobes）、厭棄菌（Anaerobes）及微好氧菌（Microaerophiles）等四種。

　　依營養要求性之不同，則可分為自營菌（Autotrophic Bacteria）及異營菌（Heterotrophic Bacteria），前者僅需無機物就可生存，後者則需依賴有機物為碳源，而氮源為無機或有機氮化合物皆可；此外，依革蘭氏染色性之不同，可將細菌分為革蘭氏陽性菌（Gram-positive Bacteria）與革蘭氏陰性菌（Gram-negative Bacteria）。

　　細菌在合適的條件下，大部分可以分裂法來進行增殖，由分裂出新細胞開始，至其長成再分裂，稱為一個「世代」，其所需花費的時間則稱為世代時間（Generation Time），於一定的培養條件下，各菌種皆有其世代時間，在適宜條件下，大腸菌（Escherichiacoli）與枯草菌（Bacillussubtilis）之世代時間約各為 20 與 25 分鐘左右。由於細菌的世代時間大都並不長，我們可將含菌的水樣經過適當的稀釋之後，取其一定量培養於適當的培養基上，經一段時間後，依培養基上的菌落（Colony）來推算水樣中之總菌落數，稱生菌數。

　　細菌體之成分與一般動植物類似，除了含有大量的水（約 80%）之外，還含有醣類、脂肪、蛋白質等有機物成分，以及磷、鉀、鈣、硫、氮等無機成分。為了獲得能源及合成菌體成分，細菌必須不斷地自外界攝取營養成分，這些營養成分包括氮源、碳源、無機鹽及微量元素，因此，在細菌的培養基應能供給上述營養成分才是良好的培養基，在一般潔淨的水中，並無法供應上述營養成分，細菌之生長繁殖因而受阻，但在污染的水體中，往往提供細菌良好的營養成分，促使細菌大量繁殖，這也是污染的

水體中總菌落數通常偏高的基本原因。水中的總菌落數的表示單位以 CFU/mL 最為通用，CFU 為 colony-forming unit 之縮寫，指菌落單位。

水中總菌落數可呈現水質中異營細菌生長概況，由於水中必須供給有機化合物、氮素、磷、硫等成分，異營細菌才能生長，故一般污染程度越高的水，其總菌落數越多。因此，水體水質環境監測工作上，有測定水中總菌落數之必要。另飲用水、公共給水、工業用水等之例行性水質分析中亦常將總菌落數列為重要項目之一。

目前我國飲用水及自來水水質標準中定有總菌落數 100 CFU／毫升的限值，與日本相同。歐美國家則在飲用水方面管制大腸菌類、糞便大腸菌類及致病性微生物，而略去總菌落樹之管制。

污水處理廠在放流之前，常有消毒之步驟以防止致病性病菌污染自然水體，消毒程序之效果評估，亦常以總菌落數之測定結果予以計算。

5.20 大腸菌類

大腸菌為細菌的一種，其學名為 Escherichiacoli，其中 Escherichia 為屬名，coli 則為種名。在水質指標上，較常用「大腸菌類」一詞，大腸菌類是指能使乳醣（Lactose）發酵，並產生氣體和酸、格蘭姆染色陰性、無芽胞、以濾膜法培養會產生金屬光澤之深色菌落者。

大腸菌類在人體排泄物中經常大量存在，且常與消化統之致病菌共存，其生存力比一般致病菌如傷寒、霍亂、痢疾等強，但比一般細菌弱，故如水中無大腸菌類，可認為無致病菌存在。

大腸菌類常棲於人畜之腸管中，當大腸菌類到了腸道以外的組織時，有可能會侵入到血液中造成膿毒病，此外大腸桿菌亦會引起腹瀉等症狀。

由於大腸菌類具有下列特性：

1. 易偵測及辨別。
2. 致病菌存在時亦存在。
3. 存在之量比致病菌多，有比例關係。

4. 不會出現在未受污染水中，且具有致病菌之特徵。

因此，水體中之細菌性標準常以大腸菌類密度作為污染程度之指標。

常見的大腸菌類分析結果有兩種表示法，依分析方法不同，一種係以 CFU/100 毫升為單位，一種則以 MPN/100 毫升為單位。MPN 為 Most Probable Number 之縮寫，譯為最大可能數，他是基於統計上 Poisson 分佈而定出。

水中大腸菌類密度之分析結果，可呈現水質中大腸菌類細菌生長概況，當大腸菌類密度高時，不僅顯示水中有機化合物、氮素、磷、硫、微量元素等成分供給充分，亦顯示水中致病性之病源菌含量可能很高，對人體產生危害之機會大，因此，水體水質之環境監測工作上，經常必須測定水中之大腸菌類密度，另如飲用水、公共給水、各事業放流水等之例行性水質分析，大腸菌類亦為重要分析項目之一。

目前我國飲用水、自來水及各類水體水質標準接定有大腸菌類之管制標準，飲用水及自來水之標準較嚴格，與日本及歐美國家標準相似。

5.21 例　題

例題1

某學生要測定水樣之化學需氧量（COD），環檢所標準方法實驗過程中，取水樣體積 20ml，滴定所用之硫酸亞鐵銨莫耳濃度為 0.125M，空白消耗之硫酸亞鐵銨滴定液體積 10ml，水樣消耗之硫酸亞鐵銨滴定液體積 9.6ml，試計算此水樣之化學需氧量（mg/L）？。

答：化學需氧量 $(mg/L) = \dfrac{(A-B) \times C \times 8,000}{V}$

A：空白消耗之硫酸亞鐵銨滴定液體積（mL），B：水樣消耗之硫酸亞鐵銨滴定液體積（mL），C：硫酸亞鐵銨滴定液之莫耳濃度（M），V：水樣體積（mL）

$$故化學需氧量（mg/L）= \frac{(10 - 9.6) \times 0.125 \times 8000}{20} = 20mg/L$$

例題2

水體優氧化之氮及磷的含量十分重要，限制它們的濃度，就可以控制藻類的生長，根據藻類生長條件只要高於無機磷的臨界濃度 0.000005 克／公升，藻類即可繁殖。試將無機磷的臨界濃度 0.000005 克／公升會換算等於多少毫克／公升（mg/L）濃度？

答：1g = 1000mg，因此 $\frac{0.000005 \text{ 克／公升}}{1000 \text{ 毫克／克}} = 0.005$ 豪克／公升（mg/L）

例題3

濃度為 2.5×10^{-4}M的飽和碳酸鈣溶液中加入碳酸鈉，計算出當此反應到達平衡時，求出此溶液中的鈣離子濃度為多少？$CaCO_3 \rightarrow Ca^{2+}+CO_3^{2-}$，pKs = 8.305，溫度為 25°C

答：$[CO_3^{2-}] = 2.5 \times 10^{-4} M$

$CaCO_{3(s)} \rightarrow Ca^{2+} + CO_3^{2-}$

$K_s = [Ca^{2+}] \times 2.5 \times 10^{-4}/1 = 10^{-8.305}$

故 $[Ca^{2+}] = 1.98 \times 10^{-5} M$

例題4

夏季因為水庫易發生水質優氧化現象，水樣 25°C 時稽查檢測之導電度為 500μmho/cm，計算水樣之離子強度。已知離子強度計算公式 $I = (2.5 \times 10^{-5})(0.67)(EC)$，EC 為 25°C 時檢測之導電度（μmho/cm）

答：I = 0.008（或 M）

參考文獻

1. 江漢全，「水質分析」。

2. 行政院環境保護署環境檢驗所，「水質檢驗方法彙編」，http://w3.epa.gov.tw/epalaw/index.htm。

3. 樓基中，自編講義，2014年。

自我評量

是非題：

（　）1. 農田施肥後之排水或養豬廢水流入河川中，會使河川中氮、磷成分增加，造成優氧化（eutrophication）。

（　）2. 水之色度不僅來自水溶液中的物質，也會受懸浮固體物的影響。水之色度可分為真色度與與外觀色度。

（　）3. 因為海水及淡水之導電度（E.C.）差距非常大，在海岸地區監測是否有海水入侵現象時，E.C. 更屬不可或缺之指標之一。

（　）4. 生物需氧量 BOD 值的大小可表示生物可分解的有機物的多寡，用以指示水中有機物污染的程度。BOD 值愈大表示水中之有機污染物愈多。

（　）5. 在環境保護中優先管制的重金屬包括鎘、鉻、銅、鋅、鎳、鉛、砷、及汞八項。

選擇題：

（　）1. 當水源中含鐵時會造成哪些問題，下列何者為非：

　　（1）導致水中有金屬的味道。

　　（2）紙、纖維或皮革等工業產品將產生顏色。

　　（3）家庭用品將沾染棕色或黑色。

　　（4）衣服可能染上黃色或棕黃色。

（　）2. 何者非生成鉻（Cr）之工業類別：

　　　（1）電鍍業。

　　　（2）鞣革業。

　　　（3）染料業。

　　　（4）農業殺蟲劑。

（　）3. 何者非環境中無機氮之氧化態分子式

　　　（1）NH_3。

　　　（2）N_2。

　　　（3）N_2O。

　　　（4）N_2O_6。

（　）4. 細菌依其形狀不同分類，下列何者為非：

　　　（1）球菌（coccus）。

　　　（2）桿菌（bacillus）。

　　　（3）螺旋菌（spirillum）。

　　　（4）好氧菌（aerobes）。

（　）5. 何者非大腸菌類之特性：

　　　（1）易偵測及辨別。

　　　（2）致病菌存在時亦存在。

　　　（3）存在之量比致病菌多，有比例關係。

　　　（4）使管線中的水成為紅水。

問答題：

1. 當水源中含鐵時，將造成那些問題？

2. 試簡述 pH 值測定的重要性？

3. 試簡述溶氧測定的重要性？

4. 試簡述大腸菌類測定之重要性？

5. 試簡述金屬與微量元素測定之重要性？

Chapter *6*

自來水工程
（自來水系統）

6.1 前 言

水是人類生活上不可一日缺少之物質，人體組織中水份佔人體重量之 60～65%，若失去 10% 之水份，即對身體有害，若失去 20～22%，即對生命有危險。

人之飲水量由氣候等環境條件而異，成人每日大致為 1～1.5 公升，若包括食品中之水份一日大約需要飲水量約 2～3 公升。一日間，人排洩之水量約 2600～2900 公克（糞便 1300～1600 公克，由呼吸蒸發量 400 公克，由皮膚之蒸發量 900 公克），故需要補充這些水分。除飲水之用以外、沖水馬桶、廚房、洗滌、洗衣、淋浴、庭園、草地和街道之清洗，也需要用水，故每人每日的總用水量約 200～300 公升[1]。

水為水致病菌之主要媒介物，給予良好水質，充分水量，可以改造市鄉衛生，對減低死亡率有重要意義。現在自來水工程不但供應家庭用水同時亦提供消防、街路清掃、游泳池、噴水池、學校、醫院等公共用水以改善生活環境，進一步還要供給充分之工商業用水，為現代化國家所不可或缺之建設。

自來水工程或自來水系統又稱給水工程（Water Supply Engineering），依自來水法第 16 條：「本法所稱自來水，係指以水管及其他設施導引供應合於衛生之公共給水。」及第 20 條：「本法所稱自來水設備包括取水，貯水、淨水、送水及配水等設備[2]。二項條文可知，自來水工程必須以充足水量，良好水質，以及足夠水壓配水到給水區內各用戶，而工程施工可分為下列四個主要部份：

一、取水工程（Intake）

估計給水區域在計劃目標年之供水人口、用水量，並視水量、水質等選擇適當水源，取入足夠水量。取水方法由水源種量，如地下水或地面水而異，如河水在枯水期水量不足供應時，應考慮建造蓄水庫以便儲存雨季中多餘之水量。

二、導（送）水工程（Conveyance of Water）

自取水地點輸送至淨水場，或自來水區域者。由水源至淨水場未處理水及淨水場至自來水區域輸送淨水者，由輸送距離、水質、水量、地形等輸水法有壓力管、渠道、隧道等。水頭不足時需要抽水，由需要水壓之不同分為高揚程及低揚程抽水機。

三、淨水工程（Purification Work）

淨水工程有沉砂、沉澱（普通沉澱、混凝沉澱）、過濾（慢砂濾法、快砂濾法、特殊過濾）、消毒及其他特殊處理法。主要由原水水質、用水目的、選定適合之淨水程序。淨水場有些設在取水地點，有些設在供水區附近。

四、配水工程（Distribution System）

淨水需要有足夠的水壓及水量分配到各供水區，同時也要滿足尖峰時間之用水量。配水工程主要設備有配水管線及其附屬設備、配水池、配水塔或高架水塔等。

6.2 自來水工程計劃

自來水工程計劃，在付文施工建造前，需要經過初步計劃，規劃及設計之三步驟。初步計畫係根據該地區對水需求性之趨勢，水資源之狀況以及附近供水系統之情況等擬定初步構想。認為可行後才進一步以初步計畫為基礎對需水量，水資源等做基本調查，並據以決定工程規模，水源之選擇，工程內容之初步計算與其他相對方案比較完成可行之工程計劃。規劃確定後才能做細部設計及詳圖、器材規格、施工說明、施工預算書。

計劃書內容所需考慮之細目為：需水量之估計法、計畫目標年、供水區域、供水區域在計畫目標年內之供水人口估計，各種用水量及用水量之變化。

★ 6.2.1 工程計畫報告書[1]

給水工程計畫，在付之施工建造前，應將以下各項圖說，送請主管機關審核。

一、工程計畫報告書

（一）概說：工程計畫緣起，給水區域歷史等說明。

（二）水廠概況：擴建工程或改善工程，應詳細描述水廠現有設施之操作機能、業務、財務等情況。

（三）計劃給水區域：給水區域之社區及人口分佈情形、給水之必要性、原有給水區域計劃中給水區之排定及理由、工業之可能發展及其對自來水之需要等。

（四）需水量之估算：訂定計畫目標年，並推估該年支給水區域總人口、給水人口、每人每日需水量及計劃用水量，並加算必要之工業用水、消防用水及特殊用水量。

（五）水源之選擇：給水區域之水文、地勢、地質以及對所有可能利用之各地緣之可行性，並選擇最佳水源。

（六）淨水、送配水方式及水管種類之選擇：說明採用之目的及理由。未經公認之新方式或新設備，應檢附試驗分析資料，以評審核。

（七）替代方案：就不同水源、取水、儲水、導水等方式進行評估

（八）定案計畫

二、詳細設計圖

三、器材規格及施工說明

四、施工預算書

★ 6.2.2 需水量估計法

給水工程中，無論蓄水庫、淨水廠、配水系統或其他部門之設計與管理，必須先知道需水量之大小及需水量與需水人口之關係。在一供水區域內，給水量應滿足該區域之需水量。

　　每人每日之需水量，包括家庭用水、商業用水、工業用水、公共用水及漏水量。由都市大小，都市性質、氣候、生活水準等而異。一般設計者，需要估計之項目包括：

一、計劃目標年：給水系統各部門之建築物及設備在計畫目標年內，應有足夠之容量供水。

二、預估計畫目標年之人口，並決定供水區域之範圍及預計供水普及率，以求供水人口。

三、估計每人每日需水量，應包括將來因生活水準提高及工業發展而增加的每人每日需水量。

★ 6.2.3　計劃目標年

　　工程師在決定設計年限時，最好依據當地之社會及經濟條件，以做決定，一般影響設計年限長短之因素為：

一、建築物及各種機械設備之壽命。

二、設備擴建之難易。

三、都市發展之趨勢，如人口之增加率及工商業發展情形。

四、籌備資金之難易及償債利率之高低。

五、償債期間之貨幣價值變動。

六、水廠初期負荷較輕時經營情形。

　　就一般而言(1)機械設備壽命愈長(2)擴建較難(3)人口增加率低(4)利率愈低(5)通貨膨脹之可能性大(6)建廠初期之經營情形良好。合乎此六項原則時，設計年限愈長愈佳。表 6-1 為各種構造之事宜設計年限。

表 6-1　給水工程構造物之設計年限 [1]

構造物之種類	特　性	設計年限
大壩及大輸水道	擴建困難及工程費高	25～50 年
水井及配水系統	人口增加率及利息低時	20～25 年
	人口增加率及利息高時	10～15 年
直徑 300 mm 以上之配水管	以較小水管代替費用高	10～15 年
直徑 300 mm 以下之配水管	水量變化很快	20～25 年

★ 6.2.4　各種用水量

用水量依使用目的，可分為家庭用水、工業用水、商業用水及無費水量（包括漏水）等。

一、家庭用水

家庭用水包含飲用、廚房、洗滌、衛生設備及庭園澆水等之用水。飲用水量甚少，一般成人一日約 1～1.5 公升。家庭用水量因生活水準，生活習慣及氣溫等差異甚大。表 6-2 為家庭各種用水百分比。

二、商業用水

商業用水包括一般餐館、旅館、大飯店、戲院、娛樂場、百貨店、洗衣店和食品店等營業用水。

表 6-2　家庭各種用水百分比 [1]

家庭用水處	百分比
廚房	22.8%
洗衣	27.8%
洗滌	25.7%
廁所	16.7%
其他	7%

三、工業用水

工業用水量由工業種類、規模大小翰能否利用地下水而異。表 6-3 為各種工業單位產量所需要之用水量。

表 6-3　各種工業單位產量所需要之用水量[1]

工業類別	每單位用水量（$M^3/D \times Ha$）
金屬	345
化學	276
電機	477
紡織	195
食品	53
製材	98
其他（紙廠、冷凍廠）	151

四、無費水量

水廠一年總出水量扣除家庭用水，工商業用水，及公共用水以外之差額水量稱為「無費水量」。此種水量包括配水幹支管之漏損，違規接水、盜水，水表之紀錄錯誤，業務用水，消防用水。

6.3　取水工程（Intake）[1]

估計自來水區域在計劃目標年之供水人口、用水量。計畫目標年（設計年限）：為給水系統各設施之使用年限。

◎給水人口：

預估供水區域人口的成長程度，決定給水區域的範圍及給水普及率（給水人口÷總人口），以求得給水人口。

◎估計每人每日需水量：

考慮生活水準的提升及工商業發展情形推估之。目前每人每日用水量約為 200 至 300 公升。

★ 6.3.1　選擇水源需考慮因素

選擇飲用水水源時，需考慮因素如下：

一、水量須充足。

二、水質須良好。

三、水權須清楚並能確保。

四、建設及維護管理容易，供水安全可靠。

五、給水設施的建設費及維護管理費儘量低廉。

六、將來給水人口及設備規模加大時，擴建須容易。

★ 6.3.2　不同取水地點注意事項

水源來源不同，取水的方式可分為三種，其注意事項如下所述。

一、河川取水

（一）河川取水量須考慮河川的安全出水量（safe yield），以取得最佳水質及使河川維持自淨能力。

（二）河川取水地點須考慮河心的變化，附近有無污染源，水土保持情況，避免會造成沖刷、沖毀的地點。

二、湖泊水庫取水

（一）台灣河川短小、坡度大，常無法使河川保持穩定流量，故須造水庫儲水，供枯水期使用。

（二）湖泊水庫取水地點須避免廢、污水流入地點，附近地基穩固，不接近航路地點及漂浮物聚集之處。

三、地下水取水

（一）地下水取水須考慮安全出水量，即能有規則且經常被抽取的水量，且不發生如下現象：

　　1. 抽取量超過進入地下水層之水量。

　　2. 降低地下水位超過容許的（經濟的）抽水成本。

3. 造成嚴重的水質污染如海水入侵。

4. 造成不可容忍的地層下陷。

5. 其他不良後果如對水權所有損害。

（二）井的取水地點須考慮：

1. 周圍狀況，附近各項建築物及未來土地利用狀況。

2. 避免附近可能的污染來源。

3. 避免海水入侵的地點。

4. 避免附近既設井等。

6.4 導（送）水工程（Conveyance of Water）

★ 6.4.1 導水方式

一、依線路的水位關係及中途地而分：重力流下式、加壓抽水式。

二、依水理而分：導水渠、導水管。

三、依地表關係而分：地下式（管路、暗渠、隧道）、地上式（明渠）。

★ 6.4.2 路線之選定

　　路線之選定應考慮(1)選定最短距離，水管之損失水頭最小，且建設費與維持費廉，管理簡便。(2)盡量利用地形。(3)地質地形等不發生山崩且地質良好者擴建問題。(4)管路、接合井或溢水排水路能否築遠。(5)購地之難易並考慮將來之擴建問題。(6)施工條件、運輸材料、用水等。

⭐ 6.4.3 導水渠

一、導水渠之設計

導水渠之坡度考慮導水區間所容許之損失水頭或地形、流速而定，一般在 1/1000～1/3000，渠道內水最高流速不超過 3 公尺／秒以避免水渠之磨損，最小流速應經考慮所導送原水含砂及水量變化情形而定，原水有含砂之可能時一般宜不小於 30 公分／秒。

二、導水渠之附屬設備

導水渠需要下列各項之附屬設備，以確保導水渠之安全及保養管理之便。

（一）伸縮接縫：

明渠及暗渠為防止溫度變化，應每隔 20～30 公尺設一伸縮接縫。

（二）溢流口：

當導水渠較長時，為防止渠道中途發生故障，使渠內水流溢流至損害附近地面物，同時為避免使暗渠成為壓力水渠，對構造物有不良影響。

（三）聯絡井及人孔：

導水渠之分歧點、會合點及其他必要之地點，設聯絡井或人孔。

（四）隧道：

隧道之工程費較高，但有時可縮短渠道之長度及減少損失水頭。

（五）水路橋：

導水渠橫過深谷、河川之處，應考慮架設水路橋，即上部為渠道，以供導水。

⭐ 6.4.4 導水管

一、導水管之種類

選用水管材料之前，應先考慮輸水量實際作用於水管內之內壓及外壓的大小、當地土壤性質及水質是否腐蝕水管材料而縮短其壽命、初設費及

保養管理費等。

二、管線之選定

導水管可隨地面之高低，而選擇建造成本及水壓力最適合的地點。

三、管線之附屬設備

為管理及保養方便起見，水管線應有如下各種附屬設備。

（一）聯絡井：主要以減輕管線之水壓為目的。

（二）制水閥：設置目的在於關閉管內水流與調整流量。

（三）排氣閥：設置目的在於排除管內空氣及吸入空氣於管內。

（四）排泥管及排水口：設置目的為排出管底留下之泥沙，平常保養時
　　　管內之清除及排除停滯水。

（五）人孔：以利管線內部之檢查與修理。

★ 6.4.5　水管之埋設

水管之埋設深度由土質、交通荷重、路面狀態及其衝擊力之分布程
度，再由水管材料、構造、管徑等而定。一般而言，管徑愈大，覆土深度
愈大。因此人行道或沒有重車輛荷重之水廠專用道路，可較標準為淺。在
寒冷地則須在該地之凍結深度以下，以免冬季發生凍結。

6.5　淨水工程或淨水處理 (Purification Work) [3]

一、加氯消毒

水質優良之地下水與伏流水僅須加氯消毒即可符合水質標準。

二、慢濾池

係在原水經普通沉澱後以 4～5 公尺／日之濾速過濾後再繼之以加氯
消毒，其淨化機能乃藉砂層表面或砂層內繁殖之藻類、細菌及真菌等微生
物所聚成之黏性濾膜之物理、生化作用將水中濁度、細菌等懸浮物或氨、

鐵、錳及致臭物質去除或分解之方法。慢濾對淨水處理有很好的效果,但佔用過大之土地空間,不符現代都市之需要。

三、快濾法

為原水經膠凝沉澱處理,儘可能於沉澱池內將濁度及雜質去除後,以120 公尺/日以上之濾速通過砂層過濾,再以加氯消毒之方法,是目前最主要的自來水傳統處理方式。

★ 6.5.1　原理介紹

一、混凝及膠凝

粗大之分散粒子可利用重力自介質內分離,而粒徑為 0.001～1 微米之膠體粒子,則需於原水中加入化學藥劑(混凝劑,如明礬),促使小粒子的重量及體積因聚集而增加,以達到沉降的目的。

(一)混凝:於反應槽中加入混凝劑並快混之,可破壞膠體與微細懸浮固體之穩定,並促使被破壞穩定之顆粒凝集。

(二)膠凝:於另一反應槽慢速攪拌,可促使顆粒凝集而增加重量及體積,形成快速沈降的膠羽(Floc)。

(三)混凝與膠凝作用係於原水中加入可形成膠羽的化學藥劑,而促使難沈澱的膠體固體(Colloidal Solid)和慢速沈降的懸浮固體(Suspended Solid)產生較大且快速沉降的膠羽,隨後大部份的膠羽於沈澱池中被除去。

二、沉澱

(一)沈澱為水處理中一種固體──液體分離的程序,主要藉自然重力作用將水中之懸浮固體或膠羽顆粒予以分離。

(二)在水處理上主要應用在下列情況:

　　1. 於過濾處理前之表面水單純沈澱。

　　2. 於過濾處理前之混凝膠凝沈澱。

　　3. 於石灰、蘇打灰軟化廠之沈澱。

4. 於地下水去除鐵、錳之沈澱。

（三）一般優良沈澱池須具備以下條件：

1. 最大流量時，仍應保持層流現象。

2. 應有充分的水力停留時間（Hydraulic Retention Time），使顆粒沈降至底部。

3. 流速不得破壞已沈澱污泥之穩定性。

4. 應有充分的污泥坑以容納污泥，並能連續排出。

三、過濾

（一）過濾和沈澱一樣，在水處理上為一種固體──液體分離的程序

1. 原水經過多孔濾料介質後，可將含在液體中的微細懸浮固體物去除。

2. 過濾在水處理工程應用上為創造高品質飲用水質所必須的程序。

3. 通常為連接於混凝、沈澱之後續處理程序。

（二）過濾種類

1. 依方法而分，有慢濾池（Slow Sand Filter）和快濾池（Rapid sand Filter）。

2. 依水力而分，有重力式（Gravity Filter）及壓力式（Pressure Filter）。

3. 依水流方向而分，有向下流（Down-Flow）、向上流（Up-Flow）及雙向流（Bi-Flow）。

4. 依濾料而分：

(1) 單層過濾池（Single-medium filter）

(2) 雙層過濾池（Dual-medium filter）

(3) 多層過濾池（Multi-medium filter）

(4) 混合濾料過濾池（Mixed-media filter）

四、消毒

水中之細菌及微生物雖經沉澱及過濾處理，仍未能完全去除，故欲獲

得安全的飲用水，必須再加以消毒，把水中的病菌消滅。目前所使用的消毒法大部份採用氯氣或次氯酸鹽，有些歐美國家使用臭氧消毒。由於我國飲用水水質標準中規定配水管網中必須維持一定之餘氯量，而臭氧無法維持餘量，加以設施標準亦規定自來水消毒應使用氯劑，目前國內各淨水廠均有使用加氯消毒。氯劑之優點為消毒效果完全，可應用於各種大小水量之消毒，且水中之餘氯仍具消毒效力等。

（一）氯為目前最廣泛使用的消毒劑，具有用量少、便宜、能殺害水中病菌病毒及阿米巴原蟲。

（二）通常以氯氣、次氯酸鈉或次氯酸鈣加入水中消毒。

6.6 配水工程 (Distribution System) [1.3.4]

一、配水工程乃是運用配水管、配水池及其附屬設施，將淨水廠處理過的水，送到供水區域給用戶使用。

二、配水原則須使給水區域內各點水壓足夠且均勻，供水安全可靠。

三、配水工程須考慮之因素：

（一）用水量之需求：需滿足最大日用水量、最大時用水量、消防用水量。

（二）水壓的規定：

1. 最大靜水壓不得超過管線容許使用壓力，過高會增加用水維護設備上之困難。

2. 最大時用水量之最小動水壓，約在 $1.0 \sim 1.5 \ Kg/cm^2$。

3. 最大動水壓以 $4 \ Kg/cm^2$ 為準，以免水量浪費及產生漏水。

4. 火災時火災地點的最小動水壓不得形成負壓，其餘各處的水壓亦應過份降低。

5. 局部高地或管線末端，可採用局部加壓供水。

（三）配水方式應考慮之因素：

1. 給水區域及其附近之地形、地勢。

2. 可利用之有效水頭（壓力）。

3. 保持給水區域內水壓均勻。

4. 供水安全可靠。

5. 建設費及操作維護費。

6. 已有配水管線之耐壓及漏水情形。

7. 維護操作之難易。

（四）配水方式

1. 自然流下重力配水：

   配水池位於供水區上游、區內或下游。若能保持家庭用水及消防栓有充分水壓，且管徑適當，水管強度好，此法為最安全、經濟之配水方式。

2. 加壓後重力配水：

   配水池在供水區之上游，此法供水穩定，由抽水機等速抽送配水池後再給水。

3. 加壓配水：

   配水池在供水區內或下游。此法抽水機出水量保持一定，在用水量低時，剩餘水量儲存於配水池中，當用水量增加時則由配水池補充之。

4. 由配水池加壓直接配水：

   此法在停電或抽水機故障時就無法供水，而抽水機之出水量也隨用水量之變化而變，操作及管理費較多。

★ 6.6.1 配水池

一、配水池之功用

（一）平衡用水量：都市之用水量時時變化，故必須用配水池調節。

（二）儲備消防用水於配水池中以備火災時使用。

（三）當抽水機故障或總輸水管破裂及其他緊急情況下可由配水池供應。

（四）平衡抽水機及過濾池之負荷

關於水壓方面之功用：

（一）平衡配水系統之水壓：減少配水系統某一點因用水量之變化而產生水壓變化之程度，並可改善該地區一般用戶之水壓及消防水壓。

（二）提高遠距離點之水壓：改善離抽水站較遠處於尖峰用水量時之水壓，亦可用地面配水池及加壓抽水機達到目的。

二、配水池之位置

配水池應避免建築於斜坡頂、斜坡面、斜坡腳或填土等地基不穩或有崩塌之處附近。若無法避免時應施以基礎加固，斜坡保固等工程以策安全。

三、配水池之高度

配水池之高度應綜合建設費、維持費而檢討以求得最經濟之狀況。

四、配水池之容量

配水池之容量應就下列各項因素而決定：(1)平衡用蓄水量；(2)消防用蓄水量；(3)緊急用蓄水量。

★ 6.6.2 配水管線

一、配水系統

配水管之配置可分為：

（一）樹枝式：水管流量計算正確、管理方便，但如幹管發生故障時，停水配為較大。

（二）棋盤式：可改善樹枝式之缺點。

（三）環狀式：用水量大之地區可由各方向供水，以增加供水之可靠性，減少水頭損失，但費用較為昂貴。

二、水壓

台灣省自來水設施標準規定：(1)配水管線之最大靜水壓不得超過所

用之規格的容許最大使用水壓；(2)給水人口在 1 萬人以上，最小動水壓以
1.5 公斤／平方公分，1 萬人以下者，最小動水壓以 1.0 公斤／平方公分為
準；(3)對局部高地或遠離地區之配水應考慮加壓抽水機。

三、水量

配水管之設計水量，應能在平時滿足計畫最大時用水量，且可在火災
時滿足最大日用水量加消防用水量。

★ 6.6.3　配水管之附屬配備

一、救火栓

二、水閥

選擇最合適之閥門所需考慮的項目如下：

（一）操作方法

（二）需要之容量

（三）流經之液體性質

（四）所控制之壓力

（五）所產生之水頭損失

（六）控制流量或水壓之靈敏度

（七）成本及操作時之經濟性

（八）施工與修理之難易

（九）發生水錘、噪音、振動或其他不理想狀況之程度

三、水表

為測定各種水管內之水流量，在水廠及抽水站使用大型水表，為給水
事業經營之基準，亦為給水量之依據。

6.7 例 題

例題1

在滿管流的圓管輸水管線情況下，進水管管徑為 20m 以及出水管的管徑為 10m，當以 20m/s 的流速從進入管線中，出水管的流速？

答：$Q = Av$, $10 \times 10 \times 3.14 \times 20 = 5 \times 5 \times 3.14 \times v$

故 $v = 80m/s$

例題2

在滿管流圓管流系統中，管徑為 0.5m，水力坡降為 1/1000，請利用曼寧公式來求出輸水量 Q？已知 $V = 1/nR^{2/3}S^{1/2}$

答：$V = 1/nR^{2/3}S^{1/2} = 1/0.013(0.25)^{2/3}(1/1000)^{1/2} = 0.97m/s$

$Q = Av = 3.14 \times 0.5 \times 0.5/4 \times 0.97 = 0.202m^3/s$

例題3

自來水加氯消毒，為了符合殺菌效率 99.9%，試問：常數 k＝？需要管線多長？。已知水管內徑 0.5m，停留時間 10minutes，水流量 0.044m³/sec，加氯量 5mg/L。

答：計算 k，$N/N^0 = (1-0.999)/1 = 0.001$, $10min = [((2.303/0.5) \times 3)/k]^{1/2}$

所以 $k = 0.138min^{-1}$

所以體積 $V = Q \times t = 0.044m^3/sec \times 10 \times 60 = 26.4m^3$

管長 $L = V/A = 26.4/\left[\dfrac{\pi}{4}(0.5)^2\right] = 134m$

提示說明：氯消毒反應公式（Chick's Law）：$\ln(N/N^0) = kC_0t$，常數 k，N^0 大腸桿菌群初始濃度值（N^0/mL），N 為消毒後大腸桿菌群濃度值（N/mL），C_0 是加氯量（mg/L）。

例題4

自來水配水幹管管長 200m（直徑 20cm），氯初始量 0.5mg/L，水流速 0.5m/s，水溫 20°C，試問：氯濃度遞減至？。假設管壁上並無消耗氯，water viscosity(v) = μ/ρ = 0.01cm²/sec。

答：計算 $R_e = 2aU_{av}/v = 20cm(0.5m/s)\left(\dfrac{100cm}{m}\right) = 100,000 = 10^5$

$Sc = v/D_{AB} = 0.01/1.22 \times 10^{-5} = 820$

所以質傳係數 $k_c = D_{AB}Sh/(2a) = D_{AB}(0.0096)Re^{0.913}Sc^{0.346}/2a$

$= 1.22 \times 10^{-5}(cm^2/s)(0.0096)(10^5)^{0.0913}(820)^{0.346}/2(10cm)$

$= 2.2 \times 10^{-3}cm/s$

濃度方程式 $C_x = C_{x=0} \exp[(-2k_c(x)/(a.u)]$

故 $C_{x=200m} = C_{x=0}\exp[(-2(2.2 \times 10^{-5}m/s)200m/(0.1m)$

$= 0.84C_{x=0} = 0.42mg/L$

參考文獻

1. 高肇藩，給水工程。

2. www.water.gov.tw

3. http://www.ccit.edu.tw/～wslee/environment-film/chapter_03.files/frame.htm

4. http://www.twd.gov.tw/eng/eng_index.asp

5. Terence J McGhee, 1991, water supply and sewerage, McGRAW-Hill international Ed., p131-154.

6. 樓基中，環化講義，2013年。

自我評量

是非題：

（　）1. 自來水法所稱自來水，係指以水管及其他設施導引供應合於衛生之

公共給水。

（　）2. 用水量依使用目的，可分為家庭用水、工業用水、商業用水及無費
水量（包括漏水）等。

（　）3. 水管之埋設深度由土質、交通荷重、路面狀態及其衝擊力之分布程
度，再由水管材料、構造、管徑等而定。一般而言，管徑愈大，覆
土深度愈小。

（　）4. 水中之細菌及微生物雖經沉澱及過濾處理，仍未能完全去除，故欲
獲得安全的飲用水，必須再加以消毒，把水中的病菌消滅。

（　）5. 臭氧為目前最廣泛使用的消毒劑，具有用量少、便宜、能殺害水中
病菌、病毒及阿米巴原蟲。

（　）6. 水是人類生活上不可一日缺少之物質，人體組織中水份佔人體重量
之 60～65%，若失去 10% 之水份，即對生命有危險。

選擇題：

（　）1. 改善自來水水源的原水水質使之合乎飲用水水質標準是屬於哪項工
程之目的
（1）導水工程
（2）淨水工程
（3）取水工程
（4）配水工程

（　）2. 導水渠之坡度考慮導水區間所容許之損失水頭或地形、流速而定，
一般而言範圍？
（1）1/1000～1/3000
（2）1/3000～1/5000
（3）1/5000～1/7000
（4）1/7000～1/9000

（　）3. 配水管線中水壓，給水人口在壹萬人以上，最小動水壓以 1.5 公斤
／平方公分，壹萬人以下者，最小動水壓以多少公斤／平方公分為
準。
（1）0.5

  （2）1.0

  （3）1.5

  （4）2.0

（ ）4. 淨水工程中慢濾池之濾速為多少公尺／日。

  （1）2～3

  （2）3～4

  （3）4～5

  （4）5～6

（ ）5. 淨水工程中快濾池之濾速為多少公尺／日。

  （1）100

  （2）120

  （3）140

  （4）160

（ ）6. 成人一天飲用水約 1～1.5 公升而每人每日生活總用水量約多少公升？

  （1）100～200

  （2）200～300

  （3）300～400

  （4）400～500

問答題：

1. 配水管之配置可分為哪幾種方式，並介紹其優缺點。

2. 一般影響設計年限長短之因素為何？

3. 何謂「無費水量」？

4. 導水工程之路線選定應考慮哪些因素？

5. 何謂混凝和膠凝？

Chapter 7

自來水的安全衛生

7.1　前　言

　　淨水工程或淨水處理的目的為淨化原水、改變水質，使水質適用於各種用途及合乎國家飲用水水質標準。公共給水除家庭用外，尚包括商業、消防及雜用等。雖然各種用途之水質要求不同，但一般以家庭用飲用水水質為標準。

　　大部分水源之原水都含有不同種類與數量之不合乎標準的物質，因此必須去除至可允許之限度使當作公共給水。圖 7-1 為自來水處理之簡易程序圖。

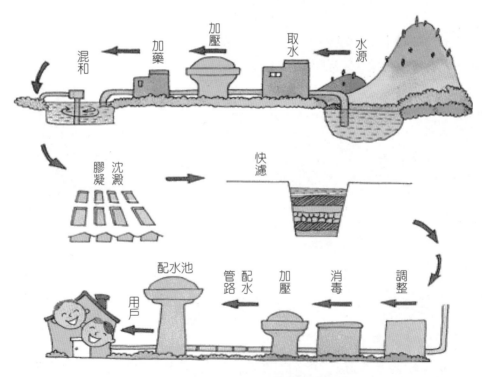

圖 7-1　自來水廠處理之簡易程序圖

7.2 水源與取水工程

　　水源主要有：雨水、河水、湖水和地下水。在選擇水源上必須注意：(1)水源需要有充足水量、(2)確保水權、(3)給水設施之建設及維持容易、(4)給水設施之建設費及維持費盡量廉價、(5)將來擴建時，可在同一地點上與(6)考量水質。

　　在台灣因為河流長度短，雨水或河水不容易蓄積，因此多採用水庫的方式蓄水，取水則以取水門、取水塔和取水管渠等方式取水，地下水的取水方法則是挖地下水井取水。

7.3 傳統處理程序

★ 7.3.1 混凝與膠凝

　　混凝與膠凝（Coagulation and Flocculation）作用係於原水中加入化學藥劑，促使難以沈澱的膠體固體（Colloidal Solid）和慢速沈降的懸浮固體（Suspended Solid）產生較大且快速的膠羽（Floc），隨後於沈澱池中除去。

　　一、混凝與膠凝的作用機制說明如下：

　　（一）混凝：

　　打破膠體穩定包括顆粒之傳送與破壞穩定二作用，亦即降低粒子與粒子相斥的電位，使粒子能互相接觸而凝聚。又稱為快混，係添加混凝劑及助凝劑於原水中，利用快混方式使混凝劑均勻分佈，增加其與膠體間之碰撞機會，以破壞膠體粒子之穩定性。

　　（二）膠凝：

　　使碰撞而凝聚，僅包含顆粒之傳送作用。又稱慢混，係使此不穩定之膠體粒子，藉於慢混之方式逐漸形成微細膠羽，並利用速度坡降，使彼此

間相互碰撞產生較大之膠羽，以達到足夠之沉降理論。

二、水中膠體具有以下特性：

（一）膠體固體表面常帶電荷，在水溶液中，因彼此的靜電排斥作用而保持懸浮狀，此時膠體處於穩定狀態（Stable Condition）。若膠質粒子因久置而凝聚時，稱為不穩定（Instability）。

（二）膠體固體在水中依其對水的親和性，分為親水性膠體（Hydrophilic Colloid）及疏水性膠體（Hydrophobic Colloid）。

（三）親水性膠體表面存在著水溶性基如胺基（$-NH_2$）、羧基（-COOH）、磺基（$-SO_3H$）及羥基（-OH），對於水較具有親和力，可使表面保有一層薄水。通常有機性膠體如蛋白質或其分解的產物屬於親水性。

（四）疏水性膠體與水的作用較小，其表面通常不含有水層。一般無機性膠體如黏土屬於疏水性。而且疏水性膠體粒子除了有相斥的靜電例外，上有相吸的凡得瓦爾力。

（五）於淨水工程或污水處理均希望破壞膠體的穩定性，促成微細膠體凝聚，用以加速沈澱去除。

三、在破壞膠體穩定方面，可藉由加藥攪拌作用、高分子聚合物之架橋作用與膠羽拌除作用來達成，其三種作用機制說明如下：

（一）藉由加藥攪拌作用使膠體顆粒相互合併：

1. 膠體固體表面常帶有相同電荷，且大部分為負電荷，由於同電性相斥，為使各個膠體固體處於穩定狀態，其表面具有電雙層。

2. 溶液中帶負電粒子吸引正電荷，形成離子固定層（Stern層），而外圍則再形成帶有正、負電荷之反離子擴散層（Gouy 層），此二層構成電雙層。在濃度為 10^{-3} 克分子量的一價離子，其電雙層厚度僅 100Å（0.01μ）。

3. 一般而言，擴散層與分散時境界間之電位差稱為 Zeta 電位，用以維護粒子之穩定存在。

4. 膠體間的排斥力係靜電力所引起，而吸引力則是顆粒間之凡得瓦力所引起。

5. 混凝劑加入水中會因水解產生正價金屬離子和羥基--金屬離子錯合物。正價錯合物會被吸附於負價膠體上。

6. 降低 Zeta 電位會破壞膠體穩定。Schulze-Hardy rule：任何一膠體加入相反之電荷，其造成之膠體沈澱效果隨相反電荷之數目成正比。

7. 若配合攪拌，可增加顆粒間之凡得瓦力，使膠體顆粒之合併更為順利。因膠體常帶負電荷，故較高正電荷之鐵鹽或鋁鹽可用來增加膠體沈澱效果。如鋁鹽 $Al_2(SO_4)_3$ 加入水中會形成 $Al_6(OH)_{15}^{3+}$、$Al_7(OH)_{17}^{4+}$、……等正價錯離子。膠體之擴散層因正價錯離子存在而受壓縮，離子價愈強、壓縮愈大，擴散層厚度漸小，膠體之穩定性即被破壞而相互結合。

（二）藉由高分子聚合物之架橋作用，使顆粒群互相凝集：

1. 高分子聚合物含有可離子化基，如-COOH、-NH$_2$、-SO$_3$H，可和膠體所帶有之化學基作用產生混凝。

2. 數個膠體亦可和單一高分子聚合物結合形成架橋結構，使顆粒群互相凝集，促進混凝效果。

（三）膠羽在沈降過程中之拌除作用：

將混凝劑加入含有膠體固體之原水中，形成膠羽沈降，且在沈降過程中膠羽會掃曳（Enmeshment）、吸附其它粒子，增加沈澱效果。

（四）常用之混凝藥劑（Coagulant）：

1. 硫酸鋁（亦稱明礬，Alum，$Al_2(SO_4)_3 \times 18H_2O$）

   (1)因廉價、無毒，可以大量使用，並適合各種原水水質，不增加色度，尚有脫色作用，操作方法簡單。

   (2)在水中必須有充足的鹼度，才能與硫酸鋁反應，產生氫氧化物膠羽。使用明礬混凝最有利之 pH 值範圍約為 6.0～7.8，在此範圍內，$Al(OH)_3$ 難以溶解。

   (3)水中可加入石灰 $Ca(OH)_2$ 或蘇打灰 Na_2CO_3，產生 OH$^-$ 或

CO_3^{2-} 鹼度。

2. 硫酸亞鐵

(1)在水中必須含有 OH^- 型式之鹼度，才能和硫酸亞鐵產生快速的反應。

(2)通常在水中加入石灰 $Ca(OH)_2$ 以提升 pH 值，以產生氫氧化鐵沈澱。

(3)上式反應 pH 值需大於 9.5，同時水中需要有溶氧。

3. 多元氯化鋁（Poly Aluminum Chloride，簡稱 PAC 或 PACL）

(1)鋁之氯化鹽較硫酸鋁為強力之混凝劑，但氯化鋁價格高。

(2)對低濁度、高濁度或腐植性有色水之混凝效果好。

(3)適宜混凝範圍大。

(4)加藥量對降低鹼度為硫酸鋁之一半，因此原水 pH 值降低少。

(5)形成膠羽速度快，膠羽大，沉降速度高。

(6)在低水溫中不減其混凝效果。

(7)使用 PAC 不會產生永久硬度 $CaSO_4$，已逐漸廣為應用

(8)適用的 pH 值範圍為 6～9 之間。

4. 硫酸亞鐵和氯化鐵

(1)此二者可和自然水中之 HCO_3^- 鹼度生成氫氧化鐵沈澱。

(2)通常在水中加入石灰 $Ca(OH)_2$ 以提升 pH 值，以產生氫氧化鐵沈澱。

(3)上式反應 pH 值需大於 9.5，同時水中需要有溶氧。

（五）影響混凝與膠凝效果之因素：

1. pH 值

(1)金屬混凝劑，如鋁或鐵鹽，在某一特定的 pH 值範圍內其溶解度最小，且混凝和沉澱的速度最快。

(2)鐵鹽有較廣的適宜 pH 值範圍，$Fe(OH)_2$ 在 pH 值 9.5 以下時，溶解度小，混凝效果不好，因為二價鐵僅在高鹼性原水才有混凝效果。

2. 原水中之鹽類

(1)原水中含有不同濃度的各種無機鹽類，這些鹽類依其種類及含量而影響混凝作用之適宜 pH 值、膠凝時間、適宜加藥量及淨水中剩餘混凝劑含量。

(2)一般鋁鹽或鐵鹽混凝劑受陰離子的干擾較陽離子大，因此鈣、鎂對混凝膠凝作用影響較少。

(3)一價陰離子如 Cl^-，NO_3^- 對混凝作用之影響很小，而 $SO_4^=$，$PO_4^=$ 改變適宜 pH 值範圍很顯著。

3. 濁度之性質

(1)含有不同濃度之黏土濁度的水必須加入某一最低量的混凝劑以便形成具有捕獲濁度之能力的膠羽。

(2)隨濁度的增加，混凝劑的加量亦增加，但期間之關係並非成直線。

(3)濁度高的原水反而需要較少量的混凝劑，因顆粒互相碰撞的機會高。

(4)天然河水中的有機物被吸附在黏土上，因此不致增加混凝劑量。

(5)水中含有不同粒徑之黏土顆粒較單種粒徑或粒徑變化小者容易混凝。

4. 混凝劑

(1)混凝劑種類很多，大多使用硫酸鋁，有時也用鐵鹽。

(2)混凝劑的選用依原水水質而定，一般以實驗比較處理效果，最後仍需考慮經濟與操作問題以做決定。

5. 物理因素

(1)水溫對混凝作用的影響大，尤其是水溫接近攝氏 0°C 時，膠羽之沈降不易，易透過過濾池。

(2)水溫降低，水之黏性增加，膠羽沉降速度變慢。

(3)水溫降低而引起混凝劑的化學作用不明顯，但適宜的 pH 值會降低。

6. 粒子（Nuclei）之存在

(1)混凝劑的水解（Hydrolysis）會使完全沒有懸浮顆粒的水產生混凝，生成膠羽沉澱。

(2)粒子愈多，膠凝速度愈快，膠羽密度亦大，因而增加沉降速度。

(3)濁度低的原水粒子少，形成膠羽速度慢，沉降性亦不佳。

7. 攪拌

(1)第一階段，快混，使加入的混凝劑能迅速而均勻地擴散，增加混凝顆粒與濁度粒子互撞機會。

(2)第二階段，慢混，以形成較粗的膠羽，攪拌的速度及時間均影響膠羽之生長。

（六）混凝與膠凝方法：

1. 混凝與膠凝作用分別於快混池及慢混池中進行。

2. 首先是快混池，為使混凝劑於本池中均勻分佈並能使混凝劑充分和膠體顆粒接觸，應有較激烈的混合或攪拌，以形成微細的膠羽。

3. 隨後進入慢混池，微細膠羽在慢速攪拌下，則會凝集成較大、緻密且能快速沈澱的膠羽團粒。

4. 使用的攪拌方法有(1)機械攪拌、(2)壓氣攪拌與(3)隔板攪拌，其示意圖如圖 7-2～7-4。

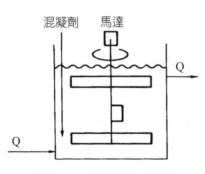

圖 7-2　機械攪拌示意圖

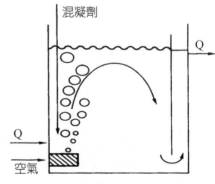

圖 7-3　壓氣攪拌示意圖

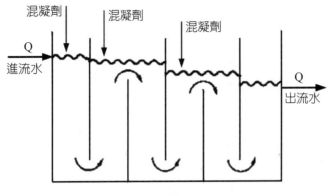

圖 7-4 隔板攪拌示意圖

（七）混凝藥劑之加藥量

　　為達到最好的混凝效果和成本效應，在實場加藥前通常會在實驗室進行加藥量的測試，方法為：(1)瓶杯（Jar test）測試。(2)測定界達電位。在混凝的效果評估上以：目測判定膠羽大小、目測或電光法測定水樣濁度或色度、膠羽最初出現時間、膠羽沉降速度……等項目來判斷。

★ 7.3.2 沉　澱

　　沈澱（Clarification/Sedimentation）為水處理中一種固體、液體分離的程序，其原理係比重較水為大之懸浮固體物，如砂、泥土等由重力自然下沉，而被去除。沉澱類型主要分為下列幾類：

一、單顆粒沉澱（Discrete Settling）保持單顆粒之沉降性，大小、形狀、密度不變，如沉砂池及普通沉澱池。

二、混凝沉澱（Flocculent Settling）顆粒較多，有凝聚效果，因此沉降中改變顆粒大小、形狀、沉降速度，如混凝沉澱池和汙水初步沉澱池。

三、層沉澱（Zone Settling）因懸浮固物濃度大，成為層狀沉澱，如快速膠凝池及污水最後沉澱池。

四、壓密（Compression）水中懸浮固體物濃度很高，顆粒互相接觸，由於顆粒重量向下壓縮，把孔隙中之液體擠出，而減少固體物之體積，如污泥濃縮槽。

　　沉澱在水處理上主要應用在下列情況：

一、於過濾處理前之表面水單純沈澱。

二、於過濾處理前之混凝膠凝沈澱。

三、於石灰、蘇打灰軟化廠之沈澱。

四、於地下水去除鐵、錳之沈澱。

　　一般優良沈澱池須具備以下條件：

一、最大流量時，仍應保持層流現象。

二、應有充分的水力停留時間（Hydraulic Retention Time），使顆粒沈降至底部。

三、流速不得破壞已沈澱污泥之穩定性。

四、應有充分的污泥坑以容納污泥，並能連續排出。

　　一般而言，長方形沈澱池較接近理想沈澱池，其沈澱效果較佳。影響沉澱效率之因素如下：

一、進流水之慣性作用而引起渦流。

二、地面之風力引起表面流。

三、由日照氣溫引起溫度變化，而發生垂直流。

四、池水與進流水之溫度相差，而引起密度之不同發生異重流。

五、進出口設備不當而發生渦流，或懸浮固體物下沉所引起渦流。

★ 7.3.3 　過濾

一、過濾（Filtration）與沈澱一樣，在水處理上為一種固體--液體分離的程序，原水經過多孔濾料介質後，可將含在液體中的微細懸浮固體物去除。

二、過濾在水處理工程應用上為創造高品質飲用水質所必須的程序，通常為接於混凝沈澱池之後續處理單元。

三、反沖洗（Back Washing）為一種清洗濾料之方法，當濾池阻塞或過濾水質惡化時，則導引反沖洗水塔的清水逆流，攪動濾料，使附著於濾

層中的雜質污染物剝離。

7.3.3.1 慢濾池

係以砂層及砂層表面微生物群阻留水中雜質，並進行氧化分解作用之淨水方法。不但可去除懸浮固體物及細菌，亦可去除少量的氨氮、臭味、鐵、錳、合成清潔劑及酚。濾程約 1 個月左右，濾速 0.1～0.4 公尺／時間，可不須濾前處理。淨化原理：

一、機械濾除：發生在濾層表面，最初濾除之雜質均較砂層大的顆粒，之後生成濾膜而發生阻留作用。

二、沉澱及吸附：通過砂面之微細雜質砂層孔隙緩慢流下，而砂層孔隙有如無數為小之沉澱池，可容納部份雜質。

（一）生物作用：當原水含有機雜質及微生物時，過濾後附著於沙層之微生物利用這些雜質為營養鹽大量繁殖，生成黏性膠質可吸附細菌及其他微小雜質。

（二）氧化作用：由於砂面上水中之浮游生物的光合作用產生氧而將水中之鐵錳氧化去除。

7.3.3.2 快濾池

係於濾池中舖設濾料，使水流快速通過，因濾層表面之機械阻攔及濾料表面或孔隙間之吸附、沈澱、化學反應等作用，而除去水中 SS、細菌、微生物或改變水中之化學成份而淨化水質之方法。濾程約 1 天左右，濾速 4～5 公尺／時間。 過濾前須加藥混凝沈澱或採用高速膠凝沈澱池。去除原理：

一、傳送機構：抑留、截留作用、慣性衝擊、重力沉降、布朗擴散運動和水動力作用。

二、吸著機構：電雙層作用、凡得瓦力、氫鍵和吸附。

7.3.3.3 過濾種類

一、依方法而分，有慢濾池（Slow Sand Filter）和快濾池（Rapid Sand

Filter）。

二、依水力而分，有重力式（Gravity Filter）及壓力式（Pressure Filter）。

三、依水流方向而分，有向下流（Down-flow）、向上流（Up-flow）及雙向流（Bi-flow）。

四、依濾料而分，有單層過濾池（Single-medium Filter）、雙層過濾池（Dual-medium filter）、多層過濾池（Multi-medium Filter）及混合濾料過濾池（Mixed-media Filter）。

過濾池操作時會遇到以下之障礙：

一、空氣閉塞（Air Binding）：砂層中有氣泡阻塞使濾速降低。

二、泥球（Mud Ball）：泥球由膠羽、細泥及其他固體雜物結成球形，泥球多聚在反沖洗速度較慢處，因此更使砂洗不完全。

三、砂垢（Sand Incrustation）：砂垢為附著在砂粒表面之膠質或碳酸鈣，砂粒因沙垢而增大體積，減少比重，濾砂易流出並易引起裂隙或阻塞。

四、噴流或濾砂的翻騰（Jetting and Sand Boils）：砂或濾石層中其孔隙率或滲透係數不均勻時，反沖洗水必流向阻力最小之通路並衝出砂面。

五、漏砂（Sand Leakage）：當濾石層受擾動，濾砂漏入集水系統而流入清水井即謂漏砂。

★ 7.3.4 消 毒

水中之細菌及微生物雖然經過沉澱、過濾處理，仍未能完全去除，故欲獲得安全的飲用水，必須再加以消毒，把水中的病菌消滅。消毒（Disinfection）通常以氯或次氯酸鹽（如次氯酸鈣或次氯酸鈉）型式加入水中以殺死病菌、病毒及阿米巴囊蟲等。

以氯氣為目前最廣泛使用的消毒劑，具有用量少、便宜且在充足加量下能產生餘氯量等優點。

消毒劑必須能破壞水中之致病菌。除此之外還必須具備以下特性：

一、在短時間及一般水溫，處理水之成分，濃度及條件有變化時，也能有

效地破壞水中致病菌。

二、必須對人類及家畜沒有毒性。而規定濃度不致發生可厭或不是飲用的臭味。

三、必須成本、儲存、輸送、操作及加藥均簡單、安全。

四、消毒劑在處理水中之濃度必須容易測定,最好可以自動測出。

五、消毒過的處理水中必須保持適當餘量,以供水使用前之在污染或餘量消失之警告。

★ 7.3.5 硬水軟化

一、硬度(Hardness)可使肥皂於形成泡沫前消耗水中肥皂的能力,同時會於加熱器、鍋爐或其他加熱器中產生水垢。

二、硬度一般是由多價金屬離子存在於水中引起,尤其是 Ca^{2+} 及 Mg^{2+} 離子。

三、使水產生硬度之離子可藉由石灰($Ca(OH)_2$)或蘇打灰(Na_2CO_3)加以軟化去除之。

7.4 高級淨水處理程序

★ 7.4.1 臭氧

臭氧在淨水處理可分為消毒和氧化處理,而依目的不同,加藥點的位置亦有所不同,若為原生動物及病毒之去活性化,則宜在處理程序末端加入。臭氧若以化學氧化為目的,則大都於處理程序前端加入,其形成之氧化物可由後續的處理單元予以去除。

若淨水場第一道處理程序為前臭氧氧化,臭氧係以氧氣通過產生機製造產生而得,臭氧氣體再以管線注入臭氧接觸槽中。

臭氧為一強力而有效的氧化劑,可破壞水中致臭味與色度分子的化

學鍵結，而有效去除臭味與色度。前臭氧的另一功能為抑制水中藻類的活動，破壞藻類的新陳代謝程序，使藻類容易去除。臭氧同時可改變水中懸浮顆粒的表面特性，提高混凝效率，使水中顆粒易於凝集去除。

★ 7.4.2　結晶軟化

結晶軟化在國外已有 30 年的發展與應用經驗，由於佔地小，且無傳統軟化方式產生大量污泥問題，而廣為普遍採用。

結晶軟化的原理係利用碳酸鈣具有低溶解性的特性，在原水中加入鹼液，使形成不溶解的碳酸鈣，而附著在軟化器中的天然石英砂晶種上，達到去除水中硬度的目的。軟化過程中的廢棄結晶可作為動物飼粒添加劑、建材調和劑、煉鋼業高爐程序熱吸收等用途，達到廢棄物資源化的功用。

結晶軟化反應器可以取代傳統沉澱處理四個程序：快混、膠凝、沉澱與污泥脫水，簡化成一個程序，其具有反應速率快、去除效率高、投資成本少、能源消耗低、可自動化控制減少人力、佔地面積小、操作簡單等優點。

★ 7.4.3　生物活性碳

後臭氧一般會再與活性碳床串聯，此活性碳床不僅有污染物吸附作用，而且具有生物分解能力，因此稱為生物活性碳濾床（BAC）。

此種合併方式主要因為經臭氧氧化作用後，水中的大分子有機物會被裂解成較小分子的有機物，產生生物可分解性有機物，在其後的 BAC 正可藉由微生物之分解有效去除水中生物可分解性有機物。

所以 BAC 可解決臭氧程序後三鹵甲烷生成潛能（THMFP）及解決配水管網之後生長（Regrowth）等問題，而臭氧程序也可延長 BAC 的使用年限，降低活性碳再生的次數。

7.5　特殊處理

★ 7.5.1　曝氣法

一、注入氧氣使溶於水中將鐵錳氧化成可沉澱之化合物。

二、去除水中之 CO_2。

三、去除硫化氫以減少臭味，並減少氯化作用之干擾。

四、去除有機分解時產生之臭味。

五、其他氣體如 CH_4，NH_3 等之去除。

★ 7.5.2　離子交換法

將原水中之可溶性離子，與離子交換體中之離子交換，而達到去除的目的。

★ 7.5.3　生物膜預先處理

台灣地區地面水因易受畜牧、家庭、事業廢水的污染，多處水源含氨氮量超過 0.5 mg/L 甚至 4.0 mg/L，因此目前常使用超量加氯來去除水中氨氮，致使氯量消耗太大，容易形成化學性標準之三鹵甲烷，並影響飲用水口感，因此採取生物膜法預前處理去除原水中之氨氮及有機物，再以傳統式淨水程序處理。

常用生物膜方法為：接觸曝氣法、生物圓盤法及填充式濾床法。

7.6 例 題

例題1

混凝（coagulation）以機械式攪拌，計算(1)須要電力？(2)攪拌片
面積？已知體積 V = 3000m³，槽內G值 50/sec，攪拌片拖曳係數
（drag coefficient, C_D）為 1.8，攪拌片頂之速度 0.6m/s

答：電力 $P = \mu G^2 V = (1.139 \times 10^{-3} Nsec/m^2)(50/s)^2(3000m^3) = 8.54KW$

面積 $A = 2P/(C_D \rho u^3)$

$\quad = (2 \times 8540 kg/m^2\text{-}sec^2)/(1.8)(999 kg/m^3)(0.75 \times 0.6 m/sec)^3$

$\quad = 104 m^2$

例題2

寫出水處理之機械式膠凝池主要設計規範

答：

停留時間 t	30～60 min
混合強度 G	10～75 ftp/ft（常用 25 到 65）
G	20,000～200,000
板翼速度	弱膠羽，小於 2ft/sec；強膠羽，小於4ft/sec
水及板翼相對速度	非固定者為板翼速度之 70～80%（常用 75%）；固定者則接近板翼速度100%
板翼拖曳引係數 C_D	雷諾數大於 1,000 之平板，長寬比為 1, 5, 20 及∞時 C_D 分別為 1.16, 1.20，1.50 及 1.90

例題3

加不同份量之粉狀活性碳（PAC）於 5 方形杯中作吸附。杯中置
1.0L 之水，內含 1.0mg/L 之臭味 2-MIB 物質。試驗在 pH 為 5 之
情況下進行，經 1 小時之接觸時間後達穩定狀態。若處理水剩餘
濃度為 0.9mg/L，假設應用 Langmuir's 等溫線理論，試以下列數

據決定 PAC 吸附能力。

杯號 No.	PAC 重 (g) (m)	水樣體積 (ml)	初濃度 (mg/l) (C)	終濃度 (mg/l) (X)	2-MIB吸附重 (mg/l) (X)	單位 PAC 之 2-MIB 吸附量 (mg/l) (x/m)
1	0	1000	10	10	0	–
2	1.75	1000	10	2.0	8.0	4.6
3	2.80	1000	10	1.3	8.7	3.1
4	3.60	1000	10	1.0	9.0	2.5
5	4.60	1000	10	0.8	9.2	2.0

答：Langmuir 等溫線之線性形式如下

$$\frac{1}{x/m} = \frac{1}{b} + \frac{1}{abc}$$

其中　x＝被吸附物量

　　　m＝吸附劑量

　　　c＝吸附後溶液之被吸附物剩餘濃度

　　　a 及b＝常數

繪製 1/(x/m)～1/c 圖以獲Langmuir等溫線：

杯號No.	$\dfrac{1}{x/m}$ (g/mg)	$\dfrac{1}{c}$ (l/mg)
1	–	0.10
2	0.22	0.50
3	0.32	0.80
4	0.40	1.00
5	0.50	1.25

(1) 繪一垂直線，其 1/c 值為

$$\frac{1}{c} = \frac{1}{0.5} = 1.11$$

(2) 由圖找出對應之(1/(x/m))值

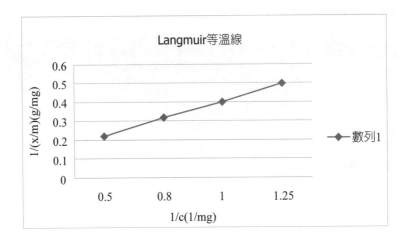

得出 $\dfrac{1}{x/m} = 0.41$，表示每克 PAC 對 2-MIB 吸附能力約 2.4mg

(3) 假設 PAC 密度為 $0.8g/cm^2$，估計吸附劑數量：

$$\dfrac{2.4mg \times 15 \text{ 粒/g}}{1.0g \times 0.8cm^3 \times 1000mg/g}$$

$$= 0.04 \text{ 粒/cm} \times \dfrac{1}{3.531 \times 10^{-5} ft^3/cm^3}$$

$$= 1200 \text{粒} / ft^3 \text{數量}$$

參考文獻

1. 高肇藩，給水工程。

2. 林健三，環境工程概論，鼎茂圖書出版有限公司。

3. 台水網站 2009：www.water.gov.tw

4. 樓基中，自來水系統與水資源管理講義，2014年。

自我評量

是非題：

（　）1. 自來水之水源主要有雨水、河水、湖水與地下水。

（　）2. 混凝與膠凝作用係於原水中加入化學藥劑，促使難以沈澱的膠體固體和慢速沈降的懸浮固體產生較大且快速的膠羽，隨後於沈澱池中除去。

（　）3. 結晶軟化的原理係利用碳酸鈣具有低溶解性的特性，在原水中加入鹼液，使形成不溶解的碳酸鈣，而附著在軟化器中的天然石英砂晶種上，達到去除水中硬度的目的。

（　）4. 生物活性碳床不僅具有污染物吸附作用，而且具有生物分解能力。

（　）5. 離子交換法的原理是將原水中之可溶性離子，與離子交換體中之離子交換，而達到去除的目的。

選擇題：

（　）1. 請問以下何者不是常用之混凝劑：

（1）硫酸鋁。

（2）硫酸亞鐵。

（3）多元氯化鋁。

（4）臭氧。

（　）2. 下列何者非為消毒劑臭氧之性質：

（1）強力而有效。

（2）有效去除臭味與色度。

（3）破壞水中藻類。

（4）價格便宜。

（　）3. 以下哪種方法無法去除水中的硬度：

（1）石灰（$Ca(OH)_2$）。

（2）蘇打灰（Na_2CO_3）。

（3）結晶軟化法。

（4）臭氧

（　）4. 結晶軟化方法之反應程序可以取代傳統沉澱處理四個程序，下列何者為非：

　　（1）快混。

　　（2）膠凝。

　　（3）沉澱。

　　（4）氧化。

（　）5. 下列何者非曝氣法可去除之水中物質：

　　（1）二氧化碳。

　　（2）硫化氫臭味。

　　（3）其他氣體如甲烷 CH_4。

　　（4）藻類。

問答題：

1. 在取水工程方面，選擇水源上必須注意哪些要點？

2. 試說明混凝與膠凝作用機制為何？

3. 影響混凝與膠凝作用之因素有哪幾項？

4. 消毒劑必須具備哪些特性。

5. 試說明前臭氧與後臭氧在淨水工程作用上的用途。

Chapter *8*

水污染與案例介紹

8.1　水污染定義

　　水是人類生活上不可缺乏之物質、人體組織中水份佔人體重量的百分之六十到七十，其他動物或植物其體內的水份也佔百分之五以上，可見水是維持生命不可缺少的物質。除此之外，水也是國家經濟發展的必要條件，不論是商業活動、工業發展、農業運作、水力開發，皆需水的配合。近年來經濟發展、工業發展及都市化，人們在高度開發天然資源時，因未能做適當的處理，導致整個生態系的破壞，例如造成湖泊水庫之優養化現象、河川濁黑及枯竭等發生。

　　一般所稱的水污染，主要是指由於人為因素直接或間接的將污染物質介入於水體後，變更其物理、化學或生物特性的改變，以致影響水的正常用途或危害國民健康及生活環境。

　　此處所指之水的正常用途依照水污染防治法施行細則可分為七大類：

一、公共給水：如家庭、商業及機關用水等。

二、農業用水：如灌溉用水、牲畜用水等。

三、水力用水：如水力發電等。

四、工業用水：如冷卻用水、鍋爐用水及製造用水等。

五、水產用水：如漁業養殖貝類，其他水產等。

六、水運用水：如航運（台灣河川無此用途）。

七、其他：如野生保護、遊樂（觀光、垂釣、划船、游泳、露營）廢水排
　　除及環境保育。至於物理、化學或生物特性可由水污染指標來判斷是
　　否改變。

8.2　水污染來源

　　水污染來源包括天然的污染源及人為的污染源。天然的污染源一般指市鎮暴雨逕流等，人為的污染源則來自人們各種活動及開發所產生者，包括市鎮污水、工業廢水、畜牧廢水、農業污染、礦場廢水及垃圾滲出水

等。台灣地區污染源現況中各種污染來源分別敘述如下：

一、市鎮暴雨逕流：

暴雨初下時、雨水逕流沖刷屋頂、地面街道、山坡地及溝渠，將污泥及有枝物帶入水體中形成污染。

二、市鎮污水：

包括家庭污水、商業、機關團體、學校及廢水量水大於 30 CMD（m^3/day）之事業廢水等。市鎮污水含有固體、糞便、油脂、廚餘等，內含有大量的病菌及有機物最易影響環境衛生。家庭用的清潔劑、殺蟲劑及除草劑亦是市鎮污水之重要來源，且其毒性較強。

三、畜牧廢水：

畜牧廢水的污染為國內主要水污染源之一，其主要之來源為養豬場，每頭豬平均每日排放 50 公升的廢水及 100 克 BOD（五天生化需氧量），相當於七人份所排放的糞尿量。且目前國內約有壹仟萬頭豬，如此龐大的數量，若未經處理即排於溝渠，不僅影響環境衛生，而且導致河川、溝渠濁黑發生臭味，若在集水區上游更會形成水庫及湖泊的優養化，導致飲用水污染，增加自來水廠的處理費用。

四、工業廢水：

工業廢水中的污染物可能來自原料、副料成品、中間產品、副產品或其他使用於工業製造之物料或能量，因此可造成水質污染的來源包括生產過程中需要的大量用水如冷卻水、製造用水（超純水）、鍋爐用水、產品用水，及清潔用水等所產生的廢水及廠內一般污水。工業廢水為目前台灣地區主要水污染來源之一，每種工業所排放廢水的強度及污染物種類，隨工業類別製造方法及用水習慣而有不同，對國內水體已造成不同程度的污染。

五、農業污染：

近年來台灣農業普遍使用化學肥料，這些加進土壤之化學肥料如氮肥、磷肥等，若未完全為植物吸收而流失至排水中，導致河川養分大多形成優養化，污染河川。農業常用的殺蟲劑及除草劑亦成污染源之一，農藥的直接使用或經由使用過的地區地表水的浸透或流動，而使地面或地下的

水源受到農藥的污染。部分農藥對魚類或其他水生生物具有毒性。

六、礦業污染：

採礦時，為分離礦物，在選礦時均用水沖洗，此種沖洗水含有大量之泥砂，有時含有溶解性有毒物質，如：銅、鐵、鋅、鉛等，形成重金屬的污染。礦物中之硫化物經微生物分解成硫酸，因此洗礦廢水之酸性很強，具有腐蝕性，若這些廢水排入河川或湖泊等水體，會導致污染破壞生態平衡增加水源使用的困擾。

七、垃圾滲出水：

垃圾掩埋場之滲出水，其水質因垃圾種類、掩埋規模、掩埋方式及掩埋階段而異。垃圾掩埋初期，污染物濃度較高，以後隨掩埋時間而降低。垃圾掩埋 場滲出水含有很高濃度的有機物，且濁度及色度很高，因此亦為水污染源之一。

八、其他：

森林之採伐、耕作、土木工程等人為因素會增加水體中之浮游物或溶解物。水泥工廠、化學工廠、鋼鐵廠及煤氣廠等排除之氣體及灰塵因降雨之洗淨作用排入河川等，均可造成水污染問題。

上述污染源中以市鎮污水、工業廢水及農業污染最為重要。工業廢水中尤以紙漿、染整、製革、電鍍及食品業廢水之污染最為嚴重。

8.3 案例：二仁溪

二仁溪小檔案：二仁溪是本省的主要河川之一，它是高雄縣、台南縣市等三縣的界河，其主流及流域範圍主要在高雄縣。二仁溪原名二層行溪，民國四十九年經台灣省政府公佈核定改名為二仁溪；源於高雄縣內門鄉木柵村的山豬湖（460 公尺），在茄萣鄉的白砂崙附近流入台灣海峽，全長 62.2 公里，平均比降是 1：142，是本省緩降河川之一。

一、發源地：山豬湖

二、流經縣市：台南縣市、高雄縣

三、出海地：台南市、茄萣鄉

四、流域面積：35.04 Km²

五、幹流長度：65.18 Km

六、河川用途：農業、環境保育及水產用水

　　主要污染來源：

一、家庭污水：7.9%

二、畜牧廢水：64%

三、工業廢水：28.1%

　　二仁溪是聞名全台或全世界（曾上過 CNN 電視網）的污染河川，主要的污染源是中上游的畜牧廢水（養豬、養鴨）、下游的工業廢水等，尤其以燃燒廢五金、電鍍、酸洗、廢油等廢水的大量排入，使得河水變得黑濁，了無生機，在氣候條件下，南台灣雨季集中 6 至 11 月，有半年的枯水期，河川代謝慢，要享有第二春，恐怕唯有從阻絕污染源著手。圖 8-1～圖 8-5 為二仁溪遭受污染的情形。

圖 8-1　中上游的畜牧廢水直接排入二仁溪

資料來源：台灣河川網站

圖 8-2　二仁溪上游居民亂倒垃圾於岸邊

資料來源：台灣河川網站

圖 8-3　二仁溪下游（台南灣裡工廠區）居民亂倒垃圾於岸邊

資料來源：台灣河川網站

圖 8-4　二仁溪下游（台南灣裡工廠區）未經處理的廢水逕排入大水溝，最後匯入
　　　　二仁溪

資料來源：台灣河川網站

圖 8-5　二仁溪下游沿岸工廠，燃燒廢五金、電鍍、酸洗、廢油等廢水的大量排入
　　　　二仁溪

資料來源：台灣河川網站

8.4 台灣湖泊及水庫優養

台灣地區地狹人稠，人口生長快速，經濟活動空間不斷往郊外或山坡地擴張，致水源地上游農牧、工礦廢水及家庭污水大量流入河川水庫。而且山坡地的濫墾、濫伐、水土保持不良，造成表土流失，水量的涵養功能喪失，隨著大雨的沖刷，大量的泥沙、農藥、肥料流入，水源污染日趨嚴重，不少水庫深受其害。除淤積的增加外，據統計，現有水庫每年因泥沙淤積而減少有效容量平均約達 700 萬立方公尺，水質則呈優養化現象。

依據行政院環保署曾委託環境檢驗測定機構進行水庫水質監測結果顯示，以卡爾森（Carlson）優養指數（簡稱 CTSI）評估水庫營養程度，結果如表 8-1 所示。

水庫優養化主要是因為水中的營養物質多，造成藻類的大量繁殖。水庫因集水區內人為的活動，帶入大量的營養物質，除了因河川水源污染外，從河川導入水庫的導水渠道中，也會增加營養質的輸入。

藻類的生長限制因子為氮及磷，其中又以磷為最重要。當水體受到化學肥料、清潔劑的污染時，藻類便可能大量生長，光合作用增加，使水體溶氧增加，因此一些浮游生物及高等水生動物亦隨之增多。當藻類及水生動物相繼死亡後即沈入下水層，由於底部有機物漸多，因此微生物將利用氧氣進行分解而耗氧，所以底部氧氣愈來愈少，趨於厭氧狀態。

同理，當情況惡化時，中水層亦會轉變為厭氧。而生物為了獲得充分的氧氣，會大部分集中於表水層活動，所以表水層濁度增加，同時光線的穿透力也減少，藻類的光合作用降低，釋出溶氧也就減少，使得表水層也成厭氧態。

因此，所有的藻類為了獲得光線及氧氣，全部集中於水面 5～10 公分處，形成一片綠色蓆狀，即所謂的綠蓆或藻華（Algae Bloom）現象。由於水體已缺乏自淨能力，這些藻類終究會死，而塞滿整個水庫或湖泊，使水質混濁，同時發出異臭味，而達嚴重優養化現象。[2]

表 8-1　Carlson 優養指數（CTSI）評估水庫營養程度

水庫名稱	83 年度	84 年度	85 年度	86 年度	87 年度	88 年度	89 年度
新　山	普養	普養	普養	普養	普養	普養	普養
翡　翠	普養	貧養	普養	普養	普養	普養	普養
石　門	優養	普養	優養	優養	普養	普養	普養
寶　山	普養	普養	優養	普養	優養	普養	普養
鯉魚潭	未監測	普養	普養	優養	優養	優養	普養
明　德	優養	普養	優養	優養	優養	普養	優養
永和山	普養	普養	優養	優養	優養	普養	普養
日月潭	貧養	貧養	普養	普養	普養	普養	貧養
霧　社	普養	普養	優養	優養	普養	普養	普養
德　基	普養	普養	普養	普養	優養	普養	貧養
仁義潭	優養	優養	普養	優養	優養	優養	優養
蘭　潭	優養	普養	普養	優養	優養	優養	優養
白　河	優養	普養	優養	優養	優養	優養	優養
烏山頭	優養	普養	優養	優養	普養	普養	普養
曾　文	普養	普養	普養	優養	優養	普養	普養
南　化	未監測	普養	普養	普養	優養	普養	普養
鏡　面	優養	普養	優養	優養	優養	優養	普養
澄清湖	優養	優養	優養	優養	優養	優養	優養
鳳　山	優養	優養	優養	優養	優養	優養	優養
阿公店	優養	優養	優養	優養	優養	—	—
牡　丹	—	—	—	—	—	普養	普養

註：CTSI 為卡爾森優養指標，貧養（CTSI < 40），普養（40 < CTSI < 50），
　　優養（CTSI > 50）。

8.5　國外水域及海岸最近發生綠藻事件

　　雖然綠藻對水域及海洋生態環境究竟有多大破壞作用目前尚無科學定，但是，綠藻的大量集聚表示沿海水域正在遭受嚴重污染，原因可能是氮和磷造成。

　　2008 年七月中國「綠色江河」，新聞報導淡水湖及海域常常能見到大

量的水藻，主要是因為未經處理的、飽含富營養化成分（氮和磷）的污水排放引發的。

　　海面出現藻類，這些都跟氣候有點關係。另外就是富營養化，過多污染的水排入了大海，造成了這種情況。最近幾年，世界各國近海，時常出現綠藻氾濫和赤潮等現象，這些現象的原因就是海水的營養化。這些污染物由陸地進入大海，如果大海不能完全吸納，最終可能造成藻類過度的繁衍。

　　因此，水域出現大量綠藻就是對環境污染的一種警訊。

8.6 例 題

例題1

如果假設每天每人 BOD 負荷為 20 公克的條件下；而在高雄有一間工業工廠排放廢水為每天 200 立方公尺，BOD 是 500mg/L，估算工廠廢水 BOD 人口？

答：20g = 0.02kg，$200 \times 500 \times 10^{-3}/0.02 = 5000$ 人

例題2

工廠每日排放廢水 $300m^3$，BOD 為 2000mg/L，SS 為 350mg/L，如當地每人每日之 BOD 負荷量為 40g，懸浮固體為 35g，試分別計算工廠排水 BOD 及 SS 人口當量？

答：人口當量：$\dfrac{\text{工廠污染排放量}\left(\dfrac{Kg}{day}\right)}{\text{每人每日污染量（kg/人－day）}}$

(1) BOD 人口當量：$\dfrac{300(m^3/day) \times 2000(mg/L) \times 10^{-3}}{0.04(kg/人－day)} = 15000$ 人

(2) SS 人口當量：$\dfrac{300(m^3/day) \times 350(mg/L) \times 10^{-3}}{0.035(kg/人－day)} = 3000$ 人

參考文獻

1. 台灣河川網站，http://contest.ks.edu.tw/~river/file/Default.htm

2. 洪慧鈞，水庫優養化評估指標與優養化水體三鹵甲烷生成潛勢之探討，國立中興大學碩士論文，民國 90 年。

3. 龍坑自然生態保護區 http://home.kimo.com.tw/leon3911/parkahome.htm

自我評量

是非題：

（　）1. 一般所稱的水污染，主要是指由於人為因素直接或間接的將污染物質介入於水體後，變更其物理、化學或生物特性的改變，以致影響水的正常用途或危害國民健康及生活環境。

（　）2. 水的正常用途依照水污染防治法施行細則可分為五大類：1 公共給水 2 農業用水 4 工業用水 3 水力用水 5 水產用水。

（　）3. 水污染來源只包含人為的污染源，天然暴雨污染不算其中。

（　）4. 人為的污染源則來自人們各種活動及開發所產生者，主要是市鎮污水、工業廢水、畜牧廢水、農業污染、礦場廢水及垃圾滲出水等。

（　）5. 市鎮污水包括家庭污水、商業、機關團體、學校及廢水量水大於 30 CMD（m^3/day）之事業廢水等。市鎮污水含有固體、糞便、油脂、廚餘等，內含有大量的病菌及有機物最易影響環境衛生。家庭用的清潔劑、殺蟲劑及除草劑亦是市鎮污水之重要來源。

選擇題：

（　）1. 下列何者非主要之傳統工業污染。

　　（1）紙漿

　　（2）染整

　　（3）製革

（4）電子業

（　　）2. 下列何者非二仁溪之主要污染源。

（1）家庭污水

（2）畜牧廢水

（3）工業廢水

（4）垃圾滲出水

（　　）3. 水的正常用途依照水污染防治法施行細則可分為七大類？

（1）公共給水

（2）農業用水

（3）工業用水

（4）以上皆是

（　　）4. 水污染來源包括天然的污染源及人為的污染源。下列何者非人為的
污染源。

（1）暴雨逕流

（2）畜牧廢水

（3）工業廢水

（4）農業污水

（　　）5. 下列何者非嚴重優養化之水庫。

（1）鳳山水庫（CTSI > 50）

（2）澄清湖水庫（CTSI > 50）

（3）阿公店水庫（CTSI > 50）

（4）日月潭水庫（CTSI < 40）

問答題：

1. 何謂優養化以及優養化的成因？

2. 請簡述水污染防治法施行細則中水污染七大類。

3. 人為的水污染來源包含哪幾項？

4. 何為 CTSI？

5. 請簡述水污染定義。

Chapter *9*

國內外著名土水案例與污染原因

9.1 國內四個污染案例與原因

★ 9.1.1 台灣美國無線電公司（RCA）原桃園廠

一、污染概述

台灣美國無線電公司（RCA）原桃園廠於民國 59 年設立，生產電子、電器產品、電視機之電腦選擇器為主要產品。於民國 83 年 6 月經人舉發，該廠土壤、地下水遭受掩埋廢棄物污染。

二、污染源及污染物

該廠污染源主要發生原因為有機溶劑貯存及操作不當，所產生之污染物以揮發性有機化合物為主，包括氯乙烷與氯乙烯類 1, 1-二氯乙烷（1, 1-Dichloroethane）、1, 1-二氯乙烯（1, 1-Dichloroethene）、1, 2-二氯乙烯（1, 2-Dichloroethene）、1, 1, 1-三氯乙烷（1, 1, 1-Trichloroethane）、四氯乙烯（Tetrachloroethene, PCE）、三氯乙烯（Trichloroethene, TCE）等。

三、處理情形

（一）環保署成立調查小組，研擬因應對策，污染未清除前暫停該土地用途變更作業。

（二）要求 RCA 公司採行緊急措施，避免危害，降低風險。

（三）由 RCA 公司進行鄰近民井、場內監測井及水井水質調查，檢測廠址近區域 94 口民井，有 72 口符合 WHO 飲用水標準。

（四）緊急供應居民瓶裝水；接裝自來水。

（五）依據 RCA 公司所提整治計畫，利用風險管理之觀念核定土壤整治基準為 1, 2-二氯乙烷 8 mg/kg、1, 1-二氯乙烯 10 mg/kg、四氯乙烯 10 mg/kg、三氯乙烯 60 mg/kg、順 1, 2-二氯乙烯 800 mg/kg。

地下水則以符合 WHO 飲用水標準目標，四氯乙烯 40μg/L、1, 2-二氯乙烯 50μg/L、三氯乙烯 70μg/L、1, 1-二氯乙烯 30μg/L、

　　1, 2-二氯乙烯 50μg/L、三氯乙烷 2000μg/L、氯乙烯 5μg/L。
（六）成立監督小組，進行實廠整治監督。

四、後續處理

（一）RCA 公司於民國 84 年 10 月進行全廠區以 50 呎網格之土壤氣體取樣檢測工作，全廠區採取 316 個地面下達 15 呎之土壤氣體，及少數土壤及地下水樣品。再於民國 85 年針對土壤氣體濃度較高地區進行取樣檢測，歸納有六區可能需要整治。主要污染區在原第二廠房西南邊，確定超過核定之基準需進行整治，至於其他五處則需再進行確認是否需要整治。

（二）RCA 公司對不需整治區再以網格檢測 66 點（132 個樣品）來確認，對於前述可能需整治地點，宏億公司再更密集網格劃定，取 115 個土壤取樣點，共取 245 個土壤樣品，執行過程中再增加 87 個土壤取樣點，233 個土壤樣品。經此步驟確定超過核定之整治基準，需要整治之範圍只在原第二廠房西南區，面積約 1700 平方公尺。

（三）土壤需整治部分採取抽除土壤氣體處理，抽除氣體以活性碳處理，該期間並監測周界空氣品質及作業環境。

（四）地下水部份，設置 15 口抽水井，進行地下水抽除處理，抽取地下水經活性碳處理。

（五）除地下水抽除處理外，在廠址下游利用民井及監測井，進行監測。若水樣 VOCs 濃度連續兩年超過 WHO 建議值，則建立一套應變措施計畫。

（六）根據 RCA 等公司於民國 87 年 4 月 9 日提出的「地下水整治技術評估報告」、「場址整治完成報告」、「土壤挖除處理完成報告」及「土壤氣體抽除處理完成報告」等，有關於地下水部分認為場址污染為 DNAPL 物質自然分解旺盛並達平衡狀態，要整治達到核定之基準有困難，且對於附近已接裝自來水，故採取地下水風險管理措施，設置地下水質監測井，每六個月取樣監測，如發生污染擴大影響用水時，再採取應變措施方式處理。

★ 9.1.2 台灣氯乙烯公司頭份廠

一、污染概述

台氯公司於民國 62 年在頭份設廠生產氯乙烯，環保署於民國 82 年委託工研院調查地下水，顯示苗栗頭份地區地下水受到含氯化合物之污染，且其污染已擴散至工業區外，經補助苗栗縣環保局及環保署民國 84 年進一步調查，確認其來源，並要求該公司提出整治計畫。

二、污染源及污染物

該廠於民國 84 年 10 月調查結果，土壤分析所含污染物：丙酮、苯、氯仿、1, 2-二氯苯、1, 1-二氯乙烷、1, 2-二氯乙烷、反式 1, 2-二氯乙烯、1, 1-二氯乙烯、1, 1, 2, 2-四氯乙烷、四氯乙烯、甲苯、1, 1, 2-三氯乙烷、三氯乙烯、氯乙烯。在消防栓幫浦加壓站及污泥池附近之區域土壤污染濃度最高，四氯乙烯濃度最高為 950 mg/kg，丙酮為 7000 mg/kg，1, 1, 2, 2-四氯乙烷為 7200 mg/kg，1, 1, 2-三氯乙烷為 2100 mg/kg。

地下水之污染物包括苯 290-300μg/L、氯仿 12-14700μg/L、1, 1-二氯乙烷 22-410μg/L、1, 2-二氯乙烷 66-1080000μg/L、反式 1, 2-二氯乙烯 38-7200μg/L、順式 1, 2-二氯乙烯 20-6400μg/L、1, 1-二氯乙烯 230μg/L、1, 1, 2-三氯乙烷 21-8000μg/L、三氯乙烯 50-5600μg/L、氯乙烯 380-11000 μg/L。調查結果顯示大部分污染物在廠區內，主要污染範圍有 300×100 公尺，依據環保署委託工研院調查顯示，廠區外地下水已受污染。

三、處理情形

台氯公司於民國 86 年 3 月至 86 年 12 月委外挖除土壤處理，總計挖除體積為 3328 立方公尺，並設抽水井自 85 年 10 月起將地下水抽出納入廢水處理排放，抽水量每日為 500 噸。之後，進行土壤土耕處理

四、後續處理

（一）台氯公司已於民國 87 年 6 月 20 日向苗栗縣環保局提出頭份廠整工作修正計畫書。

（二）自民國 85 年起進行地下水污染抽除處理，至民國 89 年成降低污

染濃度、控制污染擴散之目標，該期間廠內每三個月、廠外每六
個月採樣檢測一次，追蹤整治成效並提報結果。

（三）土壤挖掘以土耕法（land farming）處理，在廠房拆除後將再進
行全廠區土壤污染調查，於民國 87 年底完成。土壤處理於每三
個月進行檢測。

（四）台氯公司在整治計畫提出監督工作計畫。

（五）台氯公司於六個月內完成健康風險評估工作。

★ 9.1.3　中國石油化學工業開發公司台南安順廠

一、污染概述

此工廠位於台南市安南區，以水銀電解方式製造鹼氯，並於民國 70 年
間生產五氯酚，後因法令明訂禁止生產，於民國 71 年即停工封廠。

二、污染源及污染物

（一）五氯酚農藥污染

在民國 87 年調查場內南區除一部分之地表土濃度為 50.7 ppm 外，其
他部分較低（平均小於 10 ppm）。裏土濃度高約 40 ppm。民國 84 年調查
場內南區至 15 公尺深之地下水所含五氯酚濃度最高為 149 ppm，民國 87
年 2 月除南區場區外監測井為 16.4 ppm 及場內近地表水樣為 1.69 ppm 外，
其餘皆小於 0.1 ppm。

（二）戴奧辛污染

依據清華大學之報告，在土壤中為 1857 ppt，廢水池底泥為 16 ppt，
魚肉含量為 247 ppt。

（三）汞污染

場內北區部自地表 1～1.5 公尺（地下水位以上）之表面土受到不同程
度的污染：最高污染濃度為 420 ppm，平均值 17.4 ppm。場內北區水池內
底泥汞濃度最高為 9550 ppm，池水濃度較低，最高值在 0.0045ppm。前海
水貯水池外圍鄰近魚塭及鹿耳門溪地下水汞濃度皆小於 0.0005 ppm。

三、處理情形

（一）土壤：

民國 84 年 1 月將五氯酚高污染區之土壤挖除，進行隔離處理，以防止污染繼續擴大，挖掘面積約 0.3 公頃，挖出土壤堆置於一座 RC 鋼筋混凝土貯存槽內，定期翻土曝曬及氧化處理。

（二）地下水：

中石化公司於民國 84 年 9 月底完成日處理量為五百公噸之大型活性碳吸附設備安裝工程，開始抽取五處抽水井之地下水，五氯酚予以吸附脫除，迄民國 87 年 5 月共抽除處理超過 75000 立方公尺，已有效控制及降低污染。

四、後續處理

（一）中石化公司已向台南市環保局提出整治計畫書及污染評估報告書，相關單位督導中石化公司已完成全場調查，並依審查委員意見，進行補充調查。另亦進行五氯酚整治先導計畫及研擬整治基準等工作。

（二）中石化公司在整治計畫書中提出監督工作書。由台南市環保局委託成大環境研究中心進行相關監督工作。

（三）中石化公司於六個月內完成健康風險評估工作。

★ 9.1.4　裕台彰化農化廠

一、污染概述

本場址為裕台企業股份有限公司（簡稱裕台公司）之原彰化農化廠。民國 88 年 8 月因廠區開挖作業引發異味，導致民眾陳情，並遭主管機關處以停工列管處分。

裕台公司於 89 年 3 月 20 日至 5 月 20 日完成調查及評估作業。根據調查評估報告，本場址可能由於早期農藥生產製成或關廠作業疏失，以致有逾 10,000m^3 土壤受到農藥類廢棄物污染，應予以整治復育。

二、污染源及污染物

（一）土壤：

1. 場址之污染物多屬有機氯及有機磷類農藥之半揮發性有機物，並無重金屬污染情形。

2. 場址以外之土壤並無受污染跡象。

3. 場址受污染土壤多集中在廠區中央，其深度大約在地表下 2～3 公尺處，調查作業期間估算受污染土壤數量約 9,068 立方公尺。

（二）地下水：

1. 場內有兩口工程點井所檢測之地下水樣測出微量之亞素靈（0.013mg/L 及 0.028mg/L），其值均低於本計畫所核定之污染評估值（0.1mg/L）。故研判地下水未受污染土壤之影響。

2. 地下水中所含之污染物質應係來自土壤中所掩埋之農藥釋出所致，根據場址工程點井抽水試驗所求得水力參數估算，即使經過 20 年，污染物質僅能自源頭向外擴散 3.4～34 公尺。故地下水中所含之微量污染物仍侷限在場址內。

基於上述場址污染調查結論，本工程所研擬之場址整治方向為：

1. 場址土壤之污染物質種類、範圍及受污染土壤數量已大致確定，應儘速進行土壤整治，將受污染土壤清除處理，以避免污染情形繼續擴大。

2. 場址地下水雖已受土壤中所含污染物釋出所影響，但其值尚低，且污染物具生物可分解性，故受污染土壤於儘速移除處理後，地下水應可逐步恢復正常水質。但仍於場址整治作業期間，持續監測地下水水質，以供後續研判場址整治作業是否完成之參考。

三、處理情形

本計畫場址經污染調查評估後，確認其污染物質為農藥類之半揮發性有機物。根據適法性、技術可行性、商業運轉實績及成本效益等參數綜合評估後，確認本場址將以熱處理法中之熱脫附／裂解法為本場址受污染土

壤之整治技術。並將於廠區內設置處理廠房處理設施，進行受污染土壤現地處理作業。

本工程於場址內設置現場土壤復育處理設備，將受污染土壤挖起後，以高溫熱裂解處理系統將污染物質脫附並分解。該高溫熱電爐試車及實際操作測試結果證明，處理後土壤所含污染物濃度可自數百 ppm 降解至 1 ppm 以下。

現場熱處理設備每天最多可處理 45 立方公尺（約 60 公噸）之土壤。自 91 年 1 月試車結束，全量運轉至 90 年 11 月 13 日止，共完成處理土壤 10,713 立方公尺。所處理之土壤均經定量定期由監督單位採樣送交由環保署檢驗所核定之實驗室檢測，確認符合整治標準之土壤並重新回填於場區內。

整治作業期間，並分別於 89 年 12 月、90 年 3 月、5 月、7 月及 10 月完成五次場址周界環境品質監測（空氣、噪音／振動、地下水質）以防止作業疏失所造成之二次污染。監測結果均符合相關法規標準，顯示整治工程未對周圍環境造成負面影響。

四、後續處理

彰化縣環保局會同由中興大學及大葉大學共同組成之監督小組於本場址採集 28 件土壤樣品。土壤樣品檢測結果均符合本計畫所核定之整治標準，故已確認本場址已成功完成土壤整治作業，應可解除列管，回歸土地適當用途之永續經營目標。

9.2 國外八個污染案例與原因

★ 9.2.1 美國華盛頓州溶劑煉煤試驗廠廠址

一、污染物種

多環芳香族化合物 Polynuclear Aromatic Hydrocarbons（PAHs）。

二、污染介質

土壤。

三、污染緣起及影響程度

本廠係以發展利用溶劑熱萃取或熱裂解方式自煤中提煉石油碳氫化合物的一間試驗廠，於 1974 至 1981 年間，在此從事相關研究與生產，以致作業過程發生洩漏而造成土壤污染。污染物種以 PAHs 為主。雖然檢驗顯示，一般 PAHs 偵測濃度均低於 2 mg/kg，但最大 PAHs 偵測濃度仍高達 410 mg/kg。

四、整治目標

根據華盛頓州毒化物管制模式方法 B，模擬土壤中 PAHs 致癌機率，推估整治目標，規定 7 項致癌性 PAHs 之濃度總和應低於 1 mg/kg，柴油及其他燃料油類濃度應低於 200mg/kg。整治設施之空氣污染物控制技術及排放標準，依 Puget Sound Air Pollution Control Agency 規定。

五、整治技術及過程說明

本場址採用熱脫附（Thermal Desorption）方法整治，根據整治前之土壤表層化學物質檢驗結果，擬定 17 個必須整治區域，規劃污染土壤挖掘及熱脫附整治作業。本場址所使用之熱脫附處理設備為旋轉窯，並配備濾袋及熱氧化系統以處理廢氣。土壤先經過 1 1/2 inch 攔柵篩選，再送入旋轉窯中以 370 到 400℃ 高溫進行熱脫附，處理量為每小時 50 到 150 公噸。廢氣經過濾袋，再送回燃燒室或經高溫氧化後排放至大氣中。共處理污染土壤 104,000 公噸，完成處理之土壤經採樣檢驗，其所含致癌性 PAHs 濃度大致在低於儀器偵測濃度到 0.44 mg/kg 之間。

★ 9.2.2 美國俄亥俄州佛諾得環境管理計畫場址

一、污染物種

重金屬。

二、污染介質

地下水。

三、污染緣起及影響程度

佛諾得環境管理計畫場址係核子武器製造廠，場址內將近 89 公頃範圍之地下水層遭受鈾污染，濃度高於 20μg/L，最高約 490μg/L。

四、整治目標

根據俄亥俄州地下水補充水水質規定，鈾濃度標準為 20 μg/L 本案例為整治技術示範計畫，以評估整治成效與經費，及地下水回注系統是否能維持水柱中鈾在 20 μg/L。

五、整治技術及過程說明

根據本場址決策記錄，若實施抽起處理法，約需時 27 年才能夠完成地下水整治。因此本場址以試驗為目的，搭配地下水沖洗系統以加強整治效果。本計畫所稱地下水沖洗系統，係指放射性元素之移動、抽取及去除（Mobilization, Extraction, and Removal of Radionuclides, MERR）。地下水被抽取至地面處理，經去除鈾之後，以 1,000 gpm 速率注射回地下水層，總共處理並回注 455 加侖地下水。整治結果顯示，沖洗系統清除了注射井以南之地下水污染物，而井與井間則否，並穩定維持（縱向與橫向）地下水柱範圍，且並未將水柱推向較深之地下水層。

★ 9.2.3　美國喬治亞州 THAN 公司超級基金場址

一、污染物種

農藥。

二、污染介質

土壤。

三、污染緣起及影響程度

THAN（TH Agriculture & Nutrition Company）公司於 1950 年代起至

1982 年間，在喬治亞州奧本尼廠從事農藥生產與儲存工作，造成廠內土壤受 OCL（Organic Chlorine）農藥污染，污染物種包括地特靈（Dieldrin）、毒殺芬（Toxaphene）、DDT、靈丹（Lindane）。

四、整治目標

規定整治標準為 Total OCL pesticides <100 mg/kg，四項污染物（DDT, toxaphene, BHC-alpha, BHC-beta）達 90% 以上之濃度去除率。整治設備之空氣污染物排放應符合煙道總碳氫化合物 < 100 ppmv 之規定。

五、整治技術及過程說明

本場址於 1989 年被列入國家優先整治名單，於 1992 年被環保署要求進行整治。整治方法係將 OCL pesticides 濃度大於 1,000 mg/kg 之土壤挖起、堆置，再以熱脫附法去除污染物。受污染土壤被送入高溫熱脫附旋轉窯中，停留 15 分鐘，使土壤出爐溫度達到 445 到 580℃。處理系統並利用連鎖控制裝置，在設備正常處理量範圍內，維持土壤正常進料速率。熱脫附系統自 1993 年 7 月持續操作至 10 月，一共處理將近 4,300 公噸土壤，並如願達成所有要求之整治目標。經處理後之土壤 Total OCL pesticide 濃度在 0.009 至 4.2 mg/kg 之間，四項目標污染物之去除率達到 98%。

★ 9.2.4 美國密西根州派森斯化學 / ETM 企業公司超級基金場址

一、污染物種

PAHs、<u>農藥</u>、<u>重金屬</u>、戴奧辛。

二、污染介質

土壤。

三、污染緣起及影響程度

本場址因農藥生產而遭受污染，場址土壤中含農藥、重金屬、有機酯、多環芳香烴及戴奧辛等。戴奧辛濃度高達 1.13μg/kg，其他污染物最大

濃度分別在菲（Phenanthrene）0.99 mg/kg 至 DDT 340 mg/kg 之間。重金屬汞含量約 3.4 mg/kg。

四、整治目標

土壤污染物整治標準所整治所產之氣體排放標準分別為，可氯丹（1 mg/kg/25 lbs/hr）、DDT（4 mg/kg/0.01 lbs/hr）、地特靈（0.08 mg/kg/0.00028 lbs/hr）、汞（12 mg/kg/0.00059 lbs/hr）。

五、整治技術及過程說明

本場址採現地玻璃化（In-situ Vitrification）處理技術，整治系統含 9 個熔融電池及排氣控制裝置。由於污染物僅限於淺層表土之特性，受污染土壤在經過挖動後，留置於原地。共有 8 個熔融電池在 1993 年 6 月至 1994 年 5 月間，完成安裝於管溝內。每一熔融過程約需 10 到 19.5 日，耗電約 559,000 至 1,100,000 仟瓦-小時。整治過程中亦曾經發生意外，如火災及設備問題等，經過設備及操作調整予以改善。根據業者表示，玻璃化處理表層之農藥及汞含量均符合規定。整治過程中之空氣污染物排放亦合乎標準。共整治約 2,300 立方公尺土壤。

★ 9.2.5　美國馬里蘭州八座加油站場址

一、污染物種

有機溶劑類 BTEX、MTBE。

二、污染介質

地下水。

三、污染緣起及影響程度

本案例為加油站，因油料儲存槽洩漏造成污染。污染物種以 BTEX 及 MTBE 為主。平均 MTBE 污染物濃度為 6,139 µg/L，平均 BTEX 污染物濃度為 5,511 µg/L。

四、整治目標

本場址試驗以土壤氣體抽取及地下水抽取法整治土壤及地下水污染。

五、整治技術及過程說明

本場址採土壤氣體抽取（Soil Vapor Extraction, SVE）及地下水抽取（Groundwater Extraction, GE）處理飽和層油污染。每一個場址設置一套真空萃取系統，包括真空萃取井（每場址約 4 到 17 座），1 到 2 座氣流量在 4.6 到 18.5scfm 的真空鼓風機，及水柱壓力範圍在 22 到 41 英吋的平均真空系統。地下水抽取系統，每場址設置 2 到 8 座井，安裝氣動式抽水幫浦。平均抽水量約在 0.11gpm 到 0.67gpm。每個場址的平均整治期約 3.2 年，平均監測其約 4.7 年。SVE 與 GE 系統在每個場址，分別去除約 1,330 到 95,000 公斤及 12 到 3,200 公斤污染物。各場址污染物濃度，平均被降低到 MTBE 為 791μg/L、BTEX 為 1,088μg/L、及 xyleneμg/L 為 2,859μg/L。操作顯示，當系統停止運轉時，MTBE 及 BTEX 濃度並無回升現象，但 xylene 濃度則有。研究人員發現，MTBE 之去除率相似於 BTEX，此現象與 NAPL 液態相及 NAPL 蒸汽相之分離化學平衡理論不符。而根據化學平衡式，原推估 MTBE 之去除速率應 4 倍於 benzene，60 倍於 xylene。雖然對於其不符之原因仍不了解，但研究人員認為傳統的地下水污染處理方法，也將遇到類似的 MTBE 及 BTEX 去除率受限問題，而有別於理論狀況。

★ 9.2.6　美國密西根州安德森開發公司超級基金場址

一、污染物種

PAHs、有機物、<u>重金屬</u>。

二、污染介質

土壤。

三、污染緣起及影響程度

本場址於 1970 至 1979 年間，為安德森開發公司在此生產 4, 4-methylene

bis (2-chloroaniline) 或稱 MBOCA，係製造塑膠所需之硬化劑。製程廢水被排放至一處未經不透水處理之污水塘，以致污水塘週邊土壤及污泥遭受污染。污染物種包括含氯有機化學物質、多環芳香烴及重金屬。MBOCA 為最主要污染物，並含重金屬錳。

四、整治目標

土壤中 MBOCA 濃度標準為 1.684 mg/kg。土壤及污泥中 VOCs 及 SVOCs 含量需符合密西根州相關法規。

五、整治技術及過程說明

受污染土壤及污泥被挖起，經脫水處理後予以堆置。根據 1991 年的決策記錄，選擇以熱脫附技術處理被挖起的土壤，並訂定 MBOCA 及 VOCs、SVOCs 整治目標。在 6 堆完成整治的土壤中採樣分析顯示，MBOCA 及 VOCs 均達到整治目標，而 SVOCs 則在 8 個採樣中有 7 個合格，其中 bis（2-ethylhexyl）被發現有分析上的困難。原規劃污染土壤經處理後可回填至原地，但由於污染物種含重金屬錳，故依從州政府規定，載運至場址以外地區處置。共處理約 5,100 公噸土壤。

★ 9.2.7　美國加州英特西爾及西門子超級基金場址

一、污染物種

氯乙烯類（TCE）。

二、污染介質

土壤。

三、污染緣起及影響程度

本場址位於加州卡朴提諾郊區，佔地約 48,564 平方公尺，為兩家半導體業者所擁有之工業用地，其中英特西爾公司於 1967 至 1988 年間在此地生產半導體與晶圓製品，西門子公司則自 1978 起，在此生產半導體產品並仍然在營運中。兩家工廠在生產過程中，都必須使用大量化學品，如蝕刻

溶液、有機溶劑及化學混合物等，造成土壤及地下水受污染，污染物種包括揮發性有機物及半揮發性有機物，乃於 1990 年 8 月被列入超級基金場址名單，同年 9 月展開整治工作。目前英特西爾公司場址已完成土壤整治，因此本報告以說明該場址土壤污染整治為主。

四、整治目標

Total VOCs：1 mg/kg

Total SVOCs：10 mg/kg

使用 SVE 技術之每年平均允許空氣污染物排放量為 2 lbs/day。

五、整治技術及過程說明

該場址採土壤氣體萃取（Soil Vapor Extraction, SVE）為主要整治技術。SVE 整治工作於 1993 年 8 月結束。檢驗結果顯示，80 個土壤採樣中有 79 個 Total VOCs 均低於整治目標 1 mg/kg，僅 1 個土樣 Total VOC s 為 1.1 mg/kg，信賴度大於 95%，因此整治目標已達成。根據整治技術廠商，土樣中並未發現 SVOCs。自 1988 年 5 月至 1992 年 12 月，去除率由每日大約 7 公斤漸減為 0.2 公斤，總共萃取出大約 1,360 公斤 TCE。被處理之土壤體積，約 214,088 立方公尺。

★ 9.2.8 美國佛羅里達州 SMC 公司超級基金場址

一、污染物種

農藥。

二、污染介質

土壤。

三、污染緣起及影響程度

在本場址生產有機氯與有機酚農藥，造成土壤、地表水、沈積物及地下水受農藥污染。土壤中之污染物種及濃度分別是，可氯丹（Chlordane）47.5 mg/kg、DDD 162.5 mg/kg、DDE 11.3mg/kg、DDT 88.4 mg/kg、地

特靈（Dieldrin）3.1 mg/kg、稻得壯（Molinate）10.2 mg/kg、毒殺酚（Toxaphene）469 mg/kg。

四、整治目標

根據決策記錄，規定七項污染物於地表（地表下 0 至 60 公分）土壤之濃度為，chlordane 2.3 mg/kg、DDD 12.6 mg/kg、DDE 8.91 mg/kg、DDT 8.91 mg/kg、dieldrin 0.19 mg/kg、molinate 0.74 mg/kg、tozaphene 2.75 mg/kg。

五、整治技術及過程說明

污染土壤被挖起，移送至場址內一間密閉式倉庫中堆放，並摻配牛糞與稻草等添加物於其中，交替喜氣與厭氣狀態，進行生物式堆肥處理。經過 64 週的時間，達成目標濃度的有 DDE、DDT、dieldrin 及 molinate，未達成者為 chlordane、DDD、toxaphene。但 DDD 與 toxaphene 的濃度削減均達到超過 90%，chlordane 則是將近 90%。

9.3 例 題

例題1

臺灣美國無線電公司污染事件，因長期挖井傾倒有機溶劑等有毒廢料，導致嚴重地下水污染，試問除了工作長期暴露於揮發性有機溶液以外，主要什麼原因造成員工受害？

答：生產線勞工在廠區喝的飲水機是接地下水而非自來水，而外地受僱勞工住在 RCA 廠外附近的員工宿舍，宿舍內使用的水也是地下水，因此員工洗澡或飲水皆容易大量暴露在高致癌性之有機溶劑。

例題2

中石化安順廠污染事件，利用水銀電解法電解食鹽水以製造鹼氯，廠區存放的五氯酚鈉長期受到雨水沖刷，使得廠區之土壤及

地下水遭到五氯酚及戴奧辛污染,請問如何檢測人體中累積的戴奧辛含量?

答:血液中脂值

例題3

西元 2005 年發生在彰化縣的毒鴨蛋事件是由何種汙染造成?

答:戴奧辛

例題4

國內外對於土壤重金屬污染之整治復育技術已有相當多研究,整治方法大致可分為哪為三類?

答:(1) 是將污染物從土壤中移除

(2) 是將污染物侷限於污染介質中以阻止或減少污染物釋出

(3) 是用換土或稀釋的方式降低重金屬的污染濃度及其危害

參考文獻

1. 財團法人中興工程顧問社,「土壤與地下水污染整治標準及處理技術之現況評估」,89 年 5 月。

2. 土壤及地下水污染整治網,http://ww2.epa.gov.tw/SoilGW/index.asp

3. http://eta.moeaidb.gov.tw/tech/Te006.htm

4. Abstracts of Remediation Case Studies, Volume 3, Federal Remediation Technologies Roundtable, www.frtr.gov EPA 542-R-98-010, p.42-43, 1998.

5. Abstracts of Remediation Case Studies, Volume 3, Federal Remediation Technologies Roundtable, www.frtr.gov EPA 542-R-98-010, September 1998.

6. Abstracts of Remediation Case Studies, Volume 5, Federal Remediation Technologies Roundtable, www.frtr.gov EPA 542-R-01-008, May 2001.

7. Abstracts of Remediation Case Studies, Volume 6, Federal Remediation

Technologies Roundtable, www.frtr.gov EPA 542-R-02-006, June 2002.

8. Abstracts of Remediation Case Studies, Volume 7, Federal Remediation Technologies Roundtable, www.frtr.gov EPA 542-R-03-011, July 2003.

9. Abstracts of Remediation Case Studies, Volume 4, Federal Remediation Technologies Roundtable, www.frtr.gov EPA 542-R-00-006, June 2000.

10. Abstracts of Remediation Case Studies, Volume 5, Federal Remediation Technologies Roundtable, www.frtr.gov EPA 542-R-01-001, May 2003.

自我評量

是非題：

（　）1. 台灣美國無線電公司（RCA）原桃園廠的污染物原因為重金屬。

（　）2. 裕台彰化農化廠場址之污染物為土壤受到農藥汙染。

（　）3. 有機溶劑中 BTEX 包含苯（Benzene）、甲苯（Toluene）、乙苯（Ethylbenzene）與二甲苯（Xylene）。

（　）4. 美國華盛頓州溶劑煉煤試驗廠，場址污染物種是多環芳香族化合物 PAHs 為主。

（　）5. 半導體與晶圓製品在生產過程中，都必須使用大量化學品，如蝕刻溶液、有機溶劑及化學混合物等，造成土壤及地下水受污染，污染物種包括揮發性有機物及半揮發性有機物。

選擇題：

（　）1. 下列哪個廠址不是受農藥污染？

（1）台灣美國無線電公司（RCA）原桃園廠。

（2）美國喬治亞州 THAN 公司超級基金場址。

（3）美國密西根州派森斯化學／ETM 企業公司超級基金場址。

（4）中油台南安順廠場址。

（　）2. 請問以下何者非中國石油化學工業開發公司台南安順廠所造成之污染：

（1）五氯酚污染。

（2）戴奧辛污染。

（3）汞污染。

（4）重金屬污染。

（　）3. 何者為非有機溶劑類所造成之污染物：

（1）二氯甲烷

（2）四氯乙烯（PCE）

（3）三氯乙烯（TCE）

（4）鉻

（　）4. 下列哪個場址不是受氯乙烯污染：

（1）台灣美國無線電公司（RCA）原桃園廠。

（2）美國加州英特西爾及西門子超級基金場址。

（3）乾洗業場址。

（4）美國佛羅里達州 SMC 公司場址。

（　）5. 下列哪個場址不是受重金屬污染：

（1）美國俄亥俄州佛偌得場址。

（2）美國密西根州派森斯化學／ETM 企業公司超級基金場址。

（3）美國密西根州安德森開發公司超級基金場址。

（4）美國馬里蘭八座加油站場址。

問答題：

1. 試說明美國無線電公司（RCA）原桃園廠污染物為何？後續處理方式為何？

2. 試說明台灣氯乙烯公司頭份廠污染物為何？後續處理方式為何？

3. 試列舉受 BETX 污染之土壤的整治方法？

4. 試列舉受氯乙烯污染之土壤與地下水的整治方法？

5. 試列舉受重金屬污染之土壤的整治方法？

Chapter *10*

水質模式

10.1　前　言

　　水質模式是以數學方程式來模擬水中與水質相關的物理及生化程序，把水中複雜的相關程序以實用形式表示出來。模式有診斷與預測的功能，在診斷方面，可以鑑定影響水體水質的因素，預測方面可以預估污染物排放量的增減所可能引起的水質變化。下面將以水質模式發展的過程、基本介紹及建立模式的過程三方面來簡單介紹一下適用於地面水體之水質模式，希望大家會對水質模式有個基本的概念。

10.2　水質模式之發展

　　1925 年 Streeter 和 Phelps 在研究 Ohio River 之水質後，發表了著名的河川 BOD-DO 模式（Streeter and Phelps, 1925），開啟了水質模式的發展與應用。其後在 1938 年 Velz 研究發表了表面更新模式（Surface-Renewal Model）（Velz, 1938）；1941 年 Fair 等人研究河川底泥對溶氧之影響（Fair, 1941）；1958 年經過 Dobbins 及 O'Connor 等人之研究，發表了廣泛被應用的再曝氣半經驗公式（O'Connor and Dobbins, 1958），1963 年 O'Connor 利用質量平衡理論闡述 Streeter and Phelps 方程式，使得水質模式之應用更加成熟。1973 年 Keshoven 等人研究溫度因子，以修正 DO 確定模式。而在 1979 年 Fischer 等人在著述中介紹水體中的延散作用的理論，使得水質模式又更進一步之發展，自此以後水質模式就被普遍用於模擬河川水質及評估未來水污染整治方案之成效。

10.3　水質模式之基本介紹

　　目前在台灣地區河水之生化需氧量 BOD 及溶氧 DO 等兩項，乃為判

斷河川水質優劣最重要的指標，所以建立之模式著眼於 BOD-DO 兩水質項目。一般 BOD-DO 模式之輸入參數可分為兩大類：（一）水理參數主要包括流量、流速、水深等，（二）水質參數包括延散係數、去氧係數、BOD 去除係數、再曝氣係數、底泥需氧量、光合作用產氧量及飽和溶氧量等。

　　河川水質模式為目前各類水體之模式中，發展較早而且較完整。河川水質模式可依其適用水體之假設，區分為解析模式、定常態模式及動態模式三者。

★ 10.3.1　解析水質模式模式

　　解析水質模式，為在許多基本假設下，求解污染物於河川傳輸之數學方程式，以解得解析解（Exact Solution）配合給定之邊界條件與排入污染源資料，直接計算出模擬河段之水質濃度分佈的水質模式。此解析模式之基本假設為適用一維、定常態及非感潮河川。

　　物質於水體中傳輸必須遵循質量守恆定律，假設河川水流為一維水體，則描述物質傳輸之對流擴散方程式可寫成（10-1）式：

$$\frac{\partial L}{\partial t} + U\frac{\partial L}{\partial X} = E_x\frac{\partial^2 L}{\partial X^2} - k_r L \qquad (10\text{-}1)$$

式中：L：傳輸物質之濃度（M/L^3）

　　　　U：平均流速（L/T）

　　　　E_x：延散係數（L^2/T）

　　　　K_r：傳輸物質去除係數（Removal Rate）（1/T）

　　　　t：時間尺度（T）

　　　　X：空間尺度（L）

　　非感潮河段之物質延散作用與其他作用比較，影響物質濃度分佈的程度可予以忽略。若河段濃度分佈為定常態而不隨時間變化，則（10-1）式可簡化成（10-2）式：

$$U \frac{\partial L}{\partial X} + K_r = 0 \tag{10-2}$$

（10-2）式中，平均流速 U 及去除率 K_r 於各段落不隨時間變動，所以此式為一階常微分方程式，可解得其解析解，如（10-3）式：

$$L = L_0 \, e^{-Kr \frac{X}{U}} \tag{10-3}$$

其中，L_0 為主、支流匯合或段落污染排入後，段落傳輸物質之混合濃度。利用質量守恆定律可計算得 L_0 之值，如（10-4）式：

$$L_0 = \frac{Q_e L_e + Q_u L_u}{Q} \tag{10-4}$$

（10-4）式中 Q、Q_u 及 Q_e 分別代表混合後之段落流量、進入段落的主流流量及污染源或支流流量。L_u 及 L_e 代表上游段落物質濃度及污染源或支流物質濃度。如果將（10-3）式所求得的物質濃度視為 BOD 濃度，並依 X 值之變化點繪出濃度分布，則所得之結果為在單一污染源（Single Point Source）或支流匯入河川後，河川 BOD 濃度的分佈情形。

★ 10.3.2　定常態水質模式

廢、污水排入河川、湖泊或水庫後，由於水力的輸送加上因水生生物、懸浮物、植物生長及沉澱等所引起之化學、生物作用，可使承受水體發生各種反應及變化。定常態水質模式假設水體之水理及水質狀態，在模擬時段內維持不變（感潮河段可以潮週平均取代），亦即 $\frac{\partial C}{\partial t}$，考慮水中之溶氧平衡之關係可用（10-5）式表示：

$$\frac{\partial C}{\partial t} + U \frac{\partial C}{\partial X} = E_x \frac{\partial^2 C}{\partial X^2} \pm \Sigma S \qquad （10\text{-}5）$$

式中：C：溶氧量（M/L^3）

　　　t：時間尺度（T）

　　　U：x 方向之平均流速（L/T）

　　　E_x：擴散係數（L^2/T）

　　　ΣS：溶氧的來源及消耗項（M/L^3）

　　　X：距下游的距離（L）

　　上式中，若 ΣS 前面符號為正值（＋），代表溶氧增加 來源包括支流溶氧匯入、再曝氣作用及植物光合作用等增加。若 ΣS 前符號為負值（－），代表溶氧之消耗減少包括有含碳或氮有機物之生物氧化作用、底泥耗氧及植物呼吸作用等減少。

10.4　水質模式建立之流程

　　水質模式之建立流程，如圖 10-1，內容主要包含水質模擬項目之確定、水體特性之判斷、資料搜集、水質模式之評估、河川分段、參數之選取與模式之率定等七個步驟。

★ 10.4.1　水質模擬項目之確定

　　確定水質模擬項目是建立水質模式的第一步驟，目的在協助評選出適當的水體水質模式。在決定模擬項目之前，首先要對該模擬區域的水質問題或水質背景作確認。因為問題確認之後才能了解影響的原因為何，如魚類死亡的河川其可能造成的因素是溶氧過低，所以在污染防治方案時需進行溶氧的模擬。以下四點為確定水質模擬項目之程序：

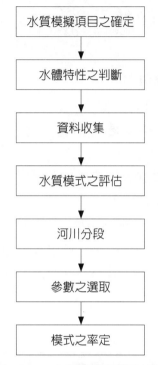

圖 10-1　水質模式之建立流程

一、水質問題的確認。

二、了解水體用途。

三、了解水質標準。

四、確定水質模擬項目。

★ 10.4.2　水體特性之判斷

　　一般水體可區分為河川、湖泊、水庫、河口、海岸及地下水等,每一種水體的水理及水質特性都不盡相同,水質模擬前應先予以了解,對模式之評選及參數之選取會有幫助。

　　河川特性可分為水理及水質兩特性作為探討。

一、河川水理特性

河川水理特性包括流量、流速、水深、坡降、潮汐及斷面變化等。流量是最主要的水理特性，因為流速、水深、潮汐水位及渠道斷面等均與之有關，如果河川之平均流量或枯流量較小，代表其稀釋作用能力較弱，故可承受的污染量較低。流速水深及坡降與水體的混合作用有關，這些水理參數可直接影響水質特性，例如污染物的分解作用、再曝氣作用及光合作用等。

二、河川水質特性

河川水質特性包括污染物種類、藻類生長、硝化作用及底泥成分等。雖然水質模式依模式系統可分為溶氧模式、優養模式、毒性模式及地下水模式等四種，但是有一些模式可同時模擬兩種以上水質系統，所以應視水質特性選擇較便捷的水質模式。

★ 10.4.3　資料收集

水質模式之正確性最重要的工作，便是資料的收集。許多國家所面臨的問題都在於水質資料的不足與不適當，而反觀國內也是在面臨水體出現問題之後，為反應當時水體水質的狀況才去量測水質資料，而非為建立水質模式所收集的資料，所以造成模擬時缺乏資料的窘境。要收集的資料大致上分為溫度資料（指水溫或氣溫資料）、水理資料、水質資料及污染源資料（包括污水流量及污染負荷量）等。

★ 10.4.4　水質模式之評選

自然界水體之傳輸及物化反應過程複雜，會隨時間、空間之不同而有所差異，所以水體特性無法以方程式代表，故水質模式開發時，通常會依水體之特性及模擬之水質項目，作為一些學理上的假設以簡化模式架構。由於每個模式可模擬的特性及水質項目不盡相同，所以進行水質模擬前，必須先就水體特性、水質模擬項目及資料的多寡等因素加以考量，選定適

合的水質模式再予以應用，如此才可以避免實際模擬時遇到的各種難題。目前國內水質資料庫尚未完全建立，水質資料沒有系統的收集與整理，所以要如何以現有資料進行評估，以找到適當的水質模式且予以建立與應用，是一個十分重要的課題。

而一般評選水質模式主要考慮因素如下：

一、適用水體之考量。

二、可模擬污染物項目之確認。

三、是否具有水理計算功能。

四、定常態或動態之模擬。

五、程式是否公開。

國內經常使用之水質模式可依河川之感潮及非感朝特性整理而有所不同（如表 10-1 及表 10-2 所示）。感潮河川受海水漲退潮作用之影響，流速及水位之變化較非感潮河川複雜，鹽水之密度高於淡水，可能造成水質之分層現象。

表 10-1　國內使用於感潮河川之模式整理表

模式名稱	定常或動態模擬	是否具有水理計算功能	可模擬之污染物	備註
QUAL-2E	定常或擬動態	否	BOD、DO、養分、藻類等 15 種水質項目	一維
ESTUARY	定常	否	BOD、DO、氯鹽	一維
LINK-NODE	動態	是	CBOD、NBOD、養分、藻類等	二維
WASP	動態	有 DYNHY 水理模式可搭配	BOD、DO、N、P 及藻類等	湖泊水庫
MIKE11	動態	—	DO、溫度及大部分水質參數	

資料來源：高雄市政府工務局下水道工程處，愛河水質模式建立與截流站操作影響分析，民國 90 年。中央研究院物理研究所，1997。蒲子超，1997。

表 10-2　國內使用於非感潮河川之模式整理表

模式名稱	定常或動態模擬	是否具有水理計算功能	可模擬之污染物	備註
Streeter-Phelps	定常	否	BOD、DO	
QUAL-2E	定常或擬動態	否	BOD、DO、養分、藻類等	
QUAL-II	定常	否	BOD、DO、養分、藻類等	
ESTUARY	定常	否	BOD、DO	
WASP	動態	有 DYNHY 水理模式可搭配	BOD、DO、N、P 及藻類等	水庫及海域
MIKE11	動態	否	DO、溫度、水生物及大部分水質參數	海域、河口

資料來源：高雄市政府工務局下水道工程處，愛河水質模式建立與截流站操作影響分析，民國 90 年。中央研究院物理研究所，1997。蒲子超，1997。

★ 10.4.5　河川分段

　　天然河道變化極不規則，水質模式為便於運算處理，必須將模擬的河段依水理、水質特性及模擬項目與以分段，才可使各段落之特性為水理與水質參數所代表。尤其當河道流況特殊（如橋樑、彎道、陡坡）或有大支流匯入時對水質模擬的結果會有很大的影響。當進行河川水質規劃時，利用水質模式之目的為模擬河川水質，以了解河川水質之現況及未來的變化。因此，對於水質變化特殊、水質資料完整及易於觀察與特別要求之地點予以區分，以便於模擬所得的資料，能確實提供作分析及決策之用。

　　一般而言，水質模擬為求模擬結果與真實水質狀況易於比較，對河道進行分段原則如下：

一、水理特性有顯著變化之處。

二、主、支流交匯處。

三、橋樑或有實測水質資料之觀測點。

四、污染源排入處。

五、每個段落長度不宜過長，通常盡量不要超過兩公里，尤其下游河段應在一公里以內。

★ 10.4.6　參數及係數之選取

進行水質模擬時，主要輸入參、係數包括設計溫度、設計流量與水理、水質參數與係數。一般而言，參數之選取著眼於完整的資料，再依據水體特性選用推算公式，才能得到完整的參數值。在選定水質模式參數及係數所考慮之因素有：

一、現有之實測資料（包括河川水理及水質資料）

二、河川之特性（如河川變化、流況、流速及流量大小等）

三、希望了解的指標（通常河川的指標以 BOD、DO 為主；而湖泊、水庫的指標則以優養與重金屬為主）。

四、要求之精確度（是否考慮時間變動因子）

★ 10.4.7　模式之檢定與驗證

水質模式選定後，依所需之參數及資料輸入模式，必須再經模式檢定驗證才可實地應用，所以模式檢定驗證是建立一個完整且適用之水質模式的最後一步驟。簡言之，模式檢定乃是指藉由調整水質的參數與係數，使模擬結果與實測水質資料兩者數值相近，使模擬結果可以接受之過程。

10.5　例　題

例題1

某條長 5000 公尺河川欲規畫支流污染之整治,水理資料顯示上游流量及支流流量分別為 450L/hr 與 50L/hr，某學生採樣上游及支流污染之 BOD_5 濃度各為 1mg/L 及 10mg/L，豐水期量測平均流速約 300m/hr，假設：傳輸物質去除係數為 $0.5hr^{-1}$、河段濃度分佈為定常態及不隨時間變化，則(1)混合 BOD_5 之濃度？(2)經過整段河川淨化後 BOD_5 濃度？

答：(1) $L_0 = \dfrac{Q_e L_e + Q_u L_u}{q} = \dfrac{450 \times 1 + 50 \times 10}{500} = 1.9 \text{mg/L}$

(2) $L = L_0 e^{-k_r \frac{x}{U}} = 1.9 \times e^{-0.5 \frac{5000}{300}} = 4.567 \times 10^{-4} \text{mg/L}$

例題2

續上題，溶氧 DO 變化量（ppm）隨下游距離而改變，DO 方程式為 $x^2 - 80x - 9$，枯水期平均流速為 10m/hr，擴散係數為 $0.5 \text{m}^2/\text{hr}$，假設當距下游距離為 50m 時，試問(1)其溶氧來源及消耗項為多少？(2)其代表意義為何？

答：(1) $\dfrac{\partial C}{\partial t} + U \dfrac{\partial C}{\partial x} = E_x \dfrac{\partial^2 C}{\partial x^2} \pm \Sigma s$

$0 + 10(2 \times 50 - 80) = 0.5(2) \pm s$

$200 = 1 \pm s \quad s = +199$

(2) s 為正號，代表溶氧增加來源包括支流溶氧匯入、再曝氣作用及植物光合作用等因素造成增加。

例題3

(1)列出河川水質綜合性指標「河川污染程度指數，River Pollution Index」簡稱「RPI」包含哪四項水質參數？(2)水質指數（Water Quality Index, WQI）簡稱「WQI」評估河川水質水體分類，列出包括七項水質參數？

答：(1) 溶氧量（DO）、生化需氧量（BOD_5）、懸浮固體（SS）、與氨氮（NH_3-N）。

(2) 溶氧、大腸桿菌群、pH、BOD_5、氨氮、懸浮固體及總磷。

參考文獻

1. 郭振泰，1995，水質模式開發與總量管制策略之研究（一）：台灣地區總量管制水質模式之建立與應用，行政院環保署。

2. 郭振泰，1996，水質模式開發與總量管制策略之研究（二）：台灣地區總量管制水質模式之建立與應用，行政院環保署。

3. 高雄市政府工務局下水道工程處，愛河水質模式建立與截流站操作影響分析，民國90年。

4. 蒲子超，1999，三維淡水河口傳輸擴散模式之研究，台灣大學土木工程研究所碩士論文。

5. Fischer, H.B., E.J. List, J. Imberger and N.H. Books, 1979, Mixing in Inland and Coastal Waters, United Kingdom Edution, ACADEMIC PRESS, USA., p.91-94.

6. 樓基中，水資源管理與自來水系統講義，2014年。

自我評量

是非題：

（　）1. 目前在台灣地區河川之化需氧量 BOD 及溶氧 DO，乃為判斷河川水質優劣最重要的指標。

（　）2. 延散係數是水理參數之一。

（　）3. 水質模式中湖泊、水庫的指標是以優養程度及重金屬濃度為主。

（　）4. 河川的分段原則是以個人喜好而定。

（　）5. 建立水質模式要收集的資料包含有溫度資料、水理資料、水質資料及污染源資料等。

選擇題：

（　）1. 水質模式之溶氧平衡關係式中，若溶氧來源 ΣS 之前面符號為正值（+），代表溶氧增加來源，以下何者不是？

　　（1）支流溶氧匯入

　　（2）再曝氣作用

　　（3）植物光合作用

　　（4）底泥耗氧

問答題：

1. 分別描述何為水理參數及水質參數？有何不同？

2. 分別描述何為解析水質模式及定常態模式？

3. 何為水質模式的建立流程？

4. 選擇水質模式的主要因素為何？

5. 分別描述何為感潮河川及非感潮河川？有何不同？

6. 試說明河川分段之必要性？

Chapter *11*

水資源
規劃與管理

11.1 水資源概述

★ 11.1.1 水循環

　　水的循環可以由海洋的蒸發作用（Evaporation）開始說明。海洋中的水接收陽光的熱能後，由液態水轉換成水氣傳送到大氣層中，大氣層中的水氣再經由凝結（Condensation）（雲、霧）與降水（Precipitation）（雨、雪）的形式回到地表。

　　降落到地表的水有一部份會下滲到地下的土壤中變成土壤水（Soil moisture）或地下水（Groundwater），還有一部份會由植物的蒸散作用（Transpiration）或由土壤的蒸發作用回到大氣中，剩下的部份則會在地表面形成漫地流（Overland Flow）或地表逕流（Surface Runoff）。有一部份的地表逕流會暫時貯存在湖泊或沼澤中，但是大部份最終又會回到海洋中。向地表下方滲透的地下水最後也會補注到河水中，使得地表的河川變成常流河。此過程形成一個永續的循環，稱為水循環（Hydrologic Cycle）。

　　一個水分子由大海中蒸發進入大氣層中，再落回地面，流入海洋，完成一個水循環大約需要九天，與路徑有關。

　　全世界的海洋每年大約有 434,000 立方公里體積的水被蒸發進入大氣層中，而其中有 398,000 立方公里體積的水，又藉由降雨的方式直接回到大海中；也就是說每年大約只有 36,000 立方公里體積的水，被從海洋藉由大氣傳送到陸地上，最後再經由河流或地下水的方式回到大海中，如圖 11-1。[1] [2] [3]

★ 11.1.2 水資源分佈現況

　　從水的分佈情形來看，地球的表面積約五億平方公里，而海域面積約為 3.6 億平方公里，占整個地球面積的 70.43%（表 11-1），亦即地球上主

要是由水域所覆蓋，其中，南半球的水域又比北半球為多，其比率為 80%
比 20%，北半球則為 60% 比 40%，而台灣則屬北半球的國家。

地球的水域雖廣，但大部分的水都屬於不能飲用或灌溉的鹹水，事實
上，可供使用的淡水僅約占總水量的 2.5%，約 331 兆立方公尺（公噸），
其中，又有三分之二的淡水是封存於冰雪層中，一般人所熟悉或使用的
淡水主要是來自湖泊、河流、地層、動植物……等，但其比例僅占 0.77%
（表 11-2），足見水資源的可貴。

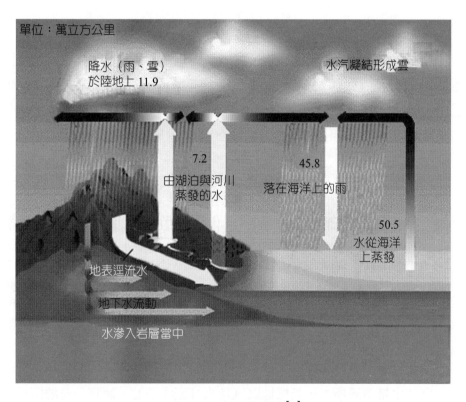

圖 11-1　水文循環圖 [2]

表 11-1　地球陸地與海域分配表 [4]

土地類別	平方公里	%
陸地	150,812,000	29.57
海域	359,136,000	70.43

表 11-2　地球淡水與鹹水分配表 [4]

水質類別	公噸（立方公尺）	%
淡水	331 兆	2.5（僅 0.77 易取）
鹹水	12909 兆	97.5

　　若從台灣的地理位置來觀察，台灣是一個多雨的地區，其年平均降雨量為 2452 公厘（民國 63 年至 90 年的平均年雨量），而在各主要的降雨地區中，以阿里山的 3873 公厘為最高，基隆的 3814 公厘次之，最少的則是台中地區的 1656 公厘，以及新竹地區的 1802 公厘，如表 11-3 所示。

表 11-3　台灣地區年平均降雨量比較表 [4]

單位：公厘

年度	基隆	淡水	台北	新竹	宜蘭	台中	花蓮	日月潭	阿里山	高雄	恒春
63	4821	2069	2367	2276	3982	1607	3114	2714	4520	2681	3440
70	3800	2334	2290	2428	2781	2235	2229	2989	4117	2277	2322
80	3303	1535	2215	1207	2546	979	1795	1543	3004	1810	2450
90	3642	2679	2862	2293	3522	1981	2569	2206	4017	2557	2495
平均	3814	2174	2390	1802	2849	1656	2161	2401	3873	1829	2028

　　台灣雖屬雨量豐沛地區，但各地區的雨量分佈並不平均，且枯水期與豐水期的水量差異極大，若根據區域性來分配水資源，而將台灣地區分為北部、中部、南部、東部等四個地區，則各地區的區域面積雖不相同，但其水資源的年逕流量差異並不大。

　　枯水期間（11 月至 4 月）與豐水期間（5 月至 10 月），各地區的水量差異就很大，其中，以南部地區的水量差異為最大，其枯水期與豐水期的水資源差距達 13965 百萬立方公尺。

次為中部地區與東部地區，而以北部地區的差距為最少，僅有 3684 百萬立方公尺，占南部地區的 26.38%，亦即台灣南部的水量差距比北部地區的高出 2.79 倍，如表 11-4 所示。而這也說明台灣南部地區較容易缺水，且其水患較其他地區為烈的主要原因之一。[1][4]

表 11-4　台灣地區水資源分配狀況比較表 [4]

單位：百萬立方公尺

區域	北部	中部	南部	東部	台灣地區
區域面積（平方公里）	7347	10507	10002	8144	36000
年逕流量	16138	16981	17175	16462	66755
枯水期（11-4 月）	6407	3708	1605	4010	15369
豐水期（5-10 月）	10091	13273	15570	12452	51386
差距	3684	9565	13965	8442	36017

⭐ 11.1.3　水資源污染

水資源在其循環過程中，會遭到兩種廢棄物的污染，一種是人類與動物的排泄物及農業纖維的廢棄物；另一種是工業過程或產物的廢棄物。第一種屬有機廢棄物，若過量會造成水中含氧量的枯竭。另外，生物的排泄物還可能包含病菌，如霍亂、傷寒、痢疾等。第二種廢棄物常包含重金屬及化學物質，其毒性甚強且具有持久性，而且在自然狀況下，也不易被分解，所以無法用傳統的方法來處理它。

污染物進入水源中主要有兩種方式：一是有固定的點源汙染，例如排水溝或排水管；另一種是非固定的非點源汙染，例如流水中的殺蟲劑或化學肥料等。

將污染物任意傾倒或埋藏地下，即會污染地表水和地下水。另外，污染物也會由大氣中進入水循環，最主要的即是空氣污染，例如二氧化硫、

二氧化碳和氮氧化物等會隨著氣流進入大氣中，然後與水汽結合成稀硫酸、稀碳酸和稀硝酸等酸性液體，然後再降落地面，形成酸雨。這些污染物主要是由工廠和機動車輛排放出來。酸雨再流到河川和湖泊中，又造成河水和湖水的酸化，因而影響到河湖中的生態系統。

台灣地區由於工商業，人口，與都市化，因而市鎮污水、工業廢水、垃圾污水、畜牧廢水等會進入河川和水庫中，因此造成各河川和水庫不同程度的污染。

台灣一些水庫水源區內的土地開發，造成水土流失而淤塞水庫，不僅縮短水庫的使用壽命，也縮小了水庫的蓄水量，削弱防洪功能。

豬隻排泄物和工業廢水的排放，使得許多河川的給水功能盡失，已成為廢水排放專用道和環境污染的源頭。

地下水含水層受到石化油料、工業廢水、垃圾掩埋等污染，對地下水使用形成具體威脅。地面水或地下水水體因污染而減少可用水的來源，使得水位容納稀釋污染的作用降低，連帶水體自淨的功能也衰退了。因此解決水資源利用的課題亦應加強保護地面水與地下水的水質和水量。[1]

台灣地區造成水污染來源主要為事業廢水、畜牧廢水和生活污水三大類。台灣地區五十條主次要河川、主要污染（50% 以上）來自事業廢水的有八條、來自畜牧廢水的有八條、來自生活污水的河川有二十二條，另外有十二條河川污染來源分配較平均，如表 11-5 所示。[5][6]

表 11-5　台灣地區河川依污染來源區分 [5]

河川類型	主要河川	次要河川
事業廢水為主型	朴子溪、大甲溪、北港溪、花蓮溪、八掌溪（五條）	老街溪、中港溪、新城溪（三條）
畜牧廢水為主型	東港溪、濁水溪、高屏溪、林邊溪（四條）	新虎尾溪、阿公店溪、牢芒溪、利嘉溪（四條）
生活污水為主型	頭前溪、淡水河、卑南溪、烏溪、秀姑巒溪、蘭陽溪（六條）	美崙溪、鳳山溪、福興溪、立霧溪、和平溪、吉安溪、蘇澳溪、枋山溪、四重溪、風港溪、得子口溪、港口溪、雙溪、保力溪、南澳溪、鹽港溪（十六條）
平均分配型	曾文溪、急水溪、鹽水溪、後龍溪、大安溪、二仁溪（六條）	南崁溪、知本溪、社子溪、磺溪、太平溪、西湖溪（六條）

11.2　水資源規劃與管理

★ 11.2.1　水資源規劃

由於地球上的淡水資源有限，現今淡水資源已日益不足。如何規劃管理現有的淡水資源，以提昇水的使用效率，保護水源的永續發展等，即為水資源規劃之最終問標。

水資源之規劃是國家總體經濟建設及國土規劃中之一環，因此其規劃應該要符合國家的需要，以獲得經濟、社會及環境之共同效果。水資源之規劃依其規劃對象及目的來分，大致可分為四類：

一、流域規劃

流域規劃是以整個河川流域為對象。流域規劃範圍廣，牽涉部門多，治理項目主要包含防洪、灌溉、水土保持、水力發電、民生給水、工商業供水、內河航運、水產養殖及環境保護等。由於各江河的流域面積差異相當大，因此其規劃內容也不盡相同。大河的規劃常與國土資源規劃及全國經濟計劃有密切關係。

二、地區性水資源規劃

地區是指行政區、經濟區或地理區而言。由於各地區有其地方特色或經濟特性，因此其水資源的規劃重點也因地而異。例如有的是以灌溉為主，有的是以排水為主。

三、跨流域規劃

跨流域規劃是指跨越兩個或兩個以上的流域的水資源規劃。通常跨流域的水資源規劃大多是指修建兩流域或多個流域間的調水工程，以達到相類流域的水資源調節作用。跨流域引水會影響到類區的水資源及生態系統，所以必須慎重考慮各種影響後果。

四、專業水資源規劃

是為了解決流域內或地區內某一單項水資源問題的規劃。例如防洪規

劃、航運規劃、灌溉規劃等。

雖然水資源規劃的範圍和內容因地而異，但是其規劃程序大致相似。其主要的步驟包括瞭解現況、訂定目標、收集和分析資料、擬訂治理初步方案、評估對環境的影響及確定可行方案。

一、瞭解現況

其目的在認識問題及需求，並估算規劃區內人的成長、社會經濟的發展、環境資源及生態系統的演變，以預測水資源的供水潛力。

二、訂定目標

配合國家經濟的發展、地方的建設及特色，來訂定規劃目標。

三、收集和分析資料

包括所有有關自然環境、經濟、社會及技術工程等報告和資料，並分析資料之統計特性，以做為借鏡。

四、擬訂治理初步方案

根據目標擬訂出若干規劃方案，對各種方案之水文分析、水利計算、工程投資及效益分析等均需分析討論，然後再綜合提出初步方案及各種替代方案。

五、評估對環境的影響

預測初步方案對自然環境、社會、經濟、生態系統等方面的影響，其影響是指規劃前後的比較。影響的大小可用定量貨幣單位表示，也可用定性的描述表示。

六、確定可行方案

對初步方案及各種替代方案全面評估，廣泛採納各方意見，從各種層面研判其影響，最後選擇一個可行方案，此方案即是綜合考慮了環境、經濟、社會、生態等各項因素的最佳選擇。

在水資源整個規劃過程中，以上六個步驟不能分開單獨推行，必須反覆進行，不斷修正，直到達成目標為止。

另外，在水資源規劃所需的相關資料包括：(1)降水量、(2)地表水、

(3)地下水、(4)水庫、(5)野生動植物、(6)人口、(7)土地利用與(8)經濟發展。[1]

⭐ 11.2.2　水資源管理

水資源管理即是利用科學方法，有效解決水資源的利用和保育問題，並達到永續發展目標的一門學問。水資源管理之目的即是在提高水資源的有效利用率，保育水資源的永續發展，充分發揮水資源工程的經濟效益，提供民眾所需之水量及水質，並提昇全國經濟之發展。

在水資源的管理內容方面，可分為水權、政策、分配、防洪及預測等五方面來做說明。

一、水權
水權是指水資源的所有權、開發權和使用權而言。

二、政策
即指政府制定的水資源開發、水源保護、水污染防治、水費徵收及節約用水等政策而言。

三、分配
在一個流域或一個供水系統內，常有許多用水單位，例如農業、工業、民生等，其間具有排擠效應，因此如何分配用水即成問題。

四、防洪
洪水常引發重大損失災害，甚至影響國家整體經濟，因此如何維護水庫和堤防，並進行洩洪和蓄洪等措施，即為非常重要工作。

五、預測
即是加強各項水文觀測並預測其變化，如此才能保障水利工程的安全及提高其經濟效益。

而水資源之管理大致都遵循以下四項原則：

一、效益最佳原則

是指投資最小但其效益最大，此即效益最佳原則。

二、地表水和地下水一併規劃原則

地表水和地下水並非獨立的兩種水資源，因為這兩項資源可相互補充，所以一併規劃可提高水資源的利用率。

三、水量與水質統一考慮原則

水量已日漸缺乏，而且現有的水資源更遭受污染，因而使得可用水量更為匱乏，所以應將水量和水質統一考慮，以保護水源。

四、開發與保育並重原則

水資源的開發固然重要，但是森林的保護和水土的保持更加重要，所以開發和保育實為一體之兩面，不可忽略任何一方。

另外，要使水資源管理有效，其主要措施如下：

一、法令配合

政府必須制訂管理法規，成立管理機構，行使管理權力。

二、經濟誘因

訂定合理水價，獎勵保護水源、節約用水和防治污染有功者，處罰破壞水源及製造污染者。

三、技術指導

推廣國內外有效的新技術並加強水資源系統分析方法。

四、加強教育宣導

透過教育和宣傳，普及水資源知識、法規及科技，將有事半功倍之效。

五、建立國際合作

水資源問題常是國際性的問題，因此必須參與國際合作，才能解決問題。[1]

11.3　水資源規劃與管理之未來方向

　　國內目前有關水資源維護工作多傾向於治標性之工程技術，而利用治本性之土地管理以維護河川水質之工作則有待加強。合理的土地使用規劃與管理將有助於河川水質之維護。如果土地使用管理能納入土地、水與土地使用間之關係，則可由治本性之觀點，整合土地與河川水質管理。

　　因此，在整體規劃管理作業上，規劃首要進行的工作為將規劃地區由土地分類之觀點，依資源特性劃分為不同之管制分區，再依各分區之特性，制定維護河川水質之土地管制策略，有效地管制土地使用行為，減少非點源污染源。妥善的開發利用，是可避免對河川水體之負面影響。

　　在擬訂水管理策略時應將土地利用之規劃一併納入考慮，亦即，如欲有效地解決水管理之問題，則須將水（包括水量、水質）與土地利用二大環境組成要素同時納入考量與規劃，此亦為目前所稱的水管理（Water Management），亦即是同時考量水土資源之管理策略。

　　這可由世界各國對於水資源管理漸漸轉變為範疇界定清楚的河川流域或集水區整合性管理的趨勢看出端倪，如美國自來水協會（AWWA）就指出目前水資源之管理急須且迫切地需要以集水區為架構，來整合水土資源之管理。

　　以美國為例，美國環保署近幾年來努力贊助各州政府進行集水區法，目前已經有超過 20 個以上之州政府採用此方法以作為水資源管理之方法，分析其原因乃是由於以集水區進行水資源管理之工作具有下列三項優點：

一、可以獲得較好之環境成果（Better Environmental Results）。

二、可以節省時間和金錢（Saving Time and Money）。

三、可以獲得較多群眾的支持（Greater Public Support）。

　　因此，以河川流域（集水區）來進行流域內土地、水質與水量之水資源管理可說是目前世界上最通用之方法。

　　故全國國土及水資源會議中討論出「流域水土管理一元化」之結論，

欲將河川流域上、中、下游土地及水資源管理系統予以統一，尋求地方性、區域性的一元化水土管理機制。其目的乃是希望能夠建立一個事權統一的單位以全權負責流域內開發與管理之相關工作，來達成水土資源永續使用之目標。

在任何規劃與管理程序上，首先要考慮的因子是相關的制度或法令，這是重要的，因為，一般的制度可以阻礙也可以促進水管理之進行。評定相關法令或制度對所提出之計畫的影響可以當作水資源政策改革之參考依據。

在國內，由於水資源規劃及管理的工作分組跨越海洋、水及國土資源等領域，涉及權責機關包括內政部等二十個機關，為加強縱橫向之聯繫協調，故以任務編組方式成立「經濟部水資源局永續發展中心」。

經濟部水資源局永續發展中心，其工作原則為：水資源開發利用、水資源統籌調配、水資源管理及水資源保育等。未來在推動水資源永續發展的實務上，則考量以下幾點：

一、降雨利用效能之增進

為促進水資源之永續發展，除致力推動各項節水方案及選擇適當地點開發水源之外，對於降雨之預測、人工造雨及雨水儲留等技術，亦當加強研討，藉以補助部分水源。對於氣候監測、預報及應用系統，中央氣象局已有規劃並正推動中，期能獲得良好之成果。對於各水庫逕流之預報及操作，有關技術亦趨成熟，可應用於水資源之評估分析。

二、天然災變及人為因素對水資源永續發展之影響

對於水資源未來發展之檢討，必須瞭解颱風暴雨等天然災害之實況與其影響。對於集水區之過度開發、沿河段濫採砂石，以及各項廢污水任意排放河段等，種種人為活動之不當，均可累積成為河川復原方面之困難，有礙水資源之永續發展，天然災變後應積極考量災變對水資源之永續影響與妥切改善。應定期檢討評估實效，如此對全國各區域水資源之確實永續發展利用方具價值。

三、河域水質改善策略之探討

台灣地區各河域水污染之改善應以維護水源之清潔利用為首要。各水庫水質之保護，需加強法令及公權力之有效執行及積極推動。除此之外宜加速推動衛生下水道之建設。【5】【7】【8】

11.4 例 題

例題1

說明台灣(1)河川特性與(2)豐、枯水期的定義

答：(1) 河床陡峻、河流量變化大、含沙量大、河床分歧、蜿蜒曲折、河床面積大。

(2) 枯水期間為 11 月至 4 月，豐水期間為 5 月至 10 月，豐水期間的水量主要來源為梅雨季與颱風所帶來的豪大雨量。

例題2

概略說明水資源規劃與管理之(1)規畫目的與(2)規劃程序及(3)管理內容與(4)遵循原則

答：(1) 水資源規劃目的：a.流域規劃b.地區性水資源規劃c.跨流域規劃d.專業水資源規劃。

(2) 水資源規劃程序：a.瞭解現況b.訂定目標c.收集和分析資料d.擬定治理初步方案e.評估對環境的影響f.確定可行方案。

(3) 水資源管理內容：a.水權b.政策c.分配d.防洪e.預測。

(4) 水資源管理原則：a.最佳效益b.地表水和地下水要一併規劃c.統一考慮水量與水質d.開發與保育並重。

例題3

台灣地區造成河川水污染類型

答：(1)事業廢水(2)畜牧廢水(3)生活污水

例題4

水循環系統(1)定義(2)大約多少天？

答：(1) 海洋中的水接收陽光熱後，由液態水轉換成水氣傳送到大氣層，大氣層的水氣再經由凝結（雲、霧）與降雨（雨、雲）的形式回到地表，降到地表的水部份滲到地下土壤中變成土壤水或地下水，部份由蒸發作用或土壤的蒸發作用回到大氣中，剩下的部分則會在地表面形成慢地流或地表逕流。部份的地表逕流會暫時貯存在湖泊或沼澤中，但是大部分最終又會回到海洋中。地表下方滲透的地下水最後也會補注到河水中，使得地表的河川變成河流。此過程形成一個永續的循環，稱為水循環。

(2) 約 9 天

例題5

污水 BOD 200mg/L，溶氧為零，每日排放量為 10000m^3/day，已知河流上游溶氧為 8.0mg/L，BOD 為 1.0mg/L，為使河流下游能維持溶氧在 4.0mg/L 以上，試估計污水排至河川需要之河川流量 Q（m^3/day）為多少

答：$\dfrac{0 \times 10000 + \varepsilon \times Q}{10000 + Q} = 4$，故 $Q = 10000$(m^3/day)

參考文獻

1. 杜政榮等，「環境規劃與管理」，2000。

2. http://earth.fg.tp.edu.tw/project/water91/water4.htm

3 http://earth.fg.tp.edu.tw/project/water91/water7.htm

4. http://www.npf.org.tw/PUBLICATION/FM/091/FM-C-091-186.htm

5. 邱泰穎，「水資源利用管理與永續發展」，環境教育季刊，第 43 期，pp. 59-67，2000 年九月。

6. http://contest.ks.edu.tw/~river/know/know20.htm
7. http://www.epa.gov.tw/b/b0100.asp?Ct_Code=06X0001541X0002869&L=

自我評量

是非題：

（ ）1. 完成一個水循環大概需要 3 天的時間。

（ ）2. 地球上主要是由水域所覆蓋，其所佔比例大概是 60%。

（ ）3. 台灣屬雨量豐沛地區，但各地區的雨量分佈並不平均，且枯水期與豐水期的水量差異極大。

（ ）4. 污染物進入水源中主要可分成點源污染及非點源污染。

（ ）5. 水資源的開發比森林的保護和水土的保持更加重要，所以我們不用在意保育問題。

選擇題：

（ ）1. 地球上的海域面積約為 3.6 億平方公里，占整個地球面積的多少%？

　　（1）59.92%

　　（2）63.88%

　　（3）67.76%

　　（4）70.43%

（ ）2. 地球上可供使用的淡水僅約占總水量的多少%？

　　（1）2.5%

　　（2）3.1%

　　（3）5.2%

　　（4）7.5%

（ ）3. 台灣地區哪一區域的豐水期與枯水期的水量差距最大？

　　（1）北部

　　（2）中部

　　（3）南部

（4）東部

（　）4. 台灣地區五十條主次要河川中，主要污染（50% 以上）來自事業廢
水的有幾條？

（1）八條

（2）十條

（3）十二條

（4）十四條

（　）5. 以集水區進行水資源管理之工作具有下列哪項優點？

（1）可以獲得較好之環境成果

（2）可以節省時間和金錢

（3）可以獲得較多群眾的支持

（4）以上皆是

問答題：

1. 請寫出水循環的過程。

2. 水資源之規劃是國家總體經濟建設及國土規劃中之一環，因此其規劃應該要
符合國家的需要，以獲得經濟、社會及環境之共同效果。水資源之規劃依其
規劃對象及目的來分，大致可分為四類，請簡述之。

3. 請大略說明水資源規劃與管理之未來方向。

第二部分
進階篇

Chapter *12*

環保救地球

畜牧業、燃燒石化能源的工廠、發電廠、汽車與其他交通工具，排放出的二氧化碳和甲烷等主要溫室氣體，他們使得太陽的熱能無法釋放至外太空，故造成地球與大氣的溫度上升，也造成全球氣候異常、南北極冰層融解與海底生物之大量死亡。甲烷之嚴重性與程度更遠遠超過二氧化碳。

根據聯合國 2006 年氣候變暖報告指出：畜牧業養殖產生的溫室氣體遠遠超過汽車與卡車產生的。聯合國糧食及農業組織 Henning Steinfeld 說畜牧生產是造成當今最嚴重環保問題之一。2009 年國際科學家已估算出畜牧業排放溫室氣體佔總量 51% 至 60% 之間，估計2100年南北極冰層可能消失。

「全球暖化已過了臨界點，但尚未到無可挽回的地步，我們仍可及時力挽狂瀾，但是要立即採取行動，趕緊回頭」（美國太空總署首席氣候學家詹姆士韓森博士呼籲），因此，近年來採取行動與遏止極地冰層融化確實是拯救地球首要之急，北極冰層可以反射 80% 的太陽輻射與穩定海洋溫度，但是這情況也可能消失不復返。

雖然「全球暖化」已經成為全世界所熟悉的名詞，但是它的急迫性、嚴重性和造成的後果卻尚未廣泛的給世人瞭解與覺醒。跨政府氣候變遷小組（IPCC）2007 年即開始呼籲世人重視這個緊急情況，2008 年元月十五日巴黎，該小組的主席與諾貝爾和平獎帕卓理博士（Dr. Rajendra Pachauri）在一個記者會上宣布這個問題的急迫程度與生活習慣改變之減緩危機方法，他表示不吃肉、騎單車與節能減碳，你就能幫助遏阻全球暖化。

全球暖化造成之影響已在第一章海洋環境與暖化影響已大概提及（海平面上升與棲息地消失、海水酸化及天災不斷），除此之外，暖化造成氣候變遷對水資源之影響、全球危機警訊與相關證據、七項環保救地球行動將在本章清楚說明。

12.1 暖化對水資源影響

★ 12.1.1 淡水水源過多或過少

台灣屬於氣候變遷的高危險群，百年來不只平均溫度上升，台灣名列世界第 18 大缺水國，總降雨量沒有減少，但北澇南旱與南北降雨異常之旱災與水災會日益明顯，例如雨量集中，強度更強使得地基流失。氣候變遷已證實導致降雨時空分布不均，加上台灣的地理環境不利於雨水的儲留，因此能被截留引用的雨量縮減而會大大影響自來水、農業用水與工業用水供水量。

2008 年 8 月 22 日在斯德哥爾摩舉行的「世界水資源週」會議中，專家指出喜馬拉雅山地區正遭遇冰河迅速融化和降雨量劇烈變化的問題。這個地區擁有全世界僅次於南北兩極的最大冰河與永久凍土區。

喜馬拉雅山脈融化的冰河和雪，約佔山區流出水量的一半，這些水流注入亞洲九條最大的河流。喜馬拉雅山脈跨越中國、印度、尼泊爾、巴基斯坦、緬甸、不丹和阿富汗七個國家，廣大的涵蓋範圍使其成為全世界人口最稠密地區的主要水源地。

★ 12.1.2 水資源的因應方式

氣候變遷對水資源的供應和使用會造成影響。在供應方面，會改變全球各地降雨量的分布，並加速地表水分的蒸發，例如 2009 年澳洲之旱災與沙塵暴。在使用方面，會增加各地人民需要的用水量。

雖然氣候變遷對水資源造成的影響，會因全球各地的狀況而不同，但是依據預測，目前已有水資源壓力（過多或過少）的地區，將面對更嚴重的挑戰。面對氣候變遷可能對水資源造成的影響，可行的因應方法包括：

一、生活用水：增加水庫蓄水、海水淡化、跨域轉運、必要時使用低品質水源、降低漏水率、使用節水之衛生及清潔設施，民眾日常可以儲水

以因應暖化可能帶來之旱災。

二、工業用水：使用低水質之水源、提升用水效率和水回收。

三、自來水：自來水公司轄區淨水場增加蓄水設施、清水池加大蓄水量、提升處理功能與效率、緊急深井與地下水計畫。

四、水污染控制：提升廢水處理效能、回收水再利用、降低廢水排放量、推動替代的低污染化學處理劑、防止毒性物質流入海洋導致生物死亡以減緩海域物種消失。

五、防洪：強化水庫結構、改善洪災警報系統、限制洪水平原與地下水超抽的開發、修改或刪除環保署之水源水質標準法（以免限制自來水公司無法取水造成民眾無水使用，八八水災造成南部民眾停水不便就是例子）。

六、防旱：民眾日常可以儲水以因應暖化可能帶來之旱災、水公司及早了解深井與地下水緊急供給計畫。

★ 12.1.3 飲用水珍貴

氣候變遷引發的另一個水問題，即是飲用水變得愈來愈珍貴。氣候變遷不單單是特定地區降雨量的改變、可能造成生態影響的冰河融化與乾旱，故未來飲用水的高度需求也是不得輕忽的一環。

飲用水消耗量的增長速度，是全球人口增加速度的兩倍，再加上人口往都市集中的趨勢成形，人口增加使得對農作的需求恐急，而農作又得仰賴水灌溉，還有新興市場國家工業化的過程，將消耗大量的水，氣候變遷的效應，使得水資源成為各界極為重視的課題。

人口集中都市化使得民眾飲用習慣的改變，不過，科技的進步，水利系統及管線將水直接引至每個人的家裡，使得用水的「更加方便」，再者，工業用水的需求及農業用水的大量需求，都使得水成為更加珍貴的「藍金」。

聯合國「跨政府氣候變遷小組」（Intergovernmental Panel on Climate Change, IPCC）的專家已發布一份報告談論上述這個問題，發布時間將在

2007 年 4 月 6 日，地點是布魯塞爾。這份報告一系列有關全球暖化情形評估報告的第二部分。這份報告的最新版指出，在緯度較高的地方及一些熱帶潮濕地區，包括人口稠密的東亞及東南亞，水資源在這個世紀「很可能」會增加，即飲用水缺水危機。

在中緯度以及熱帶乾燥地區這些向來就面臨缺水壓力的地區，能用的水會變得更少。常淹水的地區，降雨的情形會變的更多且極端，規模及頻率都很可能會增加，使淹水的情形更加嚴重。

報告還說，冰川及雪所蘊含的水量很可能會減少，使得某些地方夏秋兩季河川水量變少，這將影響全球六分之一人口所居住的地區。以全球的角度來說，2100 跟 1990 年代相比預估將上升 2 度，達到「跨政府氣候變遷小組」會提出以上警告的標準的下限，照這樣的標準，20 億的人口將面臨比目前沉重的缺水危機。

根據該報告的推算，若氣溫是上升四度，受影響的將高達 32 億人。亞洲和非洲將是受害最深的地區。然而，即使是有較多資金先進技術及專業技術的富裕國家，同樣也面臨缺水危機。

美國西南各州，即所謂的「陽光帶」到東南澳，要不就是河川的水都已被汲取殆盡，要不就是含土水層的水已被抽盡，用來灌溉草坪、高爾夫球場 或供給游泳池的水。對這些地方而言，氣候改變意味的是居民的生活方式將受到很大衝擊。

歐洲環境署（European Environment Agency）2007 年 2 月呼籲歐洲各國即刻開始計劃如何因應氣候改變帶來的缺水危機，並點名西班牙南部、義大利、希臘、土耳其為危機最迫切的區域。興建儲水槽以及收集地下水，可以讓需要一段時間累積的降雨以及高山溶雪，得到充分利用。假如每次降雨的間隔不長或是一次下太多，使得土壤表層水分達到飽和，滲透到下方，結果將是先豪雨成災，後來卻產生乾旱。【12】

12.2 全球危機與警訊

2007 年九月份國外消息指出六天而已,北極冰層已經有六萬九千平方英里融化消失,大約是美國佛羅里達州面積大小。2007 年美國太空總署衛星影像顯示,格陵蘭冰原就有五千五百二十億噸的冰融化,融化的速度比科學家預期的快了許多,表面冰層融化的速度是十五年前的四倍。2014年國際報導指出持續惡化。

聯合國報告統計指出 2007 年的十大自然災害中有九件是因為氣候變遷所造成的。

甲烷毒氣之例子,非洲西南部沿岸的海水充滿了自海底釋出的有毒氣體,這是由於過度捕魚及數千萬隻的沙丁魚大量死亡,海洋生物因而喪生的海域範圍相當於紐澤西州的大小,溫室氣體更為惡化。

澳洲海洋學家史提夫瑞陶爾博士估計,依照冰層融化的速度來看,住在海拔一公尺內的一億人口必須遷移到他處以逃脫海平面不斷升高的危險。2009 年八月、九月澳洲乾旱與沙塵暴,台灣八八水災、印尼大水災及印度超大水災 500 萬人受害等皆是警訊。

★ 12.2.1 全球崩解危機

一群頂尖的英國氣象科學家最近發表的一份研究報告指出,一些地區的氣候變化正逐步逼近難以挽回的「轉折點」,或是當氣溫上升超過 2 度,對地球的氣候、環境與居民,將會造成無法挽回的連鎖效應。

指導這項研究的東英格蘭大學(University of East Anglia)教授提姆・蘭登(Tim Lenton)表示:「最大的威脅是北極海冰層與格陵蘭冰原達到融化的臨界點,另外還有至少五項生態變化的臨界點也將接踵而至,這些情況可能會使人們大為震驚。」

蘭登博士提到的臨界點,是指氣溫上升攝氏 0.5 至 2 度時(科學家與媒體報導指出關鍵攝氏二度是無法逆轉),將導致格陵蘭冰原與北極海冰

層的融化，這不僅會促使海平面上升，也會使這些地區不再反射陽光的熱輻射，因而造成大氣層溫度不斷上升，並進一步擴大冰層的融化，引發一連串的天災，如水災、乾旱、海底冒出大量甲烷毒氣、多種動植物絕種的巨大損失等。

　　全球暖化也將產生連鎖效應，例如印度洋季風系統的崩潰，亞馬遜雨林與極北地區寒帶林的消逝等。當地球的氣溫上升超過攝氏 5 度時，更多的冰層將融化，海平面顯著上升，猶如脫韁之馬，而無法預期的氣候型態將達到足以釀成巨禍的程度，這些巨變不但會造成物種滅絕，也將危及人類的生存。

　　根據蘭登教授的研究報告，圖 12-1 說明了全球可能遭受危害的地區以及冰層與冰原融化的速度。

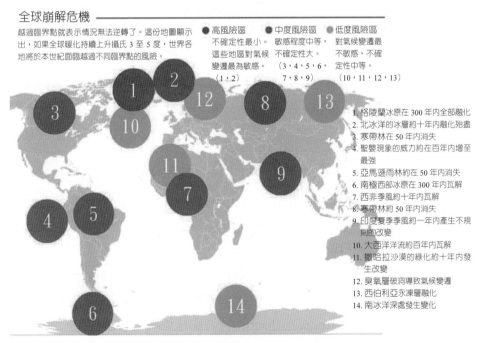

全球崩解危機

越過臨界點就表示情況無法逆轉了。這份地圖顯示出，如果全球暖化持續上升攝氏 3 至 5 度，世界各地將於本世紀面臨越過不同臨界點的風險。

● 高風險區
不確定性最小。
這些地區對氣候
變遷最為敏感。
（1，2）

● 中度風險區
敏感程度中等，
不確定性大。
（3，4，5，6，
7，8，9）

● 低度風險區
對氣候變遷最
不敏感，不確
定性中等。
（10，11，12，13）

1. 格陵蘭冰原在 300 年內全部融化
2. 北冰洋的冰層約十年內融化殆盡
3. 寒帶林在 50 年內消失
4. 聖嬰現象的威力約在百年內增至最強
5. 亞馬遜雨林約在 50 年內消失
6. 南極西部冰原在 300 年內瓦解
7. 西非季風約十年內瓦解
8. 寒帶林約 50 年內消失
9. 印度夏季風約一年內產生不規則的改變
10. 大西洋洋流約百年內瓦解
11. 撒哈拉沙漠的綠化約十年內發生改變
12. 臭氧層破洞導致氣候變遷
13. 西伯利亞永凍層融化
14. 南冰洋深處發生變化

圖 12-1　全球崩解危機示意圖

圖片來源：http://image.guardian.co.uk/sys-files/Guardian/documents/2008/02/05/World_Tipping_map_0502.pdf

⭐ 12.2.2　科學雜誌報導

在最近一期的《科學人》雜誌（Scientific American）中，有一篇文章指出，科學家在預測冰層融化的影響時，氣候變遷所導致的後果比科學家推測的嚴重多了，而且發生的時間也快很多！

刊登在《科學》雜誌上的一篇研究報告指出，由於氣候變遷，非洲南部正徹底邁向主作物玉蜀黍減產三成以上的坎坷之路；而澳洲南部正進入第十個乾旱年頭，這個曾經處理足以餵飽兩千萬人穀物的「碾米機」，如今已完全停擺。

聯合國「跨政府氣候變遷小組」（IPCC）於提出的「第三次評估報告」便斷言，赤貧國家將遭受全球暖化效應最嚴酷的打擊，大部分的熱帶和亞熱帶地區將因為缺水和新型或變種的病蟲害，而導致農作物歉收。在非洲和拉丁美洲，許多仰賴雨水灌溉的農作物已逼近耐熱極限，意味著即使是輕微的氣候變遷，都可能造成農作物產量猛然下降。

12.3　SOS 環保救地球

⭐ 12.3.1　力行環保與飲食習慣

由於氣候變遷與全球暖化完全是人類活動造成的，因此人類社會的每個人與政府都有責任立即採取措施，例如：制定節能減碳之經濟對策與法規、全國宣導抗暖化措施與改變飲食習慣。

國際訊息於 2008 年就已指出目前最快速阻止暖化 80% 之最快方法是使用無動物成分的產品。這點可以由（IPCC）該小組的主席與諾貝爾和平獎帕卓理博士（Dr. Rajendra Pachauri）之減緩全球暖化消息印證。

英國暖化消息：「蔬食一週，可減少全英戶口溫室氣體量，蔬食六天，省下排碳量多於路上 2900 萬輛車。蔬食五天，省下排碳量多於全英用戶總電量。蔬食四天，省下全英汽機車排碳量七成」。由此數據顯示

我們的飲食習慣的確需要重新評估與改變，因為蔬食（吃不含肉類之蔬食產品）就可以達成節能減碳與抗暖化之具體效果。

即使是個人的少吃肉，也深具力行環保意義。例如：養活一個飲食不含動物成分的蔬食者，僅需六分之一英畝的農地；相較之下，一個葷食者則需要三英畝以上。就溫室氣體而言，一個人只要少吃 20% 的肉類，所減少的溫室氣體排放量，就等於將駕駛 Camry 汽車換成 Prius 混合動力車所減少的量；而個人一整年都力行實踐不含動物成分的蔬食飲食，則可減少一噸半的溫室氣體排放量。

我們也不難接受另一項環保排碳事實：以美國地區為例，每一個肉食者每年比蔬食者多產生 1.5 噸的二氧化碳。

所有人類都是息息相關的，因此我們的生活方式會影響我國及遠方國家人民的福祉，反之亦然。無肉飲食人人可行，是幫助遏止糧食危機和全球暖化的最有效及快速方法，例如:國外已推動周一蔬食日、國內 2009 年九月報導國內已有周一無肉日行動聯盟與行動平台、印度有無肉日，這些證明都是可以納入全國性節能減碳的全民宣導行動中。

⭐ 12.3.2 畜牧、動物養殖影響與暖化證據

根據聯合國 2006 年發表的「牲畜長遠的陰影」（Livestock's Long Shadow）這份報告指出，諸如濫伐森林和能源密集養殖等與生產肉類有關的活動，所產生的溫室氣體佔人為排放量的 18%。在這些與牲畜有關的氣體中，二氧化碳（CO_2）佔全世界總排放量的 9%，甲烷（CH_4）佔總排放量的 35% 至 40%（主要是由於動物腸道發酵和排出的糞便所產生），而氧化亞氮（N_2O）則佔總排放量的 64%（主要是來自肥料的使用），甲烷及氧化亞氮對暖化加重之程度更是二氧化碳的數十倍及數百倍之多，這就是為什麼要重視後面二項之溫室氣體之原因與事實。

來自牲畜排泄物的甲烷與考量到肉品生產過程中石化燃料的低效能消耗，它確實產生威力更大的溫室氣體。

以水資源與飲用水衛生安全的環保觀點來說，畜牧業是影響環保最大

之排放源，它會造成大量耗水、各種病原菌汙染飲用水衛生與人體健康、地下水嚴重無法使用、地表水細菌、藻類死亡與臭味問題。

養殖牲畜佔用了全世界 70% 的農業用地或 30% 的地球土地，所以它對環境保育的危害不僅是排放溫室氣體而已，也耗用廣大的土地。此外，很多作物都是為了牲畜而種植，全球耕種的穀物有 40% 都是用來餵養牲畜，而不是給人吃；然而，只需將其中一半提供給人類食用，即可消弭全球饑荒。飼養牲畜為食，剝奪了無數人類的糧食，也是引發全球饑荒的元凶。

總之，畜牧業所排放的溫室氣體，比全球所有交通工具的總排放量還多，聯合國的報告也發現生產肉類導致許多其他問題，並直言人們在探討土地侵蝕、空氣污染、飲用水衛生安全、缺水和喪失生物多樣性等問題時，是應該將畜牧業列為首要的環保關注焦點。

在「不願面對的真相」影片中，艾爾・高爾（Al Gore）說明全球暖化的問題與初步的解決看法，但是對畜牧業造成暖化卻完全沒有提到，因此，荷蘭阿姆斯特丹自由大學（Vrije University）的科學家在 2008 拍攝一部名為「面對肉類的真相」（Meat the Truth），這部號稱不願面對的真相影片續集，明白說明畜牧業與酪農業對暖化之證據與衝擊，片尾也對觀眾提出建議與呼籲協助減緩。

★ 12.3.3 環保救地球七行動

使用綠色及永續能源、減少溫室氣體、及環保蔬食的生活方式，確實是遏止地球暖化、拯救這個美麗星球的最有效且又能立竿見影的方法，這一點再怎麼強調都不為過。因此筆者提供下列七項方法給大家作為選擇：

一、省水省電兼省錢。

二、選車用車更環保。

三、食用無動物產品。

四、綠色能源及再生。

五、環保蔬食抗暖化。

六、疼惜動物有愛心。

七、節能減碳救地球。

12.4 結 語

　　二氧化碳、甲烷與氧化亞氮是全球暖化之溫室氣體禍首,美國加州洛杉磯分校(UCLA)綠色技術研究所(Green Technology Institute)主任辛格博士於 2008 年七月洛杉磯舉行之氣候變遷國際視訊研討會中表示,工業部門排放二氧化碳已不是今天首要問題,甲烷與氧化亞氮是現今及未來抗暖化重點,阻止畜牧業與海底甲烷毒氣發生將是未來拯救地球與人類之關鍵。

　　今天面對暖化人類已幾乎沒有退路與時間急迫,需要大家的覺醒與遠見。倘若我們不致力環保救地球與愛護所有地球上的動物,目前事實顯示世界氣候變遷與各地天災不斷,還有海平面上升、棲息地消失、飲水衛生安全與水資源短缺、各地乾旱問題陸續會發生,後果難以想像。

12.5 例 題

例題1

　　列出行政院環保署「節能減碳的十大無悔措施」?

答：1.冷氣控溫不外洩　　　2.隨手關燈拔插頭

　　　3.節能省水更省錢　　　4.綠色採購看標章

　　　5.鐵馬步行兼保健　　　6.每週一天不開車

　　　7.選車用車助減碳　　　8.多吃蔬食少吃肉

　　　9.自備杯筷帕與袋　　　10.惜用資源顧地球

例題2

(1)社區欲推廣「多蔬食少吃肉」與減碳示範，人口數為 300，試問計算蔬食比肉食之二氧化碳每年約可減少多少噸？(2)估算每年甲烷氣（CH_4）排放量？假設某都市的人為空污排放量（固定污染源與移動污染源總和）每年約 7500000 噸。

答：(1) CO_2 之減碳當量為 1.5 噸／年，故每年減碳量 $= 300 \times 1.5 = 450$ 噸。

　　(2) CH_4 排放量約占人為空污排放量 30%-40%，假設 35%，故 CH_4 排放量約 $= 7500000 \times 0.35 = 2,625,000$ 噸／年

例題3

(1)估算畜牧廢棄物 1Kg 發酵產生甲烷（CH_4）量？(2)微生物產生量？(3)微生物生長之氨氮需要量？

答：假設發酵反應方程式為 $0.25CH_2O + 0.014HCO_3^- + 0.014NH_4^+ \leftrightarrow 0.104CO_2 + 0.56H_2O + 0.09CH_4 + 0.014 C_5H_7O_2N$

故 0.25M 或 7.5g CH_2O 須要 0.014M or 0.196g 氨氮及產生 0.09M or 2.02L CH_4 (1atm, 25℃) 與 0.014M or 1.58g 微生物，M 是莫耳數。

(1) 產生甲烷（CH_4）量 $= 2.02 \times 1000/7.5 = 269L$

(2) 微生物產生量 $= 1.58 \times 1000/7.5$

(3) 微生物生長之氨氮需要量 $= 0.196 \times 1000/7.5 = 26.1g$

例題4

畜牧業對新興水資源與環境保育造成之危害主要有哪些？

答：(1) 產生約 51% 以上的溫室氣體排放量

(2) 消耗全球 27% 的淡水

(3) 造成的生物多樣性消失

(4) 是森林砍伐、土壤退化、土地沙漠化、乾旱及水污染的禍首

參考文獻

1. http://afp.google.com/article/ALeqM5ilVBkZpOUA9Hz3Xc2u-61mDlrw0Q

2. www.SupremeMasterTV.com/tw（二十四小時國際衛星頻道免費下載）。

3. 中華電信 MOD（電視頻道－ELTA TV－35 台）。

4. SupremeMaster 新聞雜誌，第 194、195、196、197、198、199 及 200 期，地球暖化一系列 SOS 報導（搜尋下載自 http://magazine.godsdirectcontact.net）。

5. http://www.americanprogress.org/issues/2008/05/food_crisis.html

6. http://world-wire.com/news/0804290001.html

7. http://news.bbc.co.uk/2/hi/science/nature/7220807.stm

8. http://image.guardian.co.uk/sys-files/Guardian/documents/2008/02/05/World_Tipping_map_0502.pdf

9. 高爾（Al Gore）前美國副總統，不願面對的真相。

10. 面對肉類之真相，荷蘭影片，尼可拉斯、皮爾森基金會發行（http:www.partijvoordedieren.nl（英語與荷語））

11. 台北縣政府國際視訊研討會：2008 拯救地球關鍵時刻我可以怎麼做？（http://video.Godsdirectcontact.net/magazine/WOW668s.php）

12. 國際地球日網絡（www.earthday.net）。

13. 辛格博士談地球暖化中文網頁搜尋。

14. SOS 氣候變遷、抗暖化馬上行動、上升六度的影響：中文網頁搜尋。

自我評量

是非題：

（　）1. 根據聯合國 2006 年氣候變暖報告指出：畜牧業養殖產生的溫室氣體遠遠超過汽車與卡車產生的。

（　）2. 北極冰層可以反射 80% 的太陽輻射與穩定海洋溫度。

（　）3. 氣候變遷對水資源的供應和使用不會造成影響。

（　）4. 聯合國報告指出 2007 年的十大自然災害中有九件是因為氣候變遷所造成的。

（　）5. 科學家在預測冰層融化的影響時，氣候變遷所導致的後果比科學家推測的嚴重多了，而且發生的時間也快很多。

選擇題：

（　）1. 跨政府氣候變遷小組（IPCC）的主席與諾貝爾和平獎帕卓理博士（Dr. Rajendra Pachauri）指出暖化的急迫程度與減緩方法，以下何者不是？

（1）不吃肉

（2）騎單車

（3）節能減碳

（4）禁止抽菸

（　）2. 暖化氣候變遷對水資源影響為何？

（1）淡水水源過多或過少

（2）水資源調適

（3）飲用水會愈來愈珍貴

（4）以上皆是

（　）3. 東英格蘭大學（University of East Anglia）教授提姆·蘭登（Tim Lenton）表示格陵蘭冰原與北極海冰層的融化，這不僅會促使海平面上升，還會？

（1）水災

（2）乾旱

（3）海底冒出大量毒氣

（4）多種動植物絕種

（5）以上皆是

（　）4. 有一個最快速阻止暖化 80% 之方法是

（1）騎單車搭捷運

（2）選用環保省油車

（3）使用無動物成分的產品

（4）省水衛生設施

（　）5. 養殖牲畜佔用了全世界 70% 的農業用地或是多少%的地球土地？

（1）10%

（2）20%

（3）30%

（4）40%

問答題：

1. 請寫出全球暖化的原因與水資源有何影響。

2. 水資源因應方法有哪些？

3. 什麼是全球崩解危機圖。

4. 環保救地球七大措施為何？你還有想到什麼建議，請寫出來。

5. 全球暖化：六度之溫度上升的影響?

Ans：

升溫攝氏一度

大水災與旱災、地震、突然下大雪，颶風侵襲，面臨嚴重的長期乾旱。

升溫攝氏二度

冰河消融，北極熊掙扎求生，格陵蘭島的冰河開始融化，珊瑚礁絕跡，全球海平面上升七公尺。

升溫攝氏三度

亞馬遜雨林消失，聖嬰氣候現象變成常態，歐洲熱浪侵襲，數千萬或數十億難民從亞熱帶遷徙到中緯度地區。

升溫攝氏四度

海平面上升，並淹沒沿海城市；冰河消失，嚴重缺水；部分南極洲崩解，更加快了海平面上升的速度。

升溫攝氏五度

不適合居住的地區不斷擴大，大城市用水出現乾涸現象，數百萬人至

上億人淪為氣候難民；人類文明開始瓦解，貧民將遭受最大的煎熬；兩極均沒有冰雪存在，海洋中大量的物種滅絕，大規模的海嘯摧毀沿海地區。

升溫攝氏六度

高達 95% 的物種滅絕，頻繁而致命的暴風雨和洪水；硫化氫與甲烷大量冒出，除了細菌之外，可能沒有任何生物能夠存活。

Chapter *13*
水源保護與稽查

「飲用水管理條例」於八十六年五月二十一日公佈實施，依據該條例第五條之規定，環保單位需完成飲用水水源水質保護區之範圍及飲用水取水口一定距離之劃定，因此行政院環境保護署及各級環保單位，截至目前為止國內已完成 80 處飲用水水源水質保護區及 49 處飲用水取水口一定距離劃定工作。

一般是以「飲用水水源水質保護工作計畫」及「飲用水水源水質保護工作執行計畫」，進行保護區評估劃定及流域水質保護實施計畫之研擬與建置流域內地理資訊（GIS）資料庫。

一方面辦理區域之保護區評估劃定工作，另一方面繼續修正流域水質保護實施計畫，亦針對水源水質之保護工作，例如污染源管制、污染行為查估等建立資料庫，並建立已公告飲用水水源水質保護區查處體系，整合相關單位稽查管制處分作業等工作之執行，進而推動保護區內污染行為名單及細部資料調查建檔，以落實飲用水水源水質保護工作，以期能具體改善水源水質，保障飲用水之水質安全。

13.1　水源保護與稽查工作內容

水源保護與稽查之工作執行內容包括：保護區污染行為重點稽查、水質監測與污染調查、協助保護區污染行為後續管制處理之追蹤管理等，其工作內容與區域如下列章節所述。

★ 13.1.1　執行保護區污染行為重點稽查計畫

協助環保機構加強稽查飲用水水源水質保護區流域內之各項污染行為，主要對象及查核內容包括：

一、區內既存之事業、工業區、高爾夫球場、採礦場、土石採取場、砂石場、電廠等污染源之所在位置確認及現場查核，包括負責人、地址或地段地號或地理座標、電話、面積、頭數、種類、相關文件等各項後

續處理所需資料。

二、區內既存之豬、牛、馬、羊、鹿、雞、鴨、鵝、兔等九類家禽家畜豢
養戶之所在位置確認及現場查核，包括負責人、地址或地段地號或地
理座標、電話、各類畜舍面積、各類家禽家畜頭數、種類、相關核准
文件等各項後續處理所需資料。

三、區內各項超限利用地、非法開發、非法砍伐、廢棄物棄置掩埋場等之
名單及區域、地段地號或地理座標、面積、行為人、開發（種植）類
別等所在位置確認及現場查核。

四、新開發案件申請之審查並記錄建檔。

五、保護區隨身導航系統之資料及系統維護及必要時之更新，於現場巡查
應操作使用，以紀錄污染行為所在位置並現場判定與保護區相關位置
之用。

六、保護區及河岸之髒亂點調查定位，包括其廢棄物種類、數量、分布地
點等。

★ 13.1.2 水質監測與污染調查

針對保護區內生活污水規劃處理場址、湖泊及水庫集水區內之水質
之監測調查，檢測項目需包括：水溫、氫離子濃度指數、氨氮、亞硝酸鹽
氮、硝酸鹽氮、總磷、總氮、大腸桿菌群、濁度、電導度、溶氧量、生化
需氧量、化學需氧量等水質項目。各水質項目之檢驗須依環保署公告標準
檢測方法為之，若亦無公告標準檢測方法，則依美國公共衛生協會編印之
「水與廢水標準檢驗法」第 22 版（或更新版）之方法進行分析。

★ 13.1.3 協助保護區污染行為後續管制處理之追蹤管理

協助環保局就飲用水水源水質保護區內之各項污染行為後續管制處
理之追蹤管理，主要工作內容包括：就各污染行為之後續處理持續追蹤管
理，並就其現場改變情形加以追蹤紀錄，並協助環保局與各權責單位之進

行聯繫協調。

★ 13.1.4 執行「飲用水水源水質保護區污染行為網際網路版查處輔助系統」之資料建檔及系統維護作業

就前述各項工作成果，將飲用水水源水質保護區及水源區內之各項污染行為相關基本資料及後續管制處理成果資料，應用環保署「飲用水水源水質保護區污染行為網際網路版查處輔助系統」持續更新建檔。

13.2 飲用水水源保護區管制現況－以屏東縣為例

由於高屏溪是屬於跨縣市之河川，依飲用水管理條例之規定，保護區應由省（中央）主管機關擬訂，並報請或層轉中央主管機關核定後公告之。目前環保署已於民國 89 年 4 月 1 日公告高屏溪飲用水水源水質保護區。

★ 13.2.1 飲用水取水情形

一、高屏溪流域

目前高屏溪流域內作為飲用水之取水口共計有六龜取水口、寶來淨水廠取水口、新威淨水廠取水口、翁公園抽水站取水口、會結抽水站取水口、九曲堂抽水站取水口、竹仔寮抽水站取水口、大津取水口、林園抽水站取水口、寶隆取水口、高屏溪南化水庫越域取水口、高屏溪攔河堰取水口、竹仔寮抽水站取水口、澄清湖第二取水站、甲仙取水口等十五處飲用水取水口，其取水情形及水體分類如表 13-1 所示，高屏溪流域在屏東縣內有北葉取水口（三地門橋附近），其取水情形及水體分類如表 13-2 所示。

二、牡丹水庫

目前牡丹水庫內作為飲用水之取水口有：牡丹水庫取水口等一處飲用水取水口，其位於四重溪流域，水體為水庫，由牡丹淨水場處理，設計供水量 104000 CMD，實際供水量為 38000 CMD。

表 13-1　高屏溪流域各取水口現況

取水口名稱	水體分類	淨水廠	設計供水量（CMD）	實際供水量（CMD）	縣市別	所處區處
六龜取水口	甲類	六龜		2,000	高雄縣	七
寶來淨水廠取水口	甲類	寶來		700	高雄縣	七
新威淨水廠取水口	甲類	新威		600	高雄縣	七
翁公園抽水站取水口	乙類	拷潭	250,000	240,000	高雄縣	七
會結抽水站取水口	乙類	拷潭	250,000	240,000	高雄縣	七
九曲堂抽水站取水口	乙類	澄清湖		900,000	高雄縣	七
竹仔寮抽水站取水口	乙類	小坪	150,000	80,000	高雄縣	七
大津取水口	甲類	高樹		800	高雄縣	七
林園抽水站取水口	乙類				高雄縣	七
寶隆取水口	乙類	寶隆		215	高雄縣	七
高屏溪南化水庫越域取水口	甲類	南化	800,000	400,000	高雄縣	七
高屏溪攔河堰取水口	乙類	坪頂	500,000	90,000	高雄縣	七
澄清湖第二取水站	水庫	澄清湖		900,000	高雄縣	七
甲仙取水口	甲類	甲仙		980	高雄縣	七

表 13-2　高屏溪流域各取水口評估劃定情形

取水口名稱	劃定方式（草案）	水體分類	評估單位
阿里山淨水場取水口	暫不劃定（簡易取水）	甲類	
六龜取水口	暫不劃定（地下伏流取水）	甲類	高雄縣
寶來淨水廠取水口	暫不劃定（地下伏流取水）	甲類	高雄縣
新威淨水廠取水口	暫不劃定（地下伏流取水）	甲類	高雄縣
大津取水口	暫不劃定（地下伏流取水）	甲類	高雄縣
甲仙取水口	暫不劃定（地下伏流取水）	甲類	高雄縣
高屏溪甲仙淨水場取水口	保護區（取水口上游集水區內）	甲類	台灣省環保署

取水口名稱	劃定方式 （草案）	水體 分類	評估單位
高屏溪北葉取水口	保護區（取水口上游集水區內）	甲類	台灣省 環保署
高屏溪大津取水口	保護區（取水口上游集水區內）	甲類	台灣省 環保署
高屏溪美濃水庫	保護區（預定壩址以上集水區內）	甲類	台灣省 環保署
翁公園抽水站取水口	暫不劃定（地下伏流取水）	乙類	高雄縣
會結抽水站取水口	暫不劃定（地下伏流取水）	乙類	高雄縣
九曲堂抽水站取水口	暫不劃定	乙類	高雄縣
竹仔寮抽水站取水口	暫不劃定（地下伏流取水）	乙類	高雄縣
林園抽水站取水口	暫不劃定（地下伏流取水）	乙類	高雄縣
寶隆取水口	暫不劃定（地下伏流取水）	乙類	高雄縣
高屏溪攔河堰取水口	一定距離（滿水位線上游 1000m 止行水區內）	乙類	台灣省
澄清湖第二取水站	保護區	水庫	高雄縣

★ 13.2.2 劃定情形

環保單位已依該條例逐步檢討高屏溪各取水口使用情形（如表13-2），經檢討因高屏溪取水口大多是取地下伏流水及簡易取水，除澄清湖水庫、大樹攔河堰及高屏溪甲類水體取水口外，其餘均暫不劃定。

目前已依該條例公告之飲用水水源水質保護區位於屏東縣境內部分由環保署中部辦公室（前台灣省政府環境保護處）劃定公告有高屏溪甲類水體之「高屏溪流域甲類水體集水區（甲仙淨水場、北葉及大津等三處取水口上游集水區稜線以內範圍）內之國有林班地（涉及原住民保留地、都市計畫區及美濃水庫者除外）及各主支流行水區所涵蓋範圍」為飲用水水源水質保護區（環署中字第 0007318 號公告），劃定面積為 175450 公頃。

13.3 保護區污染行為重點稽查

透過隨身導航輔助稽查系統、「飲用水水源水質保護區污染行為網際網路版查處輔助系統」以及「水源區污染行為位置查詢輔助系統」之整合使用，更有效的完成污染行為查核及資料整理分析，以利後續處置及行政管理之用，對保護區內水體水質污染行為之管制提供更有力的協助。

★ 13.3.1 保護區例行性巡查作業

稽查工作主要針對由相關主管機關提供之新增污染行為對象以及一般巡查時發現原先未調查之既設行為。稽查的工作分配為每週 2 至 3 天，但稽查工作容易受到颱風、下雨等天候因素的影響，加上此山區常因大雨而造成土石流，增加稽查時的危險性。稽查作業主要沿著流域之上游地區，由於這些地區部分或全部屬於飲用水水源保護區或水庫之集水區，故此路線可作為主要之稽查路線，而村落間之產業道路亦列為稽查之地區。

發現有污染水源水質之虞的污染行為時，立即使用保護區隨身導航系統與 GPS 定位裝置確認是否位於保護區或集水區內，當污染行為確認在保護區或集水區內時，進一步藉由污染行為位置查詢輔助系統搜尋出地號，並將此地段負責人之姓名、住址及 X、Y 座標填寫至稽查紀錄三聯單，再將此一污染行為拍照存檔，方便進行紀錄上網建檔之工作與日後污染行為後續管制處理之追蹤。保護區污染行為重點稽查工作流程如圖 13-1 所示。

既設污染行為查處之工作重點可以歸納為兩大項，一是污染行為之調查與行為之認定，一是後續處理工作。

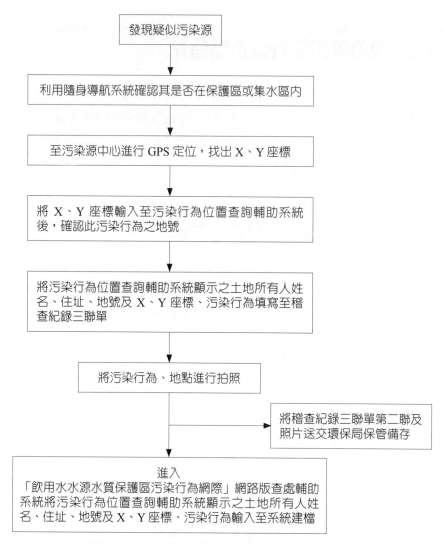

圖 13-1　保護區污染行為重點稽查工作流程圖

⭐ 13.3.2　污染行為後續管制處理之追蹤管理

　　在稽查結果追蹤管理方面，利用「飲用水水源水質保護區污染行為網際網路版查處輔助系統」，對計畫執行期間所有發現污染行為之後續處理

進行追蹤管理及紀錄，同時協助環保局與各權責單位之進行聯繫協調及會議之召開，並協助相關管制協調會議之辦理及資料彙整提供。

稽查工作除負責日常的稽查作業外，依據表 13-3「屏東縣飲用水水源水質保護區稽查計畫內容與各單位分工表」，並配合其他單位相關會勘的需求而提供區位認定和法規認定等工作，以及後續稽查裁罰與改善追蹤。

考量經過去數年的運作及相關單位聯合稽查管制的機制已日漸純熟，且保護區內違規事件需以聯合會議形式討論處理的案例非常少，因此目前針對污染源稽查及後續處理的分工作業上，改為直接到污染現場的聯合稽查為主。包括林務單位、農政單位、建管單位及水利單位等進行現場會勘、查核之工作。

表 13-3　聯合查報小組權責分工及業務職掌一覽表

主管機關	污染行為類別	業務職掌	查處資料
農業局	1. 非法砍伐林木或開墾土地	■公私有林管理 ■出租造林地和國有原野及區外保安林地之管理 ■山坡地保育利用管理與取締	1. 山坡地超限利用查報名冊 2. 林地合法承租人名冊 3. 家禽、家畜在養清冊 4. 土石採取核准清冊
	2. 以營利為目的之飼養家畜、家禽	■畜產推廣、畜產增產計畫、家畜登記及檢查登錄等業務	
	3. 土石採取及探礦、採礦	■山坡地土石採取申請案之審核	
工務局	1. 非法砍伐林木或開墾土地	■建築管理、施工及使用許可	1. 違建濫墾查報名冊 2. 專用下水道建設區域及污水廠位置及相關資料 3. 河川公地違法案件取締記錄 4. 核發土木包工業登記冊 5. 工程開發申請
	2. 工業區之開發或污染性工廠之設立	■下水道建設及營運管理	
	3. 新社區之開發（但原住民部落因人口自然增加形成之社區，不在此限）	■山坡地開發建築許可、建築管理、施工及使用許可	
	4. 土石採取及探礦、採礦	■土石採取申請及管理	
	5. 河道變更足以影響水質自淨能力，且未經主管機關及目的事業主管機關同意者	■河川工地經征管理	

主管機關	污染行為類別	業務職掌	查處資料
環境保護局	1.工業區之開發或污染性工廠之設立	■辦理環境影響評估審查 ■執行環境影響評估監督工作	1.事業排放許可列管名冊及稽查紀錄 2.環境影響評估申請審查案 3.合法掩埋場清冊
	2.傾倒、施放或棄置垃圾、灰渣、土石、污泥、糞尿、廢油、廢化學品、動物屍骸或其他足以污染水源水質之物品	■督導協助公所一般廢棄物清理工作	
	3.以營利為目的之飼養家畜、家禽	■辦理列管水污染源事業之稽查管制	
	4.土石採取及探礦、採礦	■辦理列管水污染源事業許可之審查、核發	
	5.規模及範圍達應實施環境影響之鐵路、大眾捷運系統、港灣及機場之開發	■辦理環境影響評估審查 ■執行環境影響評估監督工作	
原住民行政局	非法砍伐林木或開墾土地	■原住民保留地管理	山坡地超限利用查報名冊
建設局	1.工業區之開發或污染性工廠之設立	■工廠登記及變更登記 ■未登記工廠管理	1.工廠登記名冊 2.都市計畫區域範圍及使用區分
	2.道路及運動場地之開發,未經主管機關及目的事業主管機關同意者。	■都市計畫通盤檢討 ■都市計畫法令執行	
自來水公司	1.非法砍伐林木或開墾土地	■水庫集水區與水源保護區保育工作之規劃與執行事項。	自來水水源水質水量保護區巡查記錄
	2.傾倒、施放或棄置垃圾、灰渣、土石、污泥、糞尿、廢油、廢化學品、動物屍骸或其他足以污染水源水質之物品		
	3.以營利為目的之飼養家畜、家禽		
	4.土石採取及探礦、採礦		
教育局	高爾夫球場之興、修建或擴建	■高爾夫球場設立及管理	高爾夫球場名冊
警察局	1.非法砍伐林木或開墾土地	■配合主管機關取締違法之事項	1.山坡地非法濫墾取締記錄 2.河川違法取締事項記錄
	2.傾倒、施放或棄置垃圾、灰渣、土石、污泥、糞尿、廢油、廢化學品、動物屍骸或其他足以污染水源水質之物品		
	3.土石採取及探礦、採礦		

★ 13.3.3　各污染行為之聯合稽查作業

　　首先會同環保單位及林務單位進行現場勘查，利用隨身導航系統（包括 PDA 與 GPS）、「飲用水水源水質保護區污染行為網際網路版查處輔助系統」及「水源區污染行為位置查詢輔助系統」，配合相關會勘的需求與提供區位認定和法規認定等工作；此次主要針對保護區內之污染行為場址，確認是否屬於國有林班地，若屬國有林班地但未經申請而使用者，經認定違法行為屬實，再進一步由主管機關進行相關的查處工作。

13.4　查處輔助系統建檔及維護

　　依照環保署規劃之十二項污染行為查處制度，不管是在既設污染源的管制、新設案件審查或是一般稽查處分，均須要針對其污染行為做後續追蹤工作，更由於十二項污染行為所牽涉的法令及相關主管單位相當廣泛，因此配合行政院環保署所開發之「飲用水水源水質保護區污染行為網際網路版查處輔助系統」，以協助進行十二項污染行為查處資料之建檔，針對所欲建立的相關資料，包含基本資料、審查資料及稽查資料等，透過電腦資料庫的管理與記錄，以協助相關人員處理相關資料，並提供相關統計資訊，藉以提高工作效率。

★ 13.4.1　系統架構

　　本系統更新成網際網路版使用者使用上較為便利，無需在使用者的電腦上再另外安裝程式，系統執行方式非常簡單僅需使用瀏覽器如 INTERNET EXPLORER 或者 NETSCAPE NAVIGATER 等的瀏覽器即可使用，使用者擁用合法的使用者帳號及密碼可在任何可以上 INTERNET 的地方使用本系統，完全不需要以前 CLIENT-SERVER 架構時需要安裝程式方能執行的不便。

依據十二項污染行為查處制度的規劃，整個架構除包含既設污染行為管制、新設案件審查及一般稽查處分之外，另外還有報表輸出以及相關的參考檔更新與維護。

★ 13.4.2　系統建檔與維護相關作業

在配合飲用水水源水質保護區管制作業的推動的同時，由於電腦應用系統之功能及資料內容必須隨時配合執行作業現況做最適當的調整，方可使電腦應用系統發揮大之處理效率。

13.5　飲用水水源保護區稽查之案例

針對由相關主管機關提供之新增污染行為對象以及之前一般巡查時發現原先未調查之既設行為，目前已稽查的場址當中，其中以『非法砍伐林木或開墾土地』者為最多數，其次為『傾倒、施放或棄置垃圾、灰渣、土石、污泥、糞尿、廢油、廢化學品、動物屍骸、或其他足以污染水源水質之物品』。

以下便針對飲用水水源保護區、行水區與水庫集水區三部份的初步稽查成果之案例加以介紹。

稽查發現位於飲用水水源保護區之行為場址，稽查之編號分別為13W0035 及 13W0036，2 處地點位於溪畔，靠近水庫，此 2 處行為場址之所有權為台灣省政府，污染行為皆為『傾倒、施放或棄置垃圾、灰渣、土石、污泥、糞尿、廢油、廢化學品、動物屍骸、或其他足以污染水源水質之物品』。

編號為 13W0035 者，TM2 之座標為 X：226505、Y：2451671，如圖13-2 所示，有寶特瓶、塑膠袋及鋁箔包等廢棄物被棄置於汝仍溪溪畔，且離溪邊相當的接近，恐有污染水源水質之虞；另一處編號為 13W0036，TM2 之座標為 X：226557、Y：2451693，如圖 13-3 所示，有大量的廢棄

稽查編號：13W0035	位置：飲用水水源保護區
負責人：	地號：
負責人住址：	座標：　X：226505 　　　　Y：2451671
污染行為： 　傾倒、施放或棄置垃圾、灰渣、土石、污泥、糞尿、廢油、廢化學品、動物屍骸、 　或其他足以污染水源水質之物品	

圖 13-2　稽查編號為 13W0035 之行為場址照片與基本資料

稽查編號：13W0036	位置：飲用水水源保護區
負責人：	地號：
負責人住址：	座標：　X：226557 　　　　Y：2451693
污染行為： 　傾倒、施放或棄置垃圾、灰渣、土石、污泥、糞尿、廢油、廢化學品、動物屍骸、 　或其他足以污染水源水質之物品	

圖 13-3　稽查編號為 13W0036 之行為場址照片與基本資料

樹幹以及其燃燒後的灰燼；當大雨來襲，溪水暴漲時，以上 2 處污染源將造成污染物被沖入溪中，甚至進入到水庫，使水源水質遭受污染，造成後續處理費用的增加。

　　由於附近正在進行河道邊坡的維修工程，而此 2 處污染場址是否與此工程的進行有關，日後可以進一步與相關機關共同進行會勘，以維護保護區內的自然環境，確保飲用水水源水質之潔淨。

13.6　例　題

例題1

　　某水源保護區取水樣 10mL 進行 BOD 測試，發現初期溶氧為 8.7mg/L，第五天溶氧量為 3.2mg/L，計算其該水樣 BOD 為多少？

答：$BOD = (8.7-3.2) \times \dfrac{300}{10} = 165mg/L$，已知水樣稀釋10倍。

例題2

　　C_2H_5OH 溶液 2000mg/L 之總需氧量與總有機碳之比值（TOD/TOC）約為？

答：$C_2H_5OH + 3O_2 \rightarrow 2CO_2 + 3H_2O$

故 $\dfrac{T_{OD}}{T_{OC}} = \dfrac{96/46}{24/46} \times 2 = 8$

參考文獻

1. 樓基中，飲用水水源水質保護區重點稽查水質改善計畫期末報告。

自我評量

問答題：

1. 水源保護與稽查之主要工作為何？

2. 執行保護區污染行為重點稽查之工具有何？工作流程？

3. 什麼是污染現場的聯合稽查？有哪些單位參加。

Chapter *14*

區域管理

14.1　國際水資源發展趨勢

　　地球上水之總體積約 1 兆 4,000 億立方公尺，其中 97% 為海水，淡水僅佔 3%，有限的淡水資源中可供人們利用之河川、湖泊及地下含水層水源大約僅 0.8%，可見水資源之稀少與珍貴。

　　此外，由於衛生環境無法獲得有效改善，全世界每年約有 500 萬人因水媒疾病而死亡，縱使在經濟發展成熟的歐盟國家中仍有 20% 地區遭受水質嚴重污染的威脅。

　　水資源乃當前備受全球重視之焦點議題，2006 年 3 月 16 日至 3 月 22 日於墨西哥舉辦之第四屆世界水資源論壇部長宣言中重要宣示如下：

一、重申水乃攸關永續發展、根除飢貧、水患抑減、健康生活、農業生產、鄉村發展、水力運用、食品安全與達成環境永續利用及保護均衡發展之重要關鍵元素。因此，所有國家在促進其永續發展及扶貧策略中，必須優先處理水及與其相關的衛生問題。

二、參與國家願履行 1992 年聯合國環境與發展會議所擬定 21 世紀議程（Agenda 21）與 2002 年南非永續發展世界高峰會議所擬定之約翰尼斯堡行動計畫（JPOI）之承諾，透過水資源綜合管理（IWRM）方式，確保飲用水安全並建構衛生的環境。並重申積極落實相關執行方案，並希望在 2015 年以前，使世界上無法滿足其安全飲水的人口比例比現今減少 50%。

三、理解在某些地區所推動新興的雨水管理及水力開發計畫對該區域發展之重要性，同時也注意到應如何維持生態永續。更進一步重申應強化利害關係人，特別是婦女及年青人，參與相關決策、規劃以及經營管理。

四、政府必須以弱勢者優先的觀點，謀求所有權利義務人皆能參與方式，建構合適環境和規章制度，處理安全飲用水、基本衛生需求、永續經營等議題。

14.2　南部地區水資源利用現況與展望

★ 14.2.1　水資源設施分析

　　南部地區為台灣為糧食生產地區，依據經濟部水利署 2004 年統計，嘉南農田水利會灌溉面積為 76,156 公頃，高雄農田水利會灌溉面積為 18,526 公頃，屏東農田水利會灌溉面積為 25,237 公頃，合計佔全台 17 個農田水利會總灌溉排水面積之 32%。

　　依水利署水資源分區，南部區域包括嘉義縣、嘉義市、台南縣、台南市、高雄縣、高雄市及屏東縣等七縣市，南部區域主要供水區可分為嘉義地區、台南地區、高雄地區及屏東地區。區域內主要河川有朴子溪、八掌溪、急水溪、曾文溪、鹽水溪、高屏溪及東港溪。南部區域水資源之開發以用水為主，水力利用為輔，現有蓄水設施基本資料如表 14-1 及圖 14-1 所示，其中以曾文水庫有效容量約 6.01 億立方公尺為最大，南化水庫約 1.34 億立方公尺次之，烏山頭水庫約 0.84 億立方公尺再次之，曾文水庫、南化水庫及烏山頭水庫等三大容量約佔南部區域現有水資源設施容量之 89.6%。而興建中及規劃中水源設施如表 14-2，水源設施供水能力如表 14-3 所示，由表 14-3 所示南部區域現況及開發中水源供水能力約 368.5 萬噸／日。

表 14-1 南部區域現有水資源設施基本資料

計畫名稱	位置	流域別	水源	2003 年量測有效容量（$10^6 m^3$）	標的	備註
鹿寮溪水庫	嘉義縣水上鄉	八掌溪	鹿寮溪	1.14	灌溉	
仁義潭水庫	嘉義縣番路鄉	八掌溪	八掌溪	25.85	給水	離槽水庫
蘭潭水庫	嘉義市	八掌溪	八掌溪	8.92	給水	離槽水庫
德元埤	台南縣柳營鄉	急水溪	溫厝廓溪	1.75	灌溉	
尖山埤	台南縣柳營鄉	急水溪	龜重溪	1.62	灌溉	
鏡面水庫	台南縣南化鄉	曾文溪	鏡面溪	0.99	給水	
鹽水埤	台南縣新化鎮	鹽水溪	茄苳溪	0.26	灌溉	
虎頭埤	台南縣新化鎮	鹽水溪	鹽水溪	0.80	灌溉	
白河水庫	台南縣白河鎮	急水溪	白水溪	8.65	灌溉、給水	
曾文水庫	台南縣楠西鄉	曾文溪	曾文溪	600.56	給水、灌溉、發電	曾文-烏山頭聯合運用
烏山頭水庫	台南縣官田鄉	曾文溪	官田溪	83.75	灌溉、給水	離槽水庫曾文-烏山頭聯合運用
南化水庫	台南縣南化鄉	曾文溪	後堀溪旗山溪	134.0	給水	與高屏堰聯合運用
澄清湖	高雄縣鳥松鄉	高屏溪	高屏溪	3.37	給水	離槽水庫
阿公店水庫	高雄縣燕巢鄉	阿公店溪	阿公店溪	5.90	防洪、給水灌溉	
鳳山水庫	高雄縣林園鄉	東港溪	東港溪	7.87	給水	離槽水庫
牡丹水庫	屏東縣牡丹鄉	四重溪	牡丹溪	29.10	灌溉、給水	
玉峰攔河堰	台南縣山上鄉	曾文溪	曾文溪	—	給水	
高屏溪攔河堰	高雄縣大樹鄉	高屏溪	高屏溪	—	給水	與南化水庫聯合運用

資料來源：「台灣地區民國九十二年蓄水設施水量營運統計報告」，經濟部水利署，2004 年 12 月。

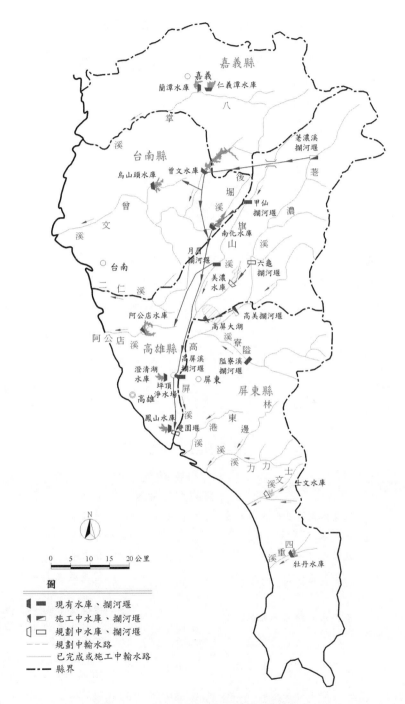

圖 14-1　南部區域水資源設施位置圖

表 14-2　南部區域興建中及規劃中水資源設施基本資料

	計畫名稱	位置	流域別	水源	容量 $(10^6 m^3)$	標的	備註
興建中	阿公店水庫更新改善工程	高雄縣燕巢鄉	阿公店溪	阿公店溪	45.0	防洪、給水、灌溉	
	曾文水庫越域引水計畫	高雄縣台南縣嘉義縣	高屏溪曾文溪	荖濃溪	—	給水	
	高屏大湖	高雄縣屏東縣	高屏溪	高屏溪	55.0	給水	人工湖
規劃或構想中	美濃水庫	高雄縣美濃鎮	高屏溪	美濃溪荖濃溪	327.7	給水、發電	奉院核定（暫緩辦理）
	海水淡化廠	台南縣	—	海水	—	給水	海水淡化
	士文水庫	屏東縣	率芒溪	士文溪	70.13	給水	水庫水
	瑞峰水庫	嘉義縣	清水溪	生毛樹溪	121.45	給水	水庫水
	崇德水庫	高雄縣	二仁溪	二仁溪旗山溪	33.55	給水	離槽水庫
	台南大湖	台南縣	曾文溪	曾文溪	—	給水	人工湖
	都市污水廠回收再利用	—	—	都市污水	—	給水	都市污水回收再利用
	工業區廢水廠回收再利用	—	—	工業廢水	—	給水	工業廢水回收再利用

表 14-3　南部區域公共給水水源量

供水區		水源設施	供水能力		備註
			萬噸／日	億噸／年	
現況及開發中水源	嘉義地區	八掌溪蘭潭及仁義潭水庫	16.0	0.58	水庫水
		地下水	2.0	0.07	
		地區性水源	2.0	0.07	川流水
	台南地區	曾文水庫與烏山頭水庫	35.0	1.28	需支援嘉義地區，水庫水
		南化水庫與高屏堰聯合運用	115.0	4.20	需供應高雄地區47萬噸／日，水庫水，已扣除淤積之損失
		曾文水庫越域引水計畫	60.0	2.19	2012年完成，分配高雄30萬噸／日，水庫水
		玉峰堰水源	3.0	0.11	川流水

供水區		水源設施	供水能力		備註
			萬噸／日	億噸／年	
	高雄地區	鳳山水庫（東港溪水源）	45.0	1.64	水庫水
		高屏溪系列淨水場	70.0	2.56	川流水
		阿公店水庫更新改善	10.0	0.37	水庫水
		高屏大湖	34.0	1.24	人工湖，供應屏東 10 萬噸／日
		地下水	20.0	0.73	
		地區性水源	2.0	0.07	川流水
	屏東地區	四重溪牡丹水庫	8.0	0.29	
		地下水	8.0	0.29	
		地區性水源	1.0	0.04	川流水
小 計			431.0	15.73	
規劃中水源開發計畫	嘉義地區	瑞峰水庫	117.0	4.27	水庫水
	台南地區	崇德水庫	19.0	0.69	水庫水
		台南大湖	7.0	0.26	人工湖
		台南海水淡化廠	10.0	0.37	海水淡化
		台南安平污水廠	10.0	0.37	都市污水回收
		台南科技園區廢水處理廠	0.2	0.01	工業廢水回收
	高雄地區	美濃水庫	110.0	4.02	水庫水
		中區污水處理廠	70.0	2.56	都市污水回收
		林園工業區廢水處理廠	3.3	0.12	工業廢水回收
	屏東地區	士文水庫	22.0	0.80	
小 計			368.5	13.45	

　　本區域中各地區公共給水量自有水源彙整如表 14-4。依表 14-4 所列現況公共給水量為每年 11.93 億噸，其中以台南地區每年 5.59 億噸最多，屏東地區每年 0.62 億噸最少。而各地區自有水源比例則以屏東地區 100% 最高，高雄地區 67.2% 最低，其中嘉義地區自有水源約佔嘉義地區供水量之 90.3%，區內主要水源為八掌溪蘭潭及仁義潭水庫；台南地區自有水源約佔台南地區供水量之 69.2%，主要水源為曾文溪曾文水庫及烏山頭水庫；高雄地區自有水源約佔高雄地區供水量之 67.2%，主要水源為高屏溪高屏堰；屏東地區具 100% 自有水源，主要水源為牡丹水庫及地下水。

表 14-4　南部區域現況公共給水自有水源分析

供水區		公共給水水源量 （億噸／年）	自有水源比例 （%）	主要水源
現況水源	嘉義地區	0.72	90.3	區內：為八掌溪蘭潭及仁義潭水庫 區外：曾文及烏山頭水庫系統
	台南地區	5.59	69.2	區內：曾文及烏山頭水庫系統 區外：甲仙攔河堰越域引水至南化水庫
	高雄地區	5	67.2	區內：高屏溪高屏堰 區外：南化高屏聯通管
	屏東地區	0.62	100	區內：牡丹水庫及地下水
總　　計		11.93	—	—

★ 14.2.2　水資源設施分析

　　自來水系統之目標年總需求量推估結果如圖 14-2 所示。南部區域整體之中成長需水總量於民國 100 年達到 363 萬噸／日，至民國 110 年時將達到 404 萬噸／日，嘉義、台南、高雄及屏東地區之總需水量分別為 51.11、126.48、202.11 及 24.04 萬噸／日。

　　嘉義地區目前供需尚平衡，嘉義地區本身水資源開發案之開發成本甚高，基於區域水資源運用，未來本地區設置之大型工業區，水源供應須由曾文水庫越域引水計畫所增加之供水量經由烏山頭水庫供水系統供應。

　　台南地區現況自來水供應尚稱寬裕，惟高科技產業進駐後，供水面臨考驗，為滿足用水，各標的用水應配合節約用水、有效管理、彈性調度等措施提高用水效率，而後由曾文水庫越域引水工程增供水量因應。

　　高雄地區之生活及工業用水係南部地區之最大者，未來用水亦呈高度成長，施工中之阿公店水庫更新改善、曾文水庫越域引水及高屏大湖計畫將可提供充足水量，除可滿足用水需求外，南化水庫調配供應量將可移回台南，民國 110 年時枯水期需由台南地區調配供應水量為南化水庫與高屏堰聯合運用 25 萬噸／日及曾文水庫越域引水工程 30 萬噸／日，合計 55 萬噸／日。

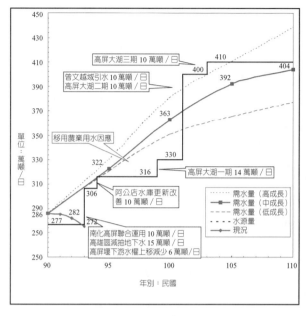

110 年
人口 655 萬人（較 90 年成長 23 萬人）
自來水系統抄見率 75.77%（較 90 年成長 5%）
每人每日用水量 290 公升（較 90 年成長 24 公升）
高成長：中成長 + 規劃及研議中之新增工業區
嘉義新市鎮開發計畫
台南航太工業區
嘉義白水湖遊憩綜合發展計畫
萬大工業區（含擴大）
高雄中油增產
中成長：低成長 + 編定及報編中之工業區

大埔美工業區	布袋國內商港計畫
茄拔工業區	馬稠後工業區
濱南工業區	光黎工業區
布袋智慧型工業區	大新營工業區

低成長：民生及現有工業成長 + 開發中工業區

嘉義嘉惠電廠	台南得力實業工業區
大社汽電共生電廠	台南科技工業區
高雄岡山工業區	高雄小港空運園區
台南科學園區	台南科學園區路竹基地
台南新吉工業區	高雄岡山台上段

單位：萬噸 / 日

目標年	90	95	100	105	110
高成長	286	330	381	411	438
中成長	286	322	363	392	404
低成長	286	321	351	365	377

圖 14-2　台灣地區南部區域地區生活及工業用水供需比較圖（不含自行取水）

屏東縣公共用水多由地下水與牡丹水庫供應，尚可滿足需求，未來用水需求可由高屏大湖第 3 期計畫提供。

⭐ 14.2.3　各地區間水源聯合運用分析

台灣南部地區除屏東地區以地下水為主要水源，即使因自來水系統發生異常狀況而停水時，大部份民眾仍可使用地下水因應，不致發生嚴重缺水之窘境外，其餘嘉義、台南及高雄地區，自來水系統幾已成為最重要之維生管線系統。自來水供水系統可能因管線、機電因突發故障及圳路歲修而停水，因此各地區仍需仰賴區域水源支援，倘由於水文氣候異常變化，則供水情勢更形險峻，為維持其民生穩定發展及提高工商產業競爭力，南部地區區域間輸配水管網，必要分析檢討並建立相關配合工程。

南部地區目前各供水區域間連通管路連通情形如圖 14-3 所示，各區域間目前連通情形說明如後。

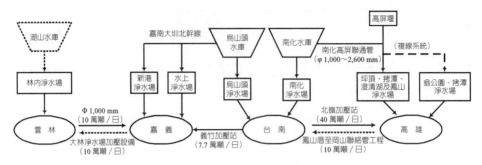

圖 14-3　各供水區既有連通管路示意圖

一、雲林、嘉義、台南地區

（一）原水支援：

台南供水系統由烏山頭水庫利用嘉南大圳北幹線輸送原水支援嘉義供水系統水上及新港淨水場。

（二）清水支援：

1. 台南供水系統自烏山頭淨水場既設 ψ1,500～900mm 送水管線長 25.6 公里，經台南縣六甲、柳營、新營、鹽水至嘉義縣義竹加壓站，最大可由烏山頭淨水場支援嘉義地區水量約 7.7 萬噸／日。

2. 雲林之林內淨水場已埋設 ψ1,500 mm、∅1,350 mm 送水管線 17.5 公里經斗六至斗南，再由斗南埋設 ψ1,000 mm 送水管線 15.5 公里至嘉義縣大林、民雄，該聯絡管線可自林內淨水場支援至嘉義地區最大量約為 10.0 萬噸／日；若由公園淨水場北送經民雄、大林支援至雲林斗南地區最大水量約 8 萬噸／日。

二、台南、高雄地區

（一）原水支援：

台南供水系統由南化水庫利用 ψ3,000～2,600 mm 南化高屏聯通管路輸送原水支援高雄供水系統坪頂淨水場，設計輸水量可達 80.0 萬噸／日，試運轉期間最大通水記錄為 45.7 萬噸／日。

（二）清水支援：

台南供水系統自南化淨水場既設之 $\psi2,000$～$1,750mm$ 送水管線，經台南縣左鎮、新化、永康、台南市至高雄縣路竹鄉北嶺加壓站，經加壓後沿台一線送至高雄市，最大可支援量為 40.0 萬噸／日（近兩年最大通水記錄為 37.1 萬噸／日）。若由高雄反向支援台南亦可利用同一清水管線由坪頂淨水場（原水取自高屏溪攔河堰）經岡山、路竹加壓供送台南地區，最大可支援量為 50.0 萬噸／日（部份管線需改善，目前尚無支援記錄）。

14.3　河川水質污染問題

高屏溪是南台灣最主要的河川，且為主要水源供應河川，由於高屏溪中下游污染嚴重，水資源吃緊，水質欠佳，而政府一直無法提出令民眾信服的整治方案和願景，以致民眾對於高屏溪治理的聲浪逐漸升高，終於在 1994 年由曾貴海號召南部環保團體和社運份子共組保護高屏溪綠色聯盟，共同推動保護高屏溪運動。

前後經過 6 年的時間，高屏溪垃圾獲得清善，水質大幅改善，以高屏溪攔河堰與南化水庫聯通、荖濃溪越域引水至曾文水庫，兩項工程取代美濃水庫，砂石開採管制，河川地再造朝生態復育與觀光休閒並重，皆有了初步的成果。在完成階段性任務後，政府部門與民間社會團體關係改變，開始建構伙伴關係，地方政府、專家學者、環保團體、地區居民形成緊密合作的政策社群。

14.4　結　語

大約 2016 年高屏溪流域將完成高屏大湖、高美堰及荖濃堰等重要水資源設施，藉時高屏溪水系之水資源利用率將提高 3.7%，達到 15.7%。由於社會上環保意識覺醒，近來對維持河川自然機能與生命之聲浪日漸增高，

未來之水資源開發趨勢將朝其他非傳統方式發展，如何多元化運用其他非傳統水源（含地下水合理使用或伏流取水工），也將為水利與環工人員所努力之方向。

近年來氣候變遷與暖化下，汛期間時平均時雨量超過 50 公厘之降雨屢見不鮮，上游集水區沖蝕之土砂隨著河川水流，流入水庫後，將於庫區落淤，其結果不僅增加水庫淤積量，雨後久不消散之水體濁度，引入取水設施的卻是無法處理之濁水，嚴重威脅供水之穩定度，是以泥砂問題將是影響水資源發展與運用之另一重要課題。

14.5 例 題

例題1

河川有液體廢棄物傾倒，發現氯苯（Chlorobenzene）排入流域中，已知河川深度 0.4m，水流速 0.6m/s，風速 5m/s，水溫 20℃，試計算氯苯之揮發至空氣之速率？

答：氧氣傳送係數方程式 $K_L = [(D_L \times U)/H]^{1/2}$
$$= (1.81 \times 10^{-4} m^2/day)^{1/2}(0.6\ m/s)^{1/2}(8.64 \times 10^4 s/day)^{1/2}/(0.4m/s)^{1/2}$$
$$= 4.84m/day$$

液膜係數 $K_l = (32/113)^{1/4}(4.84m/day) = 3.53m/day$

氣膜係數 $K_g = 168(18/113)^{1/4}(5m/s) = 531m/day$

亨利常數 $H_e = H_e'/RT$
$$= (0.0037atm\text{-}m^3/mole)/(8.206 \times 10^{-3}atm\text{-}m^3/mole\ °K \times 293°K)$$
$$= 0.154$$

計算揮發至空氣之速率 k_l

$$\frac{1}{k_l} = \frac{1}{K_l} + \frac{1}{K_g H_e} = 1/3.53 + 1/(531 \times 0.154) = 0.28 + 0.012$$

故 $k_l = 3.83m/day$；污染物為不揮發或半揮發類，$K_g H_e$ 項可略去不計。

提示說明：$K_1 = (32/M)^{1/4}(K_L)$，M為污染物分子量，$K_L = [(D_L \times U)/H]^{1/2}$，$D_L$為氧氣擴散係數（20℃, $1.81 \times 10^{-4} m^2/day$ or $8.1 \times 10^{-5} ft^2/hr$），U是平均速度，H是平均水深，$K_g = 168(18/M)^{1/4}(U_w)$，$U_w$是風速m/s；$k_1 = K_1$ 當 $1/K_g H_e = 0$。

參考文獻

1. 傅豫東，區域管理機制—以南方水學討論為例，高等給水工程報告，2008年6月。
2. 樓基中，水資源管理與自來水工程，高雄市復文書局，中山大學出版社，2006年。

自我評量

問答題：

1. 依水利署水資源分區，南部區域包括哪七縣市？南部區域主要供水區可分為哪四大地區？區域內主要河川有？
2. 雲林、嘉義、台南、高雄之各供水區既有聯通管路中，請問各有哪些淨水場提供？
3. 氣候變遷與暖化下，水庫有何影響？
4. 現在與未來水源開發與水資源經營方向，你有何看法。

Chapter *15*

河川流域非點源
污染管制措施

15.1 什麼是非點源污染

非點源污染主要是由降雨造成地表逕流所產生。暴雨初期所產生之地表逕流沖刷與土壤侵蝕，沖刷帶走自然或是人為之污染物，例如泥砂、營養鹽與毒性物質，直接進入承受水體，最後沉澱堆積於河川、湖泊及水庫，甚至影響到飲用水源與地下水源。這一型態的污染伴隨降雨全面產生，沒有集中而明確的發生地點，污染源散佈非常廣泛，因此污染控制所採行的方法亦不相同。

非點源污染是以分散（Diffuse）或地表逕流之形式進入承受水體，所以非點源污染亦稱作面源污染。非點源污染主要來源包括：

一、農業活動施肥、除草劑、殺蟲劑等過量使用。

二、地表逕流沖刷城市地表油漬或是毒性化學物質。

三、河床侵蝕或是建造用地、農地及林地不當管理所產生之沉積物。

四、灌溉活動所產生的營養鹽及垃圾掩埋場之滲出液。

五、家禽或是動物排泄物所產生之營養鹽及微生物。

除此之外，非點源污染來源也包含大氣沉降作用及雨水之變化（U. S. EPA, 1994）。非點源污染變動性遠比點源污染為大，發生的時間及地點有很大的不確定性，主要受降雨、土地利用、水文、地形及地質等因素影響，且傳輸途徑與過程十分複雜，很難加以辨別及監控。

土地利用型態及降雨類型與非點源污染關係密不可分，在土地不同的利用上，土壤特性將影響對土壤滲透、化學作用及出流水之水質；而降雨類型與時間上之關係，對污染物從地表移動至水路過程之變化，影響甚鉅。在非點源污染負荷量分析方面，因非點源污染在時、空上的分佈相當不均勻，所以一般以單位面積長時間之平均污染負荷來表示，如公斤／公頃／年。

15.2 非點源污染控制

集水區非點源污染可以最佳管理作業（BMP, Best Management Practice）控制，BMP 可分成源頭控制（Source Control）與逕流處理（Runoff Treatment）兩類。源頭控制指的是在營養鹽發生的地區實施各種污染防治措施，其主要內容為集水區管理以及污染行為的管制。逕流處理指的是以硬體的結構物將逕流加以處理，因此又稱為結構性 BMP，不過這些結構物需要最初的建造以及往後的維護。

集水區來自天然的營養鹽來源很難控制，而人為的最主要營養鹽來源為作物的施肥，因此可參考農地非點源污染最佳管理作業，該規範提到的 BMP 大多取材自美國，其基本原理是利用管理作業或結構體達成降低流速、減少沖刷、增加入滲以及利用植生控制等方式減少非點源污染量，分類彙整如表 15-1。表中所提到的許多方法與台灣水土

表 15-1　農地非點源污染最佳管理作業

非結構性 BMP		結構性 BMP
管理作業	植生與耕耘系統	階段[E, I]
肥料管理[S]	保育耕作[I, E]	調節暨攔砂池[V]
整體性農藥管理[S]	等高耕種[I, E]	分水工[E]
灌溉用水管理[E, V]	等高帶狀耕種	邊坡穩定結構物[V, E]
調節性排水系統[E]	過濾帶（緩衝帶）[E]	草溝[M]
土壤鹽分管理[S]	田埂[E]	灌溉系統：尾水回收[M]
地下水位控制[I]	覆蓋和綠肥作物[F, E]	水量管制結構物[M]
農業廢污管理[S]	保育輪作[E]	護岸[M]
逕流管理系統[E]	田間防風林[風蝕]	濕地開發與復育[M]
	草及豆科植物之間作[E]	農業化學污染物之管理及處置[S]
	田間條作[I, E]	

註：S：源頭控制，E：減少沖刷，V：降低流速，I：增加入滲，M：綜合
資料來源：行政院環保署（2005）以生態工法去除水庫集水區營養源研究計畫。

保持界行之有年的水土保持設施十分類似，部分與生態工法（Ecological Engineering）原理上也有異曲同工之處，因此可以互相參照，並且針對集水區營養鹽的來源提出有效的控制方法。

★ 15.2.1　源頭控制

研擬適合之 BMP 方案時，通常以考慮源頭控制為優先，因為源頭控制花費不高，且做得好可以達到 100% 的污染防治效果。

以 BMP 中的肥料管理為例，此法與農業單位提倡之合理化施肥方法大致相同，管理方法上可根據前面兩節提到關於氮與磷營養鹽的特性，再做細部的調整。氮的部分，有鑑於化肥的移動力太容易流失，應加強推廣有機肥的使用，將集水區中產生之農牧業廢棄物，處理後回歸集水區使用；磷的部分，造成過量施肥的原因通常為複合肥料的使用及無效的施肥，植體內含磷量不高，使用複合肥料平衡植體三要素需求時往往造成磷的過量，再者，磷肥與土壤的結合力強，植物是否能有效吸收與施肥部位有密切的關係，因此單質肥料的使用及有效施肥的推廣，可有效降低磷肥的浪費。

★ 15.2.2　逕流處理

在逕流處理部分，水庫集水區內受到坡度大的地形限制使得結構性 BMP 設置不易，因此研究多著重於利用農地下游或水庫邊較為平緩的濱水區作逕流的處理，這是生態工法利用緩衝性的生態系統以減緩負荷的作法，例如緩衝帶（Buffer Strips）、緩衝區（Buffer Zone）、天然及人工濕地（Wetland）、灌木樹籬（Hedgerows）及遮蔽帶（Shelterbelts）等。

氮的部分，流達濱水區的氮以硝酸鹽為主，主要去除機制為植物攝取及脫硝作用，其中植物攝取的營養鹽儲存於植體內是減緩負荷而非移除的方法，脫硝作用移除硝酸鹽產生 N_2O、N_2 逸散於大氣是去除氮的根本方法。

在磷的部分，流達濱水區的總磷主要去除機制為植物攝取無機性的磷酸鹽或吸附於土壤而沈降，因為磷與土壤的吸附力大，伴隨被沖刷之土壤而流出的磷佔大部分，利用水土保持方法減少泥沙沖刷、增加入滲或降低流速可達到降低總磷輸出的效果。

去除水庫集水區內的營養鹽以改善水庫優養化現象，需先統計水庫水質資料以瞭解藻類生長之限制因子，並調查集水區內的營養來源，由其源頭或逕流選擇適當之處理方式。

15.3　例　題

例題1

水以 0.4kg/s 之質量流經管徑 2cm 之圓管，計算出水流量及平均速度？

答：$m = \rho Q$　故流量 $Q = m/\rho = 0.4 \times 1000/1 = 400mL/s = 0.4L/s$

$m = \rho Q = \rho vA$　故 $v = m/(\rho * A) = 0.4/(1000 * \pi/4 * 0.02^2)$

例題2

某儲槽內原先並無水，現在以 10kg/hr 之流量注入水，並以 4kg/hr 之流量將水自儲水槽排出，請寫出槽內水量與時間的關係式？

答：$m_1 - m_2 = dM/dt$，$dM/dt = 10 - 4$，$M = 6t$

例題3

(1)如下左圖，$P_o = 2atm$，求蓄水塔容器底部之壓力 $P_1 = ?$ (2)右圖，若氣體量不變，將水漏掉 1m 高度，求氣體壓力 $P = ?$

答：

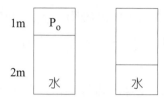

(1) $P_1 = P_0 + \rho gh = 2 + 1000*9.8*2/(1.013*10^5) = 2.19$atm

(2) $PV = nRT$　假設 $T, n = $ const

　　$P/P_0 = V_0/V$　$P/2 = (1*A)/(2*A)$　$P = 1$atm

參考文獻

1. 樓基中，2005，大高雄地區來水水質提升之調查研究（第二年），台灣省自來水公司。

2. 立境環境科技公司，2006，高屏溪水污染稽查管制暨重要河川水質監測計畫，高雄縣環保局。

3. 國立中山大學，2006，高屏溪集水區土壤侵蝕對水質影響分析與濁度控制策略研擬，行政院環保署 EPA-95-G103-02-230。

自我評量

問答題：

1. 何謂非點源污染？

2. 非點源污染控制措施有哪些。

Chapter *16*

水庫優養化
控制與管理

　　當過量營養鹽流入水庫使得藻類攝取而大量繁殖，是造成水質優養化的主因，而營養鹽成分主要包括氮、磷兩大類，他們是以各種型態存在於水庫集水區。水庫集水區營養鹽的控制，首先須掌握其來源，並瞭解營養鹽在集水區內產生的過程、型態的轉化以及傳輸過程，才能由來源或傳輸過程中選擇適當的方法來加以控制及管理。

16.1 水庫優養化的原因

★ 16.1.1 水庫集水區營養鹽的來源

　　水庫集水區營養鹽的來源，如圖 16-1 所示。各類營養源可分為人為排放及天然因素兩部分。在人為部分主要有生活污水、遊憩污水、養豬廢水、工業廢水等點源污染源，及農業施肥、畜牧場、社區、道路及施工工地等非點污染源；天然部分則包括大氣沉降、植物及土壤微生物的固氮作用、植物落葉腐化等來源。

　　點源污染源透過支流及排水路的收集流入河道進入水庫，而晴天累積在地表及土壤中的營養鹽則在降雨時透過地表沖刷及地表下滲漏的途徑以非點源污染的形式流進河道或水庫。

★ 16.1.2 什麼是點源污染

　　集水區之點源污染造成之營養鹽來源可分為生活污水、遊憩污水、畜牧廢水、垂釣污染、工業廢水及其他點源負荷等六大類。後面二類中：工業廢水及其他點源負荷（如垃圾場滲出水），根據不同狀況而可能產生的污染物種類很多，從有機物、固體物到有毒之重金屬或微量有毒物質均有，故這兩類污染在國內水庫集水區內較不常見，不在以下文中敘述。

生活廢水
遊客廢水

大氣乾、濕沈降

畜牧業、養殖業
廢水排放

工業廢水排放

農業肥料、
農藥施用

植物落葉及
植體腐化

土壤及其微生物固氮作用

垂釣、筏釣誘餌施用

水中生物死亡

底泥釋出

△點源污染
□非點源污染

營養鹽來源圖

圖 16-1　水庫集水區營養鹽的來源

　　各種點源污染負荷定義為實際流到水庫的流達污染量（W_2），遠小於排出污染量（W_1），W_2/W_1 之比值稱為流達率，當排水溝注入河川後與上游流入之負荷混合，往下游水庫流動的過程中進行河川自淨作用，可分解部分污染量，所剩之污染量稱為流出污染量（負荷）。

　　國內水庫大部分由蓄截上游河川水量而形成，因此集水區內的河川均發源自山區，受到地勢的影響通常具有水淺、流速快、溶氧高及有機物含量低的特徵，有機污染物之分解較為明顯，而營養鹽流入河道後透過浮游生物的利用及隨泥沙沈降移除的量十分有限，而且底泥的釋出亦不明顯。

一、生活污水

　　生活污水主要來自家庭、商店、機關及小規模之工廠所排出之污水或（及）廢水，污水中主要污染物為有機物質、懸浮固體物、氮磷營養鹽及細菌等。本項污染產生負荷的估計一般採用每人每日產生的單位污染負荷乘以人口數。一般而言，水庫集水區內的鄉鎮規模不大，大部分以散居的小型部落為主，因此污水量、污水水質及流達率的推估若以都市為基準，推測之污染負荷可能會偏高。

二、畜牧廢水

畜牧廢水主要以養豬廢水為主，養牛廢水雖少不過近年來逐漸增加中，畜牧廢水含高量之有機物、固體物、營養鹽和微生物，是重大之點污染源。每頭豬產生之單位污染量，文獻值差距很大，台灣養豬之廢水量每頭豬每天多少公升在 25～50 間，冬天平均約 30，夏天約 40。據農委會畜牧試驗所測定，成豬每日排出糞 1.24 公斤，尿 2.98 公斤，共 4.22 公斤，根據水質估計生化需氧量（BOD_5）單位產生負荷為 150g/c/d、懸浮固體物為 450g/c/d、總氮為 35g/c/d、總磷為 18g/c/d。由於國內水庫集水區多已劃為飲用水水源水質保護區（如圖 16-2），區內明文禁止飼養家禽與家畜，因此原有養豬戶已逐漸拆除，養豬廢水在水庫集水區內的污染貢獻量不如以往嚴重。

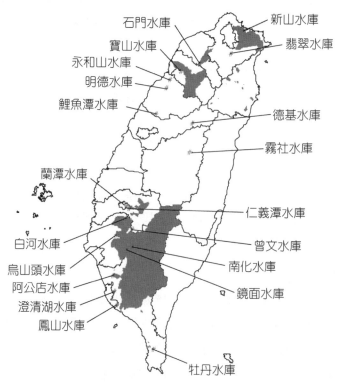

圖 16-2　國內水庫分佈及水源水質保護區劃定範圍

資料來源：行政院環保署

三、遊憩污水

水源水質保護區內禁止大型的遊樂或遊憩場所開發，因此國內主要水庫集水區內的遊憩據點以休閒農場、風景特定區及天然的風景據點為主，例假日常吸引大批遊客，因部分景點十分接近濱水區，故污染流達率頗高。

遊憩活動依設施型態及相關服務的不同，產生的污染量也有差異。美國環保署調查發現不同娛樂設施產生污水濃度有很大的差異，若以同一標準估計誤差較大，而污染物成分則以 BOD_5、懸浮固體物（SS）、氮、磷等為主。根據國內水庫集水區之普遍狀況，將遊憩污水分為餐飲污水、旅館及飯店污水及其他休憩污水三類。

四、垂釣污染

垂釣是休憩活動的一類，不過其污染方式為含高量氮磷之餌料直接投入承受水體，尤其當集魚用的誘餌過量使用時形成水庫內相當顯著之營養來源，與一般遊憩污染不同。

★ 16.1.3 非點源污染

非點源污染主要是由降雨造成地表逕流所產生。暴雨初期所產生之地表逕流沖刷與土壤侵蝕，沖刷帶走自然或是人為之污染物，例如泥砂、營養鹽與毒性物質，直接進入承受水體，最後沉澱堆積於河川、湖泊及水庫，甚至影響到飲用水源與地下水源。

★ 16.1.4 底泥釋出

水庫水質發生優養化與過量輸入的營養鹽有關，除了從集水區進入的外部負荷，氮、磷也會自水庫底泥釋出，成為藻類生長來源。因此控制底泥營養鹽釋出也是被視為保護表面水水質的重要方法之一。

其中又以磷的循環影響為主，底泥和水質是互為影響的，尤其是淺水湖庫，優養化使水庫基礎生產力旺盛，沉降有機物量也高。底泥礦化分解

所產生的氮磷營養鹽、其他還原性物質及重金屬等很容易再被釋放回到上層水中，對水質是會產生影響。

水庫底泥來源可概分為岩生性底泥（Lithogenous Sediment）、水生性底泥（Hydrogenous Sediment）及生物性底泥（Biogenous Sediment）三類。以磷為例，可經由下列五種主要機制進入底泥：

一、隨著集水區含磷礦物沉降（Sedimentation）進入，亦即岩生性或陸生性（Terrestrial）底泥。

二、和若干礦物發生沉澱或吸附，亦即水生性底泥，例如和鐵錳礦物共沉澱、與黏土或過氧氫氧化物（Oxyhydroxides）發生吸附及和碳酸鈣作用。

三、和異生性（Allochthonous）有機物一起沉澱。

四、和湖庫內自生性（Autochthonous）有機物一起沉澱。

五、和水生物死亡殘屑一起進入底泥。大多數磷會隨著底泥的沉積被掩埋。

大多數底泥污染物是透過懸浮固體攜帶進入，其次是動植物代謝分解產物。底泥釋出的污染物包括溶解及非溶解性的懸浮物，底泥釋出污染物以氮、磷及有機質對水質的影響較大，其中又以磷的釋出為主要考慮對象。

這些物質對水質的影響包括：(1)底泥釋出營養鹽增加，使藻類大量繁殖，產生藻毒、異味與臭味直接影響自來水之供水品質；(2)底泥厭氧釋出黃酸、腐植質等有機酸會增加自來水廠生成三鹵甲烷。

此外中國大陸淺水湖泊常發生一夜之間水質迅速惡化，水生魚蝦大量死亡的原因也與底泥有關。當底泥厭氧造成還原性硫化氫等有毒氣體及水中缺氧時對水生物影響很大。底泥溶出鐵錳等金屬也曾造成紅水問題。

16.2　國內水庫優養化現況

★ 16.2.1　水庫背景

　　台灣地區的民生用水約 70% 來自水庫，惟因地形陡峻、地質脆弱、雨量集中，自然崩塌的沖蝕力大，再加上過度的農林業開墾、畜牧飼養與觀光遊憩區闢建等，造成大量的泥沙與污染物排入湖泊、水庫中。此等泥沙與污染物質的傳送，大都於暴雨期間隨直接逕流的方式而攜帶運移。集水區產生大量的泥沙與污染物，造成水庫的淤積、優養化。

　　台灣本島共有大小水庫與攔河堰 80 餘座，離島的澎湖縣與外島金門縣、連江縣亦有 35 座小型水庫，水庫位置位置圖如圖 16-3 至圖 16-6 所示（環保署 94 年水庫環境水質監測年報）。由於地狹人稠，水庫功能除了作為公共給水、工業用水、防洪、灌溉等，部分水庫尚提供休憩功能。

　　南部大高雄地區隨著工商業的發達、都市成長以及人口增加，對於用水需求也日益增加。大高雄地區有澄清湖、鳳山以及阿公店三座水庫，阿公店水庫因長期淤積不堪使用，目前主要利用之水源為澄清湖以及鳳山水庫。以下為兩水庫簡介：

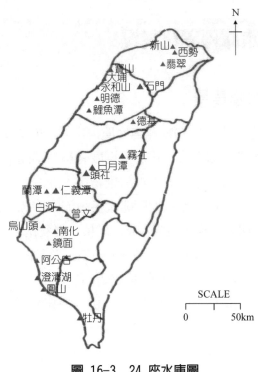

圖 16-3 24 座水庫圖

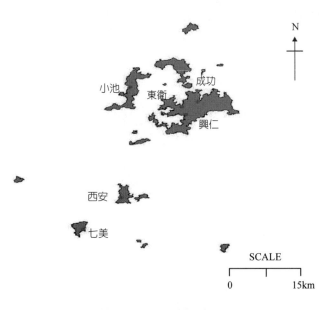

圖 16-4 澎湖縣水庫圖

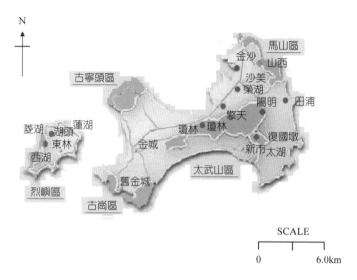

圖 16-5　金門縣水庫圖

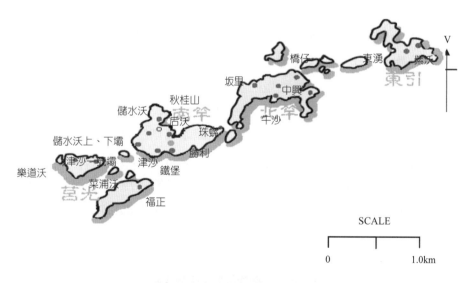

圖 16-6　連江縣水庫圖

一、澄清湖水庫

　　澄清湖水庫為一離槽水庫，於民國 42 年完工使用，由高屏溪曹公圳引水，目前改為大樹攔河堰引水。管理機關為台灣省自來水公司第七管理

處。水庫集水面積為 2.88 km^2；正常蓄水位標高為 18 m；滿水位面積 111
公頃；總蓄水量 436 萬 m^3；計畫有效蓄水量 270 萬 m^3；現有效蓄水量 343
萬 m^3；壩型為土壩；壩頂標高 19 m；最大壩深高度 6 m；壩頂長度 600
m；壩頂寬度 10 m。詳細彙整如表 16-1 所示。

表 16-1　澄清湖水庫基本資料

項　目	內　容	項　目	內　容
管理單位	台灣省自來水公司第七管理處	集水水源	高屏溪（抽水）
水庫位置	高雄市鳥松鄉	水庫集水面積	2.88 平方公里
壩堰型式	土壩	滿水位面積	111 公頃
壩堰高	6 公尺	有效蓄水量	343 萬立方公尺
壩堰長	600 公尺	總蓄水量	436 萬立方公尺
壩堰寬	10 公尺	水庫功能	公共給水、觀光

資料來源：經濟部水利署。

　　澄清湖水庫位於北迴歸線以南，屬於熱帶氣候區，全年溫差七月最
高，一月最低，年平均溫度為 23℃，平均溫差約 10℃，年平均雨量為
2000～3000 mm 之間，冬季則是枯水季節，雨量大多集中於五月至九月，
佔全年降雨量 90% 以上。

　　澄清湖水庫位於鳥松鄉境內，集水區範圍為鳥松村內。水庫水源取自
高屏溪大樹攔河堰，攔河堰以上之高屏溪流域所經過的鄉鎮為旗山鄉、美
濃鄉、大樹鄉、六龜鄉、甲仙鄉、杉林鄉、內門鄉、茂林鄉、桃源鄉及三
民鄉。水庫附近遊憩點人數概況如表 16-2，水庫集水區土地利用型態如表
16-3。

表 16-2　澄清湖水庫遊憩人數

統計年度	90 年	91 年	92 年	93 年	94 年
總旅客人數（人次）	542,056	482,832	1,230,734	1,162,741	1,162,741
遊客人數成長率*（%）	-	-11	127	115	115

註：遊客人數成長率為各年度總人數比較 90 年度總人數之成長率。
資料來源：交通部觀光局。

表 16-3　澄清湖水庫集水區各土地利用類型統計表

土地利用類型	林地	果園及農地	社區	其他	總和
面積（ha）	121	105	18	28	272

資料來源：行政院環保署（2005）以生態工法去除水庫集水區營養源研究計畫。

　　環保署於澄清湖內設置四個水質監測站（編號 2181、2182、2183、2184），如圖 16-7 所示。在編號 2182 站水質採樣位置包含表、底層，其餘三站只做表層採樣，每季採樣一次進行水質分析。在歷年水質監測結果中，水溫全年平均約在 25℃；酸鹼值（pH）在 6.8～8.5 之間；溶氧（DO）則大致介於 4～12 之間。水庫水質因為承受工業廢水，總磷竟高達 600 μg/L；葉綠素 a 高達 90 μg/L；透明度約在 1.5 m 以下；氨氮大致低於 2 mg/L；硝酸鹽氮及亞硝酸鹽氮均低於 4 mg/L。生化需氧量（BOD）濃度差異較大，但在 91 年後之數據均低於 10 mg/L。總鹼度約在 100～200 mg/L 之間；總硬度平均約在 250 mg/L。

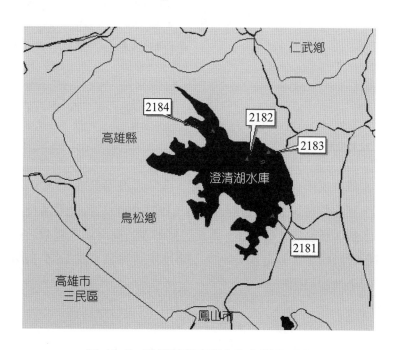

圖 16-7　環保署澄清湖水庫水質監測站

資料來源：環保署環境資料庫

二、鳳山水庫

鳳山水庫建造始於民國 69 年，完成於 73 年，管理機關為台灣省自來水公司（第七區管理處）。水庫的集水面積為 3.0 km²，總蓄水量為 920 萬 m³，計畫有效蓄水量為 850 萬 m³，正常蓄水位標高 47 m，最高洪水位標高 50 m，滿水位面積 74.9 公頃。鳳山水庫屬離槽水庫，水源來自於東港溪的地面水及部分高屏溪的伏流水。鳳山水庫計畫目標為公共給水及工業用水，但由於水庫水質不佳，目前只供給工業用水。詳細彙整如表 16-4 所示。鳳山水庫目前高屏溪取水口位於高屏溪（大樹）攔河堰（於水源較豐裕時期），取水口上移有助於獲得較佳之原水水質，過去的取水口昭明及林園抽水站因水源鹽化問題目前無供應進水；東港溪取水口則位於港西抽水站。

表 16-4　鳳山水庫基本資料

項　目	內　容	項　目	內　容
管理單位	台灣省自來水公司第七管理處	集水水源	高屏溪、東港溪（抽水）
水庫位置	高雄市林園鄉	水庫集水面積	3.0 平方公里
壩堰型式	土壩	滿水位面積	74.9 公頃
壩堰高	53.3 公尺	有效蓄水量	786 萬立方公尺
壩堰長	325 公尺	總蓄水量	920 萬立方公尺
壩堰寬	9 公尺	水庫功能	公共及工業給水

資料來源：經濟部水利署。

鳳山水庫位處南台灣，屬熱帶氣候，全年溫度不低於 15℃，年平均溫度 24.7℃，年平均降雨量為 1784.9 mm（1971-2000）。東港溪及高屏溪的水源水質水量保護區內人口約 65 萬人，東港溪及高屏溪之產業活動以養豬業對水質影響最嚴重，其他部分則為工業及生活污水。表 16-5 為鳳山水庫集水區各類土地利用面積。

表 16-5　鳳山水庫集水區各土地利用類型統計表

土地利用類型	林地	果園及農地	社區	其他	總和
面積（ha）	87	122	47	53	309

資料來源：行政院環保署（2005）以生態工法去除水庫集水區營養源研究計畫。

　　環保署於鳳山水庫內設置四個水質監測站（編號 2185、2186、2187、2188 站），如圖 16-8 所示。4 站均做表層區域之水質採樣，每季採樣一次進行水質分析。因承受工業廢水，總磷甚至高達 2000μg/L；葉綠素 a 大致低於 15μg/L；透明度大約在 1.5 公尺以下，氨氮大致低於 10 mg/L；亞硝酸氮和硝酸氮均低於 5 mg/L；懸浮固體之濃度近年來有逐漸惡化的趨勢；表、底層溶氧大致低於 6 mg/L。

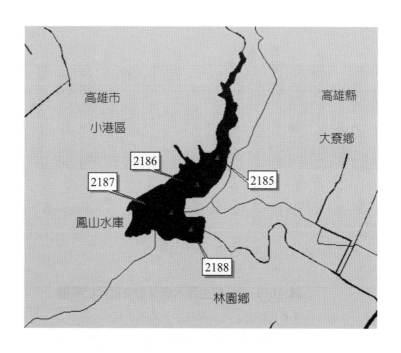

圖 16-8　環保署鳳山水庫水質監測站

資料來源：環保署環境資料庫

⭐ 16.2.2 台灣地區水庫優養化程度

　　根據 94 年度環保署公佈針對台灣本島 20 座主要水庫以及離島水庫進行監測，並利用總磷、葉綠素 a 與透明度三項測值，計算卡爾森指數，評估其優養程度之結果如圖 16-9 所示。在台灣本島地區執行監測的 24 座水庫中，計有 20 座規劃為主要水庫，而依據 94 年度的監測結果顯示 20 座主要水庫中鳳山水庫卡爾森指數皆超過 70，長期處於優養化狀態，日月潭水庫與翡翠水庫水質最佳，處於貧養狀態。以水庫數量計算，94 年度的平均水質呈現優養化的水庫數為 6 座，較 93 年度的 9 座、92 年度的 10 座相較為減少。

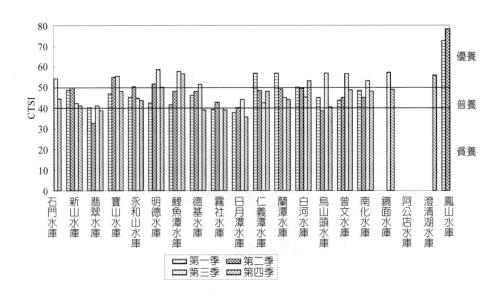

圖 16-9　20 座主要水庫卡爾森指數比較圖

資料來源：行政院環保署（2006）水庫環境水質監測年報

16.3 水庫優養化控制方法

　　保護及恢復水庫生態健全的首要工作是防治過多的營養排入。與河川不同之處是這些營養鹽、污染物與泥沙等會累積在水庫中，無法隨水排除。而更有甚者，當外部的污染負荷停止後，水庫內部循環所造成之回饋負荷，仍會引發持續之優養問題。

　　優養水庫水質改善可由兩方面考慮，一為控制營養鹽來源，一為控制藻類生長。包括水庫集水區外部營養鹽負荷量削減、水庫內部營養鹽負荷量控制、水庫內抑制藻類生長、底部供氧曝氣等措施。

★ 16.3.1 水庫集水區外部來源之營養鹽削減

　　集水區非點源污染中氮的主要天然來源為固氮作用及大氣沈降，人為來源是以農地施肥為主，而磷的主要來源也是以施肥為主；在點源部分，污染負荷視不同集水區的實際情況而有差異，一般而言水源水質保護區內生活污水、遊憩污水及垂釣污染是主要的營養鹽來源。

　　大部分國內調查結果顯示水庫外部來源是以非點源污染為主，點源污染量雖然較小，不過它是容易著手進行控制的目標。垂釣污染可利用取締及管制方法削減產生量；生活污水、遊憩污水可利用收集處理或自然淨化法、人工濕地等方式處理。

一、點源污染控制

（一）建設污水下水道

　　直接杜絕集水區人為所產生之污染源進入水體，為控制優養化治本的方法。建設污水下水道系統將生活污水、工業廢水及畜牧廢水等等污染源收集後，送至污水處理廠處理後，再海洋排放或是排放於水庫下游水體。可有效減少流入水庫之污染物，亦降低水體污染量。

（二）污水截流

在集水區內污染嚴重之排放溝渠，利用設置截流站將污水導引至污水處理場或處理設施設施，污水經處理後再海洋排放或是排放於水庫下游水體。此方式可直接防止污染物進入水體，達到減少污染物之效果。

（三）人工濕地

在集水區內，若人口居住集中但群落較為分散，可使用人工濕地作為污染處理設施。

人工濕地係以工程方式構築池池塘或溝渠，性質與自然濕地類似，並種植水生植物，導入廢污水進行淨化處理之技術。濕地底部可為不透水土壤層或其他介質 $20\sim30$ 公分，以提供水生植物著根。水質淨化功能以種植的水生植物吸收污染物為主，並由附著在地下莖及根部區的微生物進行處理污染物。

人工濕地可因設置目的分為許多種類，一般而言所具有之功能有(1)水質淨化功能、(2)景觀營造、(3)生物棲地重建及(4)水利控制等等，若是種植經濟作物亦可有收穫轉賣的經濟功能。

（四）其他

對於集水區中各污染源（如工廠及畜牧場），利用法令規範或經濟誘因，促使其減少污染排放或遷離集水區。

二、非點源污染之控制

集水區非點源污染可以最佳管理作業（BMP, Best Management Practice）控制，BMP 可分成源頭控制（Source Control）與逕流處理（Runoff Treatment）兩類。

集水區來自天然的營養鹽來源很難控制，而人為的最主要營養鹽來源為作物的施肥，因此可參考農地非點源污染最佳管理作業，分類彙整如表16-6。

表 16-6 農地非點源污染最佳管理作業

非結構性 BMP		結構性 BMP
管理作業	植生與耕犛系統	階段 [E, I]
肥料管理 [S]	保育耕作 [I, E]	調節暨攔砂池 [V]
整體性農藥管理 [S]	等高耕種 [I, E]	分水工 [E]
灌溉用水管理 [E, V]	等高帶狀耕種	邊坡穩定結構物 [V, E]
調節性排水系統 [E]	過濾帶（緩衝帶）[E]	草溝 [M]
土壤鹽分管理 [S]	田埂 [E]	灌溉系統：尾水回收 [M]
地下水位控制 [I]	覆蓋和綠肥作物 [F, E]	水量管制結構物 [M]
農業廢污管理 [S]	保育輪作 [E]	護岸 [M]
逕流管理系統 [E]	田間防風林[風蝕]	濕地開發與復育 [M]
	草及豆科植物之間作 [E]	農業化學污染物之管理及處置 [S]
	田間條作 [I, E]	

註：S：源頭控制，E：減少沖刷，V：降低流速，I：增加入滲，M：綜合
資料來源：行政院環保署（2005）以生態工法去除水庫集水區營養源研究計畫。

★ 16.3.2 水庫內部來源之營養鹽控制

一、底泥穩定化

底泥磷造成的內部負荷是相當重要，尤其是沉積量大且水淺的水庫，甚至是最重要的來源。在水中施用鋁鹽，令生成之氫氧化鋁膠羽沉降覆蓋於底泥表面，形成一毯子狀的阻絕層，可以有效阻止磷釋出。此法相當有效且常被採用，甚至下層水是處於缺氧（Anoxia）的狀態也可應用。將底泥氧化處理，令生成之鐵離子與磷酸形成穩定之化合物也屬此法。

二、隔絕底泥

以不透水材料，例如聚乙烯膜、聚丙烯膜、玻璃纖維幕、生灰、碎磚瓦、粗麻布或黏土，覆蓋底泥可以阻絕營養鹽進入水體。此方法之限制是成本高，且為治標之方法而非治本。應用此方法之例子很少，較常用在控制大型水生植物。

三、抽排下層水

是利用虹吸、抽水或選擇適當之取水口，將底層富含營養或缺氧的水抽除，可以有效加速營養鹽的排除、降低表層水中之磷濃度及改善水庫底層溶氧狀況。

底層水抽排是將一般在上層的取水口盡量移到最底部，如此可將營養高的底層水排除，使得擴散進入上層的磷減少；同時也可以縮短底層水的停留時間，減少氧氣耗盡的機會。

抽除下層水可以避免有分層現象的水庫因底部厭氧而釋放出磷、有毒金屬、氨及硫化氫。因此，此方法有排除磷及抑制磷釋出的雙重效果。

四、底泥移除

底泥移除有多重的效果，可以將營養鹽的內部來源大大降低，也可以增加水庫的容積，甚至移除有毒的底泥，減少內部循環。

五、人工浮島（Artificial Floating Island, AFI）

人工浮島為一漂浮在水面尚可栽植植物之人工浮體結構，其功能包括(1)生物棲息與多樣性；(2)水質淨化；(3)景觀綠化改善；(4)消波及護岸效果。在水庫庫區上游或沿岸搭設 AFI，可利用其水面下之植物根系或接觸反應材料等提供藻類、微生物及浮游動物成長場所，藉由植物、藻類及微生物等生物作用代謝吸收掉營養鹽，達到水質淨化效用。

★ 16.3.3 水庫內抑制藻類生長

一、利用食物鏈控制藻類

將捕食浮游生物之魚類捕捉或毒殺，可以讓浮游動物的數量增加，因而可以抑制藻類的數量。這種技術看似簡單，也不昂貴，但是由於對於生態系統所知仍有限，方法之不確定性很高，相關經驗也不充足，尚需進一步之研究。

二、生態系統控制

這種方法與上一種方法很類似，但是是培養濾食藻類的魚蝦等，以生

物方法減少藻類。此方法對於大型藻類相當經濟且有效，但是對浮游藻類則不一定，甚至有因營養循環反而造成藻類增生的疑慮。近年來的研究正朝向對生態系統整體之瞭解，可以以生態的工法，建立健全的生態系統，而達到控制優養的目的。

三、收穫藻類

藉由直接將生長於水中的大型藻類移除，可有效減少藻類數量，亦可控制經由藻類死亡而釋回水中之營養鹽。

四、降低水位

降低水位對於去除高莖著生型藻類有效，可以使其根部暴露於空氣中因缺水、太熱或太冷而死亡。其他的效果包括可以趁機會挖除底泥或清除某些魚類。許多水庫靠近大壩的水深及庫底之地形均不利於降低水位來暴露底部，但是水庫較上游的河段，或是在乾旱的季節，卻可以輕易的進行底泥的挖除或穩定化工作。

五、化學除藻劑

硫酸銅方法常用來去除藍綠藻造成的藻華現象及臭味問題。文獻指出對藻類產生毒性並非總銅的濃度，而是二價銅濃度的多寡。二價銅離子可抑制藻類的光合作用、細胞分裂作用與固氮作用，不同藻種對二價銅的敏感度不同，尤其是鞭毛蟲類及藍綠藻對二價銅非常敏感，因此常以此法去除之。

★ 16.3.4 曝氣或底部供氧

一、強制水庫水循環

用攪拌或曝氣等方法強制水庫水循環，破壞水庫的溫度分層，可以改善缺氧的狀況，同時降低水中的鐵錳含量。甚而將藻類送進入底層缺少光線的水體，可以抑制藍綠細菌的大量繁殖。

利用深層曝氣可以達到強制混合的目的。此方法頗適用於小型的水庫，但是由於動力需求太大，且會使原本水質相當好的水體變得較差，可

能不適合大型水庫的環境條件。打破分層以降低優養化的原理為：

（一）破壞分層使藻類無法一直停留在有光照的生長層，因而降低質量之增長。

（二）循環降低水的 pH 值，使最適生長的藻類由藍綠細菌變成毒性較低的綠藻類。

（三）循環使下層水溶氧提高，阻絕磷、鐵及錳的釋出。

二、底層水曝氣

水庫底層水處於厭氧狀態時，磷的釋出量會大增。若是水庫深度大，上游進流水溫度要很低，才有機會進入底層將厭氧的底層水置換。因此，底層水曝氣可以改變底層水的厭氧狀態，阻止磷的釋出以及消除厭氧造成的不利環境，例如高濃度的氨、錳和鐵。

底層水曝氣通常不會擾動水的分層。底層冷水抽到水面，經過曝氣後再送回底層，如此可以改善底層水的厭氧狀態，也可以消除臭味產生的機會，可提昇做為自來水的原水品質。

當然如果底層水含有高濃度的磷、鐵或錳，也會因為溶氧增高而較容易沉澱下來。此項措施對於底棲生物或底棲魚類之維護有絕對的好處。

⭐ 16.3.5 優養化改善方法評估

對於一個有待改善的水庫，每一個可能的改善方案都必須經過詳細的可行性分析。最後決定的因素當然是改善成本及改善的程度（效益）。以最低成本可以達到期望效益而又沒有不利影響的方法即為優先考慮的改善方法。評估的步驟大致如下：

一、蒐集水庫相關資料

二、訂定改善目標

三、建立水庫模式

四、初步建立替選方案

五、替選方案功能設計與改善成效評估

六、替選方案成本及環境影響分析

七、替選方案評估

16.4 國內南部水庫優養化控制－以澄清湖水庫為例

澄清湖水庫於民國 31 年完工並由高屏溪曹公圳引水，水深約 3～4 m，引水出水口至淨水場取水口停留時間僅 13～16 天。澄清湖水質優養問題於民國 66～67 年，開始引起台灣省自來水公司重視。當時澄清湖淨水場操作發生極大困擾，快濾池砂層為浮游生物阻塞，濾程大幅縮短，反洗頻繁，另清水含有異味曾引起抱怨。

調查結果係由湖水藻類及浮游生物引起。之後台灣省自來水公司及環保單位亦繼續進行一系列有關澄清湖水質、藻類、生態及臭味控制等調查研究，對於澄清湖優養之現象一直進行實質上之改善。

根據台灣省自來水公司調查研究報告顯示，造成澄清湖優養化之污染源包括：(1)高屏溪本身污染；(2)曹公圳沿途污染；(3)環湖觀光區污染；(4)水庫底泥溶出污染源。其中「底泥不斷釋出 N、P 是澄清湖優養化之主因，必須控制曹公圳進水含磷量與清除底泥同時進行才能使蓄水恢復貧養」。至此之後，歷年主要之改善工程均朝此二方向進行。

一、引水源高屏溪流域污染

澄清湖水庫為一離槽型水庫，優養化的改善控制對於其引用水源高屏溪流域之污染，一直以來為整治方向之一。引用水源高屏溪為高雄、屏東地區主要之農業用水、工業用水及民生用水來源，如圖 16-10 所示，但是由於高屏溪流經多達 24 個鄉鎮，各地之工業廢水、生活廢水、畜牧廢水及沿岸砂石廠之廢水排入，已導致河川水質嚴重污染，影響各項用水品質。由於養豬廢水為高屏溪最主要之污染源，因此環保署於「事業水污染源管制計畫」中之「以流域為基礎之養豬廢水污染管制措施研訂」，研擬將高屏溪流域水源區採禁養方式，以達到嚴格保護水源水質之目的。

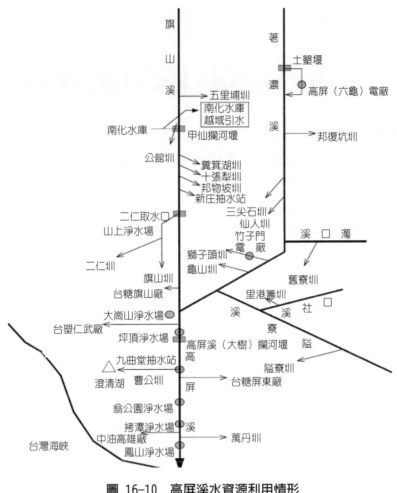

圖 16-10　高屏溪水資源利用情形

　　在「飲用水水源水質保護綱要計畫－高屏溪、淡水河、大甲溪、曾文溪部分」水源保護區養豬戶依法拆遷補償工作，奉行政院核定，經中央及地方之努力，高屏溪內水源區之養豬戶已依法拆遷，全面停養。有效削減大樹攔河堰上游萬頭的豬隻，高屏溪流域水質在計畫執行後，全流域未受污染河段，已增長為 138.3 公里。

　　行政院環保署「三年行動計畫」之執行年，計畫主要內容為(1)第一年針對 13 條重點河川，加強稽查管制。並結合當地志工巡守，加強對非法廢

水排放之稽查處分，完成查緝 60 處非法廢水排放。(2)第二年及第三年持續辦理查緝非法廢水排放管制計劃，每年完成查緝 60 處非法廢水排放。3 年內累計完成查緝 180 處非法廢水排放。以期削減各流域內 BOD 排放量，減少河川污染負荷及公害事件之發生。歷年高屏溪污染整治計劃如表 16-7 所示。

表 16-7　高屏溪流域污染整治歷程及現階段計畫

階段	期程	計畫名稱	作業內容
調查規劃階段	82	高屏溪流域污染整治規劃	污染源調查掌握、模式建立、整治措施研擬。
	86	以流域為基礎之養豬廢水污染管制措施研訂	分級分區管制方案、GIS 資料庫及應用系統建置。
	87	訂定台灣省河川流域性飲用水水源水質保護實施計劃	飲用水水源水質保護區劃定、流域水質保護實施計畫研擬、九大流域 GIS 建置。
	87-95	飲用水水源水質保護綱要計劃	高屏溪等五流域水源區短、中、長程污染整治措施、組織、經費等。
推動執行階段	88-90	水源保護區養豬戶拆除補償計畫	綱要計劃短程階段優先措施，與養豬戶及執行單位研商協調。
	89-90	水源保護區養豬戶依法拆除補償基準	公告補償基準、對象、認定標準等，據以辦理拆除補償作業。
	89-90	水源保護區養豬戶依法拆除辦理補償注意事項	公告辦理拆除補償作業表單、申辦事項、作業流程、時程、疑問補充說明等，作為作業之依據。
	90-93	台灣地區河川流域及海洋經營管理方案第一期計畫	推動高屏溪等九大重點河川整治之措施、期程、組織、經費等。
	90-91	高屏溪等五流域水源區遙航測及養豬場地理資料建檔	由航空攝影測量 GIS 建立「水源區養豬戶航遙測影像應用系統」，防止養豬戶復養之監控。
	91	高屏溪流域非點源污染防治具體措施規劃	土地利用之判釋、非點源污染管制措施方案研擬、結構性 BMP 實作規劃。
	91	水源區養豬戶拆除補償後續稽查管制計劃	對已拆遷補償之養豬場進行複查，避免業者復養。
	91-93	屏東縣砂石場管制稽查計劃	管制流域內砂石場的廢水產生量，輔導業者進行廢水削減改善。
	92	屏東縣飲用水業之查驗及水質抽驗計劃	檢測包裝飲用水、自來水、簡易自來水系統水質是否符合飲用水標準。

階段	期程	計畫名稱	作業內容
	93	屏東縣辦理畜牧業水污染管制計劃	稽查管制畜牧業排放，建立養豬場污染排放量。
	93-95	河川流域污染減量計劃	1. 查緝非法廢水排放管制計劃。 2. 生態治河計畫。 3. 水污染重點稽查行動計劃。

資料來源：高雄縣環保局，高屏溪水污染稽查管制暨重要河川水質監測計畫。

　　至於氮、磷的整治成果，在高屏溪攔河堰沉砂池民國 89～93 年的水質監測數據中，氨氮濃度於 89 年最高 1.5 mg/L 下降至 93 年 0.06 mg/L，總磷濃度由 89 年最高 0.7 mg/L 下降至 93 年 0.08 mg/L，對於減少輸入澄清湖水庫之營養鹽濃度有顯著的成效。

二、底泥溶出污染

　　澄清湖水庫由於引用水源為高屏溪，上游集水區山勢陡峻，豐水時溪流湍急，溪水除侵蝕邊坡外，也將大量土石運送到下游，造成水中濁度升高。且集水區中建築工事、農業活動及砂石業等工業活動，亦使水中濁度升高。高屏溪水就挾帶大量泥沙，混濁的溪水經過輸水管線進入水庫後，囤積水庫。澄清湖歷年相關澄清湖水質改善及底泥性質調查、清除規劃成果整理如表 16-8 所示。

表 16-8　澄清湖歷年水質改善及底泥性質調查、清除規劃成果

期程	單位	相關成果
72	台灣省自來水公司	「澄清湖浮游生物與放線菌繁殖對水源臭味之影響（二）」。
72/4-72/6	台灣省自來水公司	於湖中施灑殺藻劑（硫酸銅），控制浮游植物繁殖。
76	行政院衛生署環保局	「以指標生物方法對台灣地區重要水庫優養化情形之初步評鑑」結果報告。
77/7/、77/11	台灣省自來水公司	於湖中施灑殺藻劑（硫酸銅）。
78	行政院環保署	「後勁地區水源改善—澄清湖、鳳山水庫水質及底泥改善計畫」調查報告兼評估工程及經濟可行性並研擬最佳方案。
78/3、78/4	台灣省自來水公司	於湖中施灑殺藻劑（硫酸銅）。
79	台灣省自來水公司	「澄清湖湖底淤泥清除研究」。

期程	單位	相關成果
80	台灣省自來水公司	「澄清湖與蘭潭水庫水質改善規劃」報告。
80/1	台灣省自來水公司	湖內放養鰱魚。
84	台灣省自來水公司	「澄清湖曝氣工程效益評估」。
84	台灣省自來水公司	「澄清湖及鳳山水庫淤泥清除規劃」。
89	行政院環保署	「河川環境水體底泥整體調查監測計畫」。
89	台灣省自來水公司	「大高雄地區自來水後續改善工程規劃」第三篇澄清湖底泥處理。
93/2-93/10	台灣省自來水公司	「澄清湖底泥挖除工程第一期」，進行底泥挖除 30 cm，總共挖除 230,000 m³。
93/12-94/8	台灣省自來水公司	「澄清湖底泥挖除工程第二期」，進行挖除底泥 40 cm。
94/5- 94/11	台灣省自來水公司	「澄清湖導流幕工程」，新設導流幕約 2.2 km。
94/8 -迄今	台灣省自來水公司	「澄清湖水庫緊急抽沙工程」，進行抽沙工程，全部浚挖至高程 13.5 m 外，其餘浚挖平均厚度 1 m。

　　澄清湖水域內之水質改善設備主要有曝氣工程及導流幕。日前水庫設置曝氣系統五組，圖 16-11 為曝氣系統在湖中裝設位置，每一組均於岸上構築機房，內置 25 hp 之空壓機，利用管線將空氣沿湖底輸送，再銜接至 12 套散氣器，壓縮空氣則由散氣盤自然散逸。曝氣系統總計有 16 條輸氣管，各條輸氣管接 12 套散氣器，共計 192 個散氣口。此外，為使水庫發揮最高滯流效果以達淨水功能，遂於進水口附近設置一道塑膠布製成之導流幕，長約 530 m，直伸至湖面中央，水面以水桶支撐，深度直達湖底，下端則以混凝土錨座固定。

　　台灣省自來水公司「澄清湖曝氣工程效益評估」，評估結果顯示：

一、曝氣對水庫之臭度、三鹵甲烷生成潛能、葉綠素 a 等沒有影響。

二、曝氣對湖水之有機物、氨氮及藻類稍有降低作用，對底泥的安定也稍有幫助。

三、曝氣對改善水庫優養化和減少氨氮效果有限，無法減少淨水場的加氯量及加藥量。

四、澄清湖營養鹽的負荷主要來自外部負荷，包括水庫進流水及集水區的非點源污染。因若要改善水庫水質，應改進水庫進流水水質。

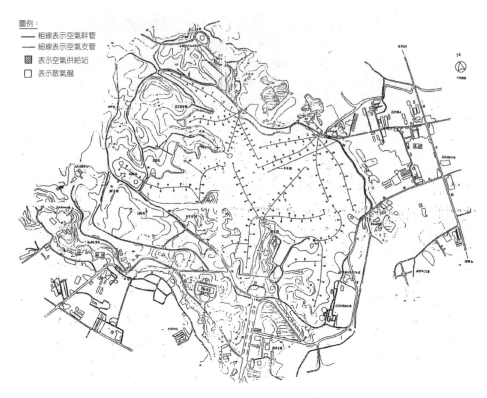

圖例：
—— 粗線表示空氣幹管
—— 細線表示空氣支管
▨ 表示空氣供給站
□ 表示散氣盤

圖 16-11　澄清湖曝氣區及空壓機站配置圖

資料來源：台灣省自來水公司，澄清湖曝氣工程效益評估計畫

　　近年來，台灣省自來水公司投入大量經費對澄清湖進行底泥疏浚。於民國 93 正式施工「澄清湖底泥挖除工程」，分為兩期。94 年再進行「緊急抽沙工程」如圖 16-12 所示，除導水管進水口至進水場取水口段之區域（面積約 6.7 ha）全部浚挖至高程 13.5 m 外，其餘浚挖平均厚度 1 m。清除淤泥沙 31,962 m³，配合「導流幕新建工程」如圖 16-13 所示，有效降低底泥營養鹽釋出，改善水庫水質，也同時活化水庫，增加水庫壽命及蓄水量。截止目前為止，自來水公司定期或不定期底泥疏浚。

圖 16-12　澄清湖竣泥抽沙作業圖

圖 16-13　澄清湖導流幕圖

16.5 例 題

例題1

　　某水庫之表面積 $7.77 \times 10^7 m^2$，平均水深 8m，每年平均降雨量 30inch/yr，(1)有一污水處理廠（人口 50000 人，用水量 150gcD，入流水總磷濃度 6mg/L，處理效率 20% 後放流），故總排入流量為 $50000 \times 150 \times Mgd \times 1.548cfs/Mgd = 11.6cfs$，(2)結合式下水道約水量流入 5.61cfs，總磷濃度 4mg/L，(3)暴雨排入量約 2.36 cfs，總磷濃度 0.7mg/L 河川有液體廢棄物傾倒，發現氯苯（Chlorobenzene）排入流域中，已知河川深度0.4m，(4)水庫山腰流入量約 500 cfs，總磷濃度0.02mg/L，(5)水庫附近農業排入量約 39.8 cfs，總磷排入量 30lb/day〔$= (0.5lb/mile^2\text{-}day) \times (60 mile^2)$，(6)森林用地流入量約 53cfs，總磷排入量 12lb/day〔$=(0.15 lb/mile^2\text{-}day) \times (80 mile^2)$，試計算水庫中總磷（$T_p$）濃度？優氧化程度？已知換算係數 5.39(lb/day)(mg/L-cfs)，優氧化狀態：$T_p < 10 \dfrac{\mu g}{L}$ 無或輕微，$T_p = 10 \sim 20 \dfrac{\mu g}{L}$，中度 $T_p > 20 \dfrac{\mu g}{L}$ 重度。

答：總排入水量 $= 50000 \times 150 \times Mgd \times 1.548cfs/Mgd + 5.61cfs + 2.36cfs$

$$+ 500\text{cfs} + 39.8\text{cfs} + 53\text{cfs}$$
$$= 612\text{cfs} = 612\text{cfs}(1\text{m}^3/\text{s})(35.4\text{cfs}) = 17.3\text{m}^3/\text{s}$$

總磷排入量

(1) $11.6\text{cfs}[6(1-0.2)\text{mg/L}](5.39\text{lb/day})(\text{mg/L-cfs}) = 301$ lb/day；
(2) $5.61 \times 4 \times 5.39 = 121$ lb/day；(3) $2.36 \times 0.7 \times 5.39 = 9$lb/day；
(4) $500 \times 0.02 \times 5.39 = 54$lb/day；(5) 30lb/day；(6) 12lb/day；故總磷排入量= (1)～(6)總合=527 lb/day

(2) 換算 $= 527\text{lb/day} \times 365\text{day/yr} \times 454\text{g/lb} = 8.73 \times 10^7\text{g/yr}$，除水庫表面積 $= 8.73 \times 10^7\text{g/yr}/7.77 \times 10^7\text{m}^2 = 1.12\text{g/m}^2\text{-yr}$

水利停留時間 $t = V/Q$
$$= 6.22 \times 10^8\text{m}^3/17.3\text{m}^3/\text{s} \times 1\text{yr}/(3.154 \times 107\text{s})$$
$$= 1.14\text{yr}$$

q 溢流率（overflow rate）$= Q/A = H/t = 8\text{m}/1.14\text{yr} = 7.02\text{m/yr}$

假設 $\text{Us} = 12.4\text{m/yr}$ (or $\text{K}_s = 1.55 = \text{U}_s/\text{H}$)

$T_p = $ 水庫單位面積總磷量$/(q + U_s)$

$$= (1.12\text{g/m}^2\text{-yr})/(7.02\text{m/yr} + 12.4\text{ m/yr}) = 0.058\text{g/m}^3 = 58\frac{\mu g}{L}$$

故此水庫屬於重度優氧化（優氧化狀態：$T_p < 10\frac{\mu g}{L}$ 無或輕微，$T_p = 10 \sim 20\frac{\mu g}{L}$ 中度，$T_p > 20\frac{\mu g}{L}$ 重度）。cfs $= \text{ft}^3/\text{sec}$；Mgd = 百萬加侖／天。

參考文獻

1. 國立成功大學，1995，澄清湖曝氣工程效益評估，台灣省自來水公司。

2. 國立成功大學，1998，飲用水水源與水質標準之綜合檢討及澄清湖給水場水質改善評估，行政院環保署 EPA-87-J1-02-03-07。

3. 中國技術服務社，1999，高屏溪飲用水水質保護計畫，高雄縣環保局。

4. 國立成功大學，1999，澄清湖高級淨水處理模型廠試驗研究（第一年），台灣省自來水公司。

5. 國立成功大學，2001，澄清湖高級淨水處理模型廠試驗研究（第二年），台灣省自來水公司。

6. 國立中山大學，2002，高雄地區給水系統水質惡化原因之探討，台灣省自來水公司。

7. 國立中山大學，2005，大高雄地區來水水質提升之調查研究（第二年），台灣省自來水公司。

8. 國立台灣大學，2005，以生態工法淨化水庫水質控制優養化研究計畫，行政院環保署 EPA-94-U1G1-02-102。

9. 國立成功大學，2005，以生態工法去除水庫集水區營養鹽研究計畫，行政院環保署 EPA-94-U1G1-02-103。

10. 吳亞行，2005，澄清湖高級淨水場第一年操作成果介紹，環保雙月刊，第 29 期。

11. 立境環境科技公司，2006，高屏溪水污染稽查管制暨重要河川水質監測計畫，高雄縣環保局。

12. 行政院環保署，2006，環境水質監測年報（民國 94 年 1 至 12 月）水庫水質篇。

13. 國立中山大學，2006，高屏溪集水區土壤侵蝕對水質影響分析與濁度控制策略研擬，行政院環保署 EPA-95-G103-02-230。

14. 屏東縣政府，2006，94 年屏東縣統計要覽。

15. 高雄縣政府，2006，94 年高雄縣統計要覽。

16. 經濟部水利署，http://www.wra.gov.tw/default.asp。

17. 交通部觀光局，http://taiwan.net.tw/lan/Cht/search/index.asp。

18. 行政院環保署，http://www.epa.gov.tw/main/index.asp。

19. 台灣省自來水公司，http://www.water.gov.tw/00home/home.asp。

20. 樓基中，水資源管理與自來水系統講義，2014 年。

自我評量

問答題：

1. 水庫優養化的原因包含哪些？

2. 水庫集水區外部來源之營養鹽如何削減？

3. 水庫內部來源之營養鹽如何控制？

4. 水庫內如何抑制藻類生長？

Chapter *17*

自來水高級處理方法

17.1 什麼是高級處理方法

淨水處理之目的為供應合乎衛生及可口適飲之水質，然而近年來水源水質的持續惡化，加上自來水中陸續發現一般傳統處理技術無法去除的污染物質，如合成有機物、VOCs、重金屬、農藥及傳統淨水程序中之加氯消毒與天然有機物作用所產生的消毒副產物（如三鹵甲烷）等，故近年來國內、外已陸續發展出自來水處理之各種高級處理方法與單元及程序。

一般較常被建議採取的高級處理方法有使用替代性消毒劑、臭氧和活性碳處理及薄膜處理等技術。另外，為提升飲用水之口感及減少水垢之產生，乃配合硬度去除之高級處理設施來達成。

典型之高級程序中，以前臭氧來促進後續混凝沉澱之膠凝效果；以結晶軟化去除水中之鈣、鎂硬度；以後臭氧及活性碳吸附去除臭味、色度、三鹵甲烷前驅物、溶解性有機物及其它致癌性物質為主；或採薄膜處理以去除懸浮固體物、硬度、三鹵甲烷前驅物質、溶解性有機物、揮發性有機物及致癌性物質等。

★ 17.1.1 前臭氧

臭氧被運用在淨水程序消毒殺菌上，約從十九世紀末開始。1893 年荷蘭淨水處理引萊茵河河水為水源，經沉澱過濾後，再通入臭氧消毒，是世界上第一個採用臭氧消毒的淨水廠。1906 年法國 Nice 的 Bon Voyage 水廠採全套的消毒設備，被公認為是臭氧消毒系統的始祖。而臭氧在淨水程序中主要應用在前氧化（Pre-Oxidation）、中段氧化（Intermediate-Oxidation）以及後消毒（Final-Disinfection）等單元。

臭氧在淨水處理可分為消毒和氧化處理，而依目的不同，加藥點的位置亦有所不同，若為原生動物及病毒之去活性化，則宜在處理程序末端加入。臭氧若以化學氧化為目的，則大都於處理程序前端加入，其形成之氧化物可由後續的處理單元予以去除。若淨水場第一道處理程序為前臭氧氧

化，臭氧係以氧氣通過產生機製造產生而得，臭氧氣體再以管線注入臭氧接觸槽中。因臭氧為一強力而有效的氧化劑，可破壞水中致臭味與色度分子的化學鍵結，而有效去除臭味與色度。前臭氧的另一功能為抑制水中藻類的活動，破壞藻類的新陳代謝程序，使藻類容易去除。臭氧同時可改變水中懸浮顆粒的表面特性，提高混凝效率，使水中顆粒易於凝集去除。

⭐ 17.1.2 活性碳

活性碳是將一些含碳素的物質如木屑（Wood）、椰子殼（Coconut）、泥煤（Peat）、褐煤（Lignite）及煙煤（Bituminous Coal）等，經過碳化及活性等處理而得之多孔性（孔隙體積 0.3 cc/g～1.5 cc/g）且具有廣大表面積（通常為 800～1500 m^2/g）之優良吸附劑。活性碳可吸附水中各種微生物質，亦能有效去除水體中溶解性有機物質，並且可用來降低飲用水中的臭味，故廣泛應用在給水工程上。 活性碳依使用類別的不同，可分為粉狀活性碳（Powdered Activated Carbon, PAC）、粒狀活性碳（Granular Activated Carbon, GAC）及生物活性碳（Biological Activated Carbon, BAC）。基本上，PAC 與 GAC 之吸附原理相同，均是以活性碳中微細孔隙吸附水中溶解有機污染物。若 GAC 顆粒能附著微生物，並進行微生物分解作用者則稱為 BAC。

⭐ 17.1.3 後臭氧＋生物活性碳濾床

後臭氧一般會再與活性碳床串聯，此活性碳床不僅有污染物吸附作用，而且具有生物分解能力，因此稱為生物活性碳濾床（BAC）。而此種合併方式主要因為經臭氧氧化作用後，水中的大分子有機物會被裂解成較小分子的有機物，產生生物可分解性有機物，在其後的 BAC 正可藉由微生物之分解有效去除水中生物可分解性有機物。所以 BAC 可解決臭氧程序後三鹵甲烷生成潛能（THMFP）及解決配水管網之後生長（Regrowth）等問題，而臭氧程序也可延長 BAC 的使用年限，降低活性碳再生的次數。

學者曾以長時間的模廠試驗發現，臭氧-生物活性碳對於 DOC 以及 THMFP 分別有 36% 及 57% 的去除效果，同時臭氧也顯著地增加 DOC 的生物可降解性。發現以臭氧-生物過濾將可減少 70～80% 的 THMFP、HAAFP，使用混凝-臭氧氧化-生物過濾的處理程序可達到去除 60～70% 的 DOC，而單獨使用臭氧-生物過濾只有 40～50% 的去除率。

生物活性碳濾床同時可去除臭氧氧化過程中產生的溴酸鹽，主要是因為活性碳利用其表面活性與溴酸鹽進行反應，與形成的溴酸鹽進行還原反應，將溴酸鹽還原成溴離子以降低溴酸鹽之濃度。同時可利用生物處理的方式降解臭氧氧化後所產生的副產物，以增加配水管網中的生物穩定性，並且降低需氯量，減少消毒副產物的生成，為控制配水系統生物穩定性最佳技術之一。最後在水進入清水池之前，加入少量之氯，一方面去除生物活性碳床所可能帶出之微生物，一方面使配水系統內之飲用水自由有效餘氯量符合我國法規之規定 0.2～1.0 之間，讓微生物不會於配水管網內再孳生，確保飲用水安全無虞。

因此生物活性碳床證實可解決臭氧程序生成溴酸鹽消毒副產物與解決配水管網內三鹵甲烷之後生長（Regrowth）等問題（樓氏等人 2009-2013），臭氧程序也可延長 BAC 的使用年限，降低活性碳再生的次數。

⭐ 17.1.4 結晶軟化

結晶軟化在國外已有 30 年的發展與應用經驗，由於佔地小，且無傳統軟化方式產生大量污泥問題，而廣為普遍採用。

結晶軟化的原理係利用碳酸鈣具有低溶解性的特性，在原水中加入鹼液，使形成不溶解的碳酸鈣，而附著在軟化器中的天然石英砂晶種上，達到去除水中硬度的目的。

軟化過程中的廢棄結晶可作為動物飼粒添加劑、建材調和劑、煉鋼業高爐程序熱吸收等用途，達到廢棄物資源化的功用。結晶軟化反應器可以取代傳統沉澱處理四個程序：快混、膠凝、沉澱與污泥脫水，簡化成一個

程序，其具有反應速率快、去除效率高、投資成本少、能源消耗低、可自動化控制減少人力、佔地面積小、操作簡單等優點。

★ 17.1.5　薄　膜

薄膜程序係利用外力（壓力或電力）使水或離子通過半透膜，分離水中之不純物質。可分為四種型式：(1)Reverse Osmosis (RO)；(2)Nanofiltration (NF)；(3)Microfiltration (MF) 及 Ultrafiltration (UF)；(4)Electrodialysis (ED)；其中較常見之四種薄膜壓濾分離式薄膜之特性，薄膜系統的優點在於可完全的去除顆粒、有機物、無機鹽及微生物等，且佔地較小，具擴充彈性等優點，可取代傳統之混凝、沈澱、砂濾、軟化及臭氧、活性碳等高級處理。

17.2　自來水高級處理實廠介紹

★ 17.2.1　自來水供水狀況–以高雄地區為例

一、供水區域

高雄市包含左營區、楠梓區、鼓山區、前鎮區、小港區、苓雅區、旗津區、鹽埕區、新興區、前金區和三民區等十一個行政區。其中，澄清湖淨水場：供應高雄市三民、左營、新興、鼓山、苓雅及鹽埕等行政區；拷潭及翁公園淨水場：供應高雄市小港、旗津、苓雅及前鎮等行政區；坪頂淨水場：供應高雄市左營與楠梓等行政區；鳳山淨水場：供應高雄市前鎮、小港及旗津等行政區。

二、供水量現況

大高雄地區自來水之民生用水主要來自澄清湖、拷潭、翁公園、鳳山及坪頂等五座淨水場，其水源及供水量如表 17-1 所示。其中澄清湖、拷

潭、翁公園等三座淨水場總設計供水量為每日 49 萬立方公尺，加上鳳山一
期及坪頂淨水場增設每日處理 76 萬立方公尺之軟化設備，降低水中硬度，
必要時再從南化淨水場支援每日最高 10 萬立方公尺之水量，已可充分供應
高雄所需每日 127 萬立方公尺之民生用水。

表 17-1　大高雄地區各淨水場民生用水供水區域與現況表

淨水場	水源區別	供水地區	供水量 （萬 CMD）	備註
澄清湖	高屏溪伏流水及地面水	三民、左營、楠梓、新興、前金、苓雅、鹽埕、鳳山市、鳥松鄉、仁武鄉、大社鄉	31	設計處理容量45 萬 CMD
拷潭	高屏溪伏流水、地面水及地下水	小港、旗津、前鎮、林園、大寮、鳳山市	15	設計處理容量25 萬 CMD
翁公園	高屏溪伏流水及地下水	鳳山市、大寮鄉	3	設計處理容量4 萬 CMD
坪頂	高屏溪伏流水、地面水及地下水	湖內、茄萣、路竹、田寮、阿蓮、永安、岡山、彌陀、梓官、橋頭、燕巢、大社、左營、楠梓、大樹、鳥松、鳳山市	56	設計處理容量80 萬 CMD
鳳山	高屏溪地面水	小港、前鎮、旗津	20	設計處理容量35 萬 CMD
南化	南化水庫	湖內、茄萣、路竹、田寮、阿蓮、永安、岡山、彌陀、梓官、橋頭、燕巢、大社、左營、楠梓、大樹、鳥松、鳳山市	0-10	設計處理容量80 萬 CMD

資料來源：台灣省自來水公司第七區管理處。

三、淨水場水質現況

　　表 17-2 至表 17-7 分別為民國 91 年至 96 年高雄五座淨水場原水及清
水平均水質，因高雄地區多屬石灰及泥岩地質，石灰質經雨水溶洗後流入
地面水及地下水中。原水為地下水者，含有較高之總硬度及總溶解固體
量；原水來自地面水者，原水中此二項目的數值較低。目前（2014）大高
雄自來水水質項目皆符合「飲用水水質標準」。據筆者 97 年至 103 年的持
續研究調查顯示五座淨水場清水水質良好及穩定。

表 17-2　大高雄地區各淨水場原水及清水年平均水質（1）

分析項目	澄清湖		拷潭		翁公園		坪頂		鳳山民生	
	原水	清水	原水	清水	原水	清水	原水	清水	原水	清水
濁度（NTU）	17.01	0.39	89.50	0.38	21.75	0.43	151.75	0.73	4.02	0.42
色度（鉑鈷單位）	11.17	< 5	14.08	< 5	15.50	< 5	14.42	< 5	25.00	< 5
總鹼度（mg/L）	160.42	143.92	172.08	184.67	265.25	255.92	168.07	159.40	186.27	128.69
pH 值	7.72	7.26	7.93	7.47	7.55	7.58	7.96	7.41	7.30	6.63
氯鹽（mg/L）	9.86	14.88	9.79	19.73	12.58	12.91	8.95	12.51	36.20	67.57
硫酸鹽（mg/L）	86.84	100.35	87.75	96.62	93.37	94.11	86.21	90.91	70.94	88.45
游離氨氮（mg/L）	0.15	0.06	0.18	0.07	0.27	0.06	0.13	0.06	3.05	0.07
亞硝酸鹽氮（mg/L）	0.08	ND	0.06	ND	0.02	ND	0.03	ND	0.39	ND
硝酸鹽氮（mg/L）	1.22	1.05	1.13	0.83	0.23	0.33	1.06	1.25	2.36	2.76
總溶解固體量（mg/L）	349.92	358.25	360.17	410.42	477.33	474.58	354.42	364.58	419.27	450.18
總硬度（mg/L）	227.25	231.50	243.50	260.50	326.50	326.50	244.17	238.00	259.09	256.18
鐵（mg/L）	0.93	0.04	4.48	0.04	1.89	0.06	4.68	0.04	0.41	0.04
錳（mg/L）	0.05	0.01	0.14	0.01	0.59	0.01	0.14	0.01	0.17	0.01
導電度（μv/cm）	496.67	500.67	515.25	580.83	668.58	663.00	502.25	510.00	618.36	631.00
自由有效餘氯（mg/L）	—	0.83	—	0.78	—	0.70	—	0.84	—	0.82

資料來源：台灣省自來水公司第七區管理處。

表 17-3　大高雄地區各淨水場原水及清水年平均水質（2）

分析項目	澄清湖		拷潭		翁公園		坪頂		鳳山民生	
	原水	清水	原水	清水	原水	清水	原水	清水	原水	清水
濁度（NTU）	19.18	0.33	181.00	0.36	13.40	0.30	737.18	1.50	113.26	0.73
色度（鉑鈷單位）	13.70	< 5	15.73	< 5	17.00	< 5	38.18	< 5	16.90	< 5
總鹼度（mg/L）	146.33	128.50	149.82	149.92	200.00	198.67	146.32	128.63	145.91	117.46
pH 值	7.76	7.38	7.85	7.38	7.60	7.51	7.96	7.36	7.79	7.15

分析項目	澄清湖		拷潭		翁公園		坪頂		鳳山民生	
	原水	清水	原水	清水	原水	清水	原水	清水	原水	清水
氯鹽 (mg/L)	12.55	17.52	11.81	24.45	11.48	22.62	8.06	15.78	18.32	37.62
硫酸鹽 (mg/L)	91.18	104.69	86.78	92.90	93.94	90.34	80.78	93.75	81.20	112.15
游離氨氮 (mg/L)	0.30	0.05	0.15	0.06	0.24	0.05	0.12	0.05	0.22	0.05
亞硝酸鹽氮 (mg/L)	0.07	ND	0.10	ND	0.05	ND	0.04	ND	0.07	ND
硝酸鹽氮 (mg/L)	0.92	0.92	1.05	0.89	0.52	0.66	1.04	1.08	1.18	1.54
總溶解固體量 (mg/L)	358.50	363.58	353.08	386.25	424.08	403.67	322.67	337.75	360.90	397.70
總硬度 (mg/L)	239.33	229.50	241.33	248.50	301.33	289.50	239.83	216.33	245.00	229.60
鐵 (mg/L)	1.04	0.04	4.82	0.04	1.98	0.04	6.90	0.05	3.00	0.04
錳 (mg/L)	0.08	0.01	0.19	0.01	0.36	0.01	0.26	0.01	0.12	0.01
導電度 (μv/cm)	534.33	533.00	521.83	575.50	642.42	621.33	495.58	517.42	543.70	604.70
自由有效餘氯 (mg/L)	—	0.74	—	0.71	—	0.63	—	0.70	—	0.76

資料來源：台灣省自來水公司第七區管理處。

表 17-4　大高雄地區各淨水場原水及清水年平均水質（3）

分析項目	澄清湖		拷潭		翁公園		坪頂		鳳山民生	
	原水	清水	原水	清水	原水	清水	原水	清水	原水	清水
濁度 (NTU)	145.75	0.18	314.96	0.48	900.86	0.43	602.25	0.25	514.67	0.48
色度 (鉑鈷單位)	20.64	< 5	28.64	< 5	38.78	< 5	22.00	< 5	32.83	< 5
總鹼度 (mg/L)	152.08	110.75	176.08	136.25	160.42	106.58	164.08	127.25	165.08	103.25
pH 值	8.06	7.63	7.66	7.00	7.83	6.96	8.04	7.38	7.91	7.33
氯鹽 (mg/L)	7.03	7.90	19.76	31.99	8.62	19.72	6.03	17.17	7.92	33.99
硫酸鹽 (mg/L)	87.08	111.84	95.31	72.15	86.08	61.38	81.84	97.78	90.50	123.83
游離氨氮 (mg/L)	0.10	0.02	0.21	0.04	0.17	0.03	0.10	0.03	0.09	0.04
亞硝酸鹽氮 (mg/L)	0.02	ND	0.10	ND	0.05	ND	0.03	ND	0.04	ND

分析項目	澄清湖		拷潭		翁公園		坪頂		鳳山民生	
	原水	清水	原水	清水	原水	清水	原水	清水	原水	清水
硝酸鹽氮 (mg/L)	0.81	0.90	0.95	0.87	0.88	0.76	0.83	1.00	0.96	1.70
總溶解固體量 (mg/L)	333.00	306.00	422.42	349.67	359.50	263.08	327.75	332.67	337.75	386.58
總硬度 (mg/L)	242.17	146.33	287.50	224.17	271.83	177.17	255.17	184.17	260.58	162.83
鐵 (mg/L)	2.19	0.03	3.85	0.05	4.48	0.05	5.73	0.03	4.75	0.05
錳 (mg/L)	0.08	0.01	0.36	0.01	0.36	0.01	0.32	0.01	0.32	0.01
導電度 (μv/cm)	500.42	477.00	619.92	525.25	532.50	402.50	497.58	509.33	507.17	592.00
自由有效餘氯 (mg/L)	—	0.61	—	0.60	—	0.65	—	0.66	—	0.78

資料來源：台灣省自來水公司第七區管理處。

表 17-5　大高雄地區各淨水場原水及清水年平均水質（4）

分析項目	澄清湖		拷潭		翁公園		坪頂		鳳山民生	
	原水	清水	原水	清水	原水	清水	原水	清水	原水	清水
水溫 (℃)	24.8	25.4	24.4	25.1	25.1	25.0	23.3	25.3	23.9	25.0
濁度 (NTU)	133.6	0.2	485.5	0.6	436.3	0.4	948.1	0.3	267.4	0.5
臭度 (初嗅數)	6.5	1.0	6.3	1.0	6.2	1.0	6.4	1.0	7.8	1.0
氫碳酸鹼度 (mg/L)	157.3	111.7	180.3	171.4	207.9	182.6	155.0	133.4	168.2	131.3
pH 值	8.0	7.4	7.8	7.2	7.8	7.3	8.1	7.5	8.0	7.3
氯鹽 (mg/L)	9.22	8.71	13.86	25.83	10.79	15.48	4.85	14.20	6.58	34.23
硫酸鹽 (mg/L)	87.9	103.3	100.4	104.3	93.8	94.4	81.3	87.5	98.0	89.7
氟鹽 (mg/L)	0.14	0.14	0.14	0.13	0.14	0.14	0.14	0.14	0.15	0.15
氨氮 (mg/L)	0.10	0.02	0.19	0.03	0.13	0.03	0.09	0.02	0.08	0.03
亞硝酸鹽氮 (mg/L)	0.02	—	0.04	—	0.02	—	0.02	—	0.02	—
硝酸鹽氮 (mg/L)	0.72	0.78	1.04	1.26	0.51	0.47	0.75	0.86	0.96	1.72
總溶解固體量 (mg/L)	345.7	308.7	409.4	410.7	459.6	394.6	334.8	331.8	350.6	380.5

分析項目	澄清湖		拷潭		翁公園		坪頂		鳳山民生	
	原水	清水	原水	清水	原水	清水	原水	清水	原水	清水
自由有效餘氯 （mg/L）	－	0.59	－	0.71	－	0.63	－	0.69	－	0.67
總硬度 （mg/L）	211.7	145.3	283.5	211.3	260.4	242.9	242.4	204.5	256.3	233.4
鐵 （mg/L）	2.47	0.02	26.94	0.05	2.84	0.04	6.40	0.02	5.32	0.02
錳 （mg/L）	0.11	－	0.42	0.02	57.85	0.01	0.42	－	0.21	－
導電度 （μmho/cm）	500.6	456.7	591.7	603.0	570.3	564.3	490.5	461.3	504.2	546.8
大腸桿菌群 （CFU/100mL）	3.33E+03	－	5.18E+03	3	2.17E+32	－	3.95E+03	－	4.07E+03	－
總菌落數 （CFU/mL）	3.89E+03	3	1.13E+04	2	1.67E+03	1	5.64E+03	12	3.58E+03	4

資料來源：台灣省自來水公司第七區管理處。

表 17-6 大高雄地區各淨水場原水及清水年平均水質（5）

分析項目 單位	澄清湖		拷潭		翁公園		坪頂		鳳山	
	原水	清水	原水	清水	原水	清水	原水	清水	原水	清水
水溫 （℃）	26.5	26.9	25.8	26.1	26.0	26.6	25.5	26.7	25.6	26.3
濁度 （NTU）	24.8	0.2	154.4	0.7	122.2	0.8	596.6	0.4	347.1	0.7
臭度 （初嗅數）	4.6	1.0	3.9	1.0	3.5	1.0	4.5	1.0	4.5	1.0
氫碳酸鹼度 （mg/L）	138.3	107.7	194.8	184.3	203.9	175.7	168.2	146.6	169.2	136.6
pH 值	8.2	7.5	8.0	7.7	8.0	7.7	7.9	7.5	8.0	7.3
氯鹽 （mg/L）	5.92	6.47	14.36	16.43	11.47	11.37	7.61	13.24	5.82	32.49
硫酸鹽 （mg/L）	85.4	106.4	106.9	113.1	92.7	106.1	85.3	92.6	88.0	98.0
氟鹽 （mg/L）	0.12	0.10	0.11	0.11	0.12	0.12	0.11	0.11	0.13	0.14
氨氮 （mg/L）	0.10	0.03	0.13	0.04	0.11	0.03	0.07	0.03	0.09	0.03
亞硝酸鹽氮 （mg/L）	0.03	0.00	0.03	0.02	0.04	0.02	0.02	0.02	0.02	0.02
硝酸鹽氮 （mg/L）	0.49	0.55	0.86	0.87	0.44	0.49	0.67	0.71	0.70	1.74
總溶解固體量 （mg/L）	309.4	296.8	410.3	414.8	393.5	382.7	325.9	331.1	338.1	379.1

分析項目 單位	澄清湖 原水	澄清湖 清水	拷潭 原水	拷潭 清水	翁公園 原水	翁公園 清水	坪頂 原水	坪頂 清水	鳳山 原水	鳳山 清水
自由有效餘氯 （mg/L）	—	0.60	—	0.71	—	0.63	—	0.66	—	0.78
總硬度 （mg/L）	197.0	146.2	272.4	257.6	273.1	245.1	233.4	207.9	240.1	215.4
鐵 （mg/L）	0.82	0.02	6.34	0.04	3.85	0.04	11.27	0.04	7.37	0.03
錳 （mg/L）	0.05	—	0.27	0.01	0.29	0.01	0.33	—	0.19	0.02
導電度 （μmho/cm）	460.5	446.9	603.4	601.8	563.4	569.0	464.9	494.7	503.4	548.8
大腸桿菌群 （CFU/100mL）	2.78E+03	—	6.39E+03	—	3.70E+03	—	9.42E+03	—	1.18E+04	2
總菌落數 （CFU/mL）	8.80E+03	3	1.32E+04	1	9.02E+03	12	9.92E+03	2	1.17E+04	3

資料來源：台灣省自來水公司第七區管理處。

表 17-7　大高雄地區各淨水場原水及清水年平均水質（6）

分析項目 單位	澄清湖 原水	澄清湖 清水	拷潭 原水	拷潭 清水	翁公園 原水	翁公園 清水	坪頂 原水	坪頂 清水	鳳山 原水	鳳山 清水
水溫（℃）	26.7	27.2	24.6	25.2	25.0	24.7	26.2	26.7	25.4	26.3
濁度 （NTU）	33.6	0.2	137.5	0.5	157.8	0.6	469.1	0.6	161.3	0.5
臭度 （初嗅數）	4.3	1.0	3.3	—	3.8	—	4.0	1.0	5.3	1.0
氫碳酸鹼度 （mg/L）	140.8	108.8	197.8	124.7	176.5	116.4	145.7	143.5	170.0	144.0
pH 值	8.2	7.4	7.7	7.4	8.0	7.5	7.8	7.5	8.0	7.4
氯鹽 （mg/L）	5.62	6.15	18.61	14.46	6.18	6.31	5.43	11.90	6.48	25.75
硫酸鹽 （mg/L）	79.2	99.0	94.7	70.8	84.1	86.2	65.6	73.4	86.2	91.6
氟鹽 （mg/L）	0.15	0.14	0.16	0.14	0.17	0.13	0.13	0.12	0.17	0.16
氨氮 （mg/L）	0.11	0.03	0.32	0.03	0.10	0.03	0.09	0.03	0.07	0.03
亞硝酸鹽氮 （mg/L）	0.02	—	0.03	0.01	0.02	0.01	0.02	—	0.02	—
硝酸鹽氮 （mg/L）	0.51	0.56	0.70	0.60	0.68	0.41	0.64	0.54	0.58	1.39
總溶解固體量 （mg/L）	297.3	284.8	420.0	303.8	333.7	281.5	289.3	316.8	336.3	377.8

分析項目 單位	澄清湖		拷潭		翁公園		坪頂		鳳山	
	原水	清水	原水	清水	原水	清水	原水	清水	原水	清水
自由有效餘氯（mg/L）	－	0.55	－	0.64	－	0.65	－	0.70	－	0.84
總硬度（mg/L）	198.2	143.9	278.3	192.5	235.3	176.9	190.0	199.8	235.0	235.0
鐵（mg/L）	1.12	0.03	1.48	0.03	2.98	0.03	6.86	0.03	3.85	0.03
錳（mg/L）	0.04	－	0.32	0.01	0.10	0.01	0.25	－	0.16	－
導電度（μmho/cm）	435.7	430.1	608.8	446.8	482.5	417.5	424.8	462.5	499.3	550.8
大腸桿菌群（CFU/100mL）	1.73E+03	1	3.74E+03	－	7.28E+03	－	7.50E+03	－	5.38E+03	－
總菌落數（CFU/mL）	3.16E+03	－	4.66E+03	1	2.53E+03	1	4.99E+03	6	4.63E+03	1

資料來源：台灣省自來水公司第七區管理處。

★ 17.2.2 高級處理實場

　　大高雄區內高級處理實場之民生用淨水場為澄清湖淨水場、拷潭淨水場、翁公園淨水場、坪頂及鳳山淨水場，圖 17-1 為大高雄淨水場位置示意圖。

　　為提升大高雄地區自來水在口感、味覺等適飲性之品質，自來水公司已辦理「澄清湖、拷潭及翁公園淨水場增設高級淨水處理設備工程」、「原水取水口上移至高屏溪攔河堰工程」以及經濟部水利處執行之「南化水庫與高屏溪攔河堰聯通管路工程計畫」。

　　「澄清湖、拷潭及翁公園淨水場增設高級淨水處理設備計畫」乃針對大高雄地區之澄清湖、拷潭及翁公園等三座淨水場升級為高級處理場，以下將舉例以澄清湖與拷潭淨水場代表介紹自來水的高級處理實場。

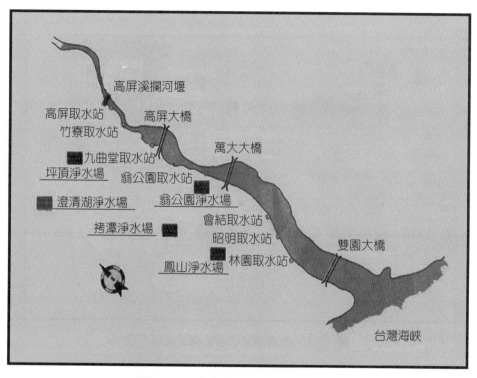

<u>圖 17-1</u>　**大高雄淨水場位置示意圖**

一、澄清湖高級淨水廠

澄清湖淨水場原水抽自澄清湖，初期創建時設三座慢濾池處理，供應高雄市工業用水，初期設計出水 30,000 CMD，隨高雄地區人口增加而衍生的供水需求，給水場仍持續擴建，並兼供民生用水。

民國 80 年為滿足高雄地區用水需求，再興建 200,000 CMD 之平底沈澱池及 10 池 ABW 式快濾池，同時將原設 6 座慢濾池全部拆除，原地建 90,000 m^3 清水池、消毒、抽水設備及場內廢水（污泥）處理設備。近年來為進一步增進淨水效果，乃增設空氣浮除設備（DAF）以去除藻類，並增建矩形膠凝沈澱池以進一步提升處理量。

目前 2014 年該高級給水場平均日出水量約為 350,000 CMD，為大高雄地區重要供水來源。澄清湖淨水場之高級處理設備乃以結晶軟化為主體，達到去除水中硬度的目的。圖 17-2 為澄清湖淨水場處理流程圖。

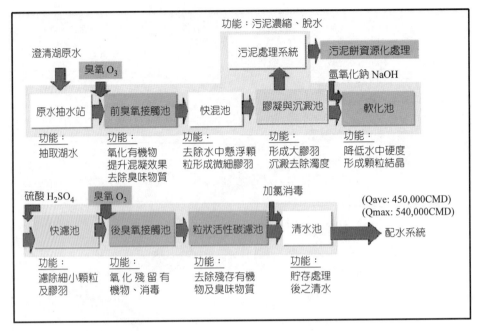

圖 17-2 澄清湖高級淨水場之處理流程

二、拷潭高級淨水廠

拷潭淨水場創建於民國 62 年，創建初期水源抽自高屏溪沿岸 26 口深井，設計出水能力 150,000 CMD，因地下水含高量鐵、錳，故淨水流程採氣曝、預氯、錳砂快濾，處理後清水供應鳳山地區。

民國 75 年因深井水量日漸枯竭，台灣省自來水公司先後在高屏溪岸興建會結及昭明兩處伏流水抽水站供水。民國 80 年本場進行擴建，出水量提高為 250,000 CMD，水源方面共計有地下水、伏流水 100,000 CMD。另自九曲堂抽水站輸入 150,000 CMD 工程於民國 85 年完工，場區目前主要設備有地下水氣曝場四座，地面水源加藥快混池一座，三池接觸反應式曝氣沈澱池，重力式過濾池 16 池，清水池二座容量共 22,500 m³，及 6 台 300 HP 清水抽水機。

拷潭淨水場之高級處理設備乃以薄膜過濾為主體，薄膜程序係利用外力（壓力或電力）使水或離子通過半透膜，分離水中之不純物質。

其中較常見之四種薄膜壓濾分離式薄膜之特性，薄膜系統的優點在於

可完全的去除顆粒、有機物、無機鹽及微生物等，且佔地較小，具擴充彈性等優點，可取代傳統之混凝、沈澱、砂濾、軟化及臭氧、活性碳等高級處理。圖 17-3 為拷潭高級淨水場之處理流程。

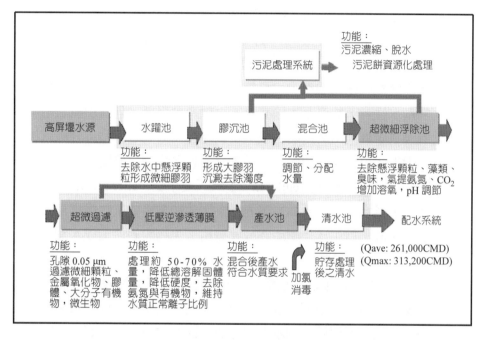

圖 17-3   拷潭高級淨水場之處理流程

17.3   新的高級處理-薄膜或生物薄膜程序之介紹

因國內飲用水水源遭受有機物污染，除了造成原水水質惡化，也增加淨水處理的困難度，亦使清水水質變差外，van der Kooij 及 LeChevallier 指出配水管網內水質惡化，大部分來自於配管網內微生物之繁殖。

目前一般認為控制後生長之最有效方法在於控制微生物生長所需之營養（Nutrients），而許多存在飲用水中之微生物已被發現在幾個 μg/L 碳之低濃度下，即可繁殖，故如將水中之有機碳濃度控制於微生物之可利

用濃度以下，則微生物之生長受到抑制，而此種水則稱為「生物穩定性（Biological Stability）」高的自來水。

國內大部分淨水程序均採前加氯與前臭氧、混凝沉澱及濾床之操作方式，由前述文獻研究得知，前加氯與前臭氧除會提早與有機物之接觸外，其反應時間亦隨之增加，故水中消毒副產物量也相對提昇，另由於有機物性質已轉換為親水性的有機物，故除不利其於後續混凝去除外，此類基質若進入配水管網系統時，亦可能導致配水管網系統微生物孳生生之現象。

若原水經氧化劑前處理，如臭氧及氯氣作用後，因疏水性有機物性質可轉化為親水性者，故混凝去除有機物之效率會降低，且前加氯除不利有機物之混凝去除外，另其可能形成消毒副產物及過量之生物可分解有機質等問題，而後者更可能導致配水管網內異營性微生物之繁殖，而使水質惡化，此即所謂之「再生長（regrowth）」或「後生長（after growth）」，其對配水系統及供水水質之負面影響包括：因生物黏膜或某些鐵細菌繁殖加速輸水管材腐蝕；微生物代謝產物或管壁附著生物膜剝落造成水質惡化，並產生臭味及色度等問題。

配水管網內所需維持一定濃度之消毒劑，因與生物膜作用而大量消耗，致無法維持有效的濃度，進而引起致病菌的繁殖；另外大量異營菌的繁殖亦將干擾大腸菌用做監測水質的意義。因此清水水質之好壞，可藉由淨水廠是否能有效控制有機物之含量來觀察。

根據筆者執行多年之大高雄地區自來水水質調查中發現，傳統淨水程序配合薄膜過濾之高級淨水程序並無法有效去除生物可利用有機碳（Assimilable organic carbon, AOC）及消毒副產物之前驅物（Disinfection by-product precursor, DBPP），且因有機物所形成之薄膜生物阻塞，造成增加反沖洗次數、減少薄膜壽命以及成本的增加等問題。

而高級處理程序中生物活性碳濾床（Biological Activated Carbon, BAC）對有機物雖有良好的去除效果，但有佔地面積大與濾材須定期更換等問題，且 BAC 常設置於淨水程序之末端，如操作不當或水質變化量大時則會有生物膜剝落與大量有機質進入清水中直接造成污染以及後續加氯消毒所生成消毒副產物污染等缺點。

故本土之自來水水質特性，如原水受有機污染、非點源污染之天然有機物（NOMs）以及配水管線老舊等皆為未來高生物穩定之水質要求而面臨之瓶頸問題。故筆者近年來已有積極研究創新之薄膜生物活性碳處理技術或組合程序，以突破目前高級處理技術之限制。

★ 17.3.1　薄膜生物反應程序

近年來，薄膜生物反應程序（Membrane Bioreactor，簡稱 MBR）愈來愈受到注意與重視，主要特點為如下所示。

一、高 MLSS 濃度操作，耐高污染負荷變化，處理水質穩定且效果佳。

二、可同時去除有機物、懸浮固體、氮、磷等污染物。

三、病原菌與懸浮固體物去除效率極佳，可達 97% 以上。

四、污泥產生量較傳統減少 30～80%，減少清除、處理等費用。

五、毋需沉澱、砂過濾等，佔地空間較傳統生物處理程序減少 30～50%，節省土地、建築成本。

六、可套裝化設計，功能擴增性強，安裝與操作維護容易。

七、出流水相當的優良，提高回收再利用之價值。

★ 17.3.2　MBR 型式

生物薄膜程序在國際上已有許多實際應用之實例，主要發展生物薄膜系統之國家有包括日本、德國、加拿大及法國等已有許多私人企業分別發展出不同形式之生物薄膜處理系統，如日本 Kubota Corporation 之 BIOREM、日本 Mitsubishi Rayon Corporation 之 STERAPORE、加拿大 Zenon Env.Inc. 之 ZENOGEM 及法國 C.G.E. 之 BIOSEP 等，其中 Zenon Env.Inc. 更是經濟部工業局所推薦應用之技術，對於實場或模場應用於都市污水之處理，效果均相當良好。所處理類別包括了各種食品工廠、水產、牛乳、肉品、飲料等、中水道與下水道的水處理、醫院、一般工業、甚至河川的淨化，應用範圍廣泛，處理量則從 5 m³/Day 至 4000 m³/Day 不等，

而原水中的 BOD 最多可處理至 10,000 mg/L。

英國 Porlock 利用 Kubota 之生物薄膜程序處理 1900 m³/Day 的都市污水，BOD 未超過 5 mg/L 以上，平均濁度維持在 0.3 NTU，對生物之消毒作用更有良好之效果，而薄膜則於操作 9 個月後才第一次藥洗，證明了生物薄膜處理程序之優越性。

在法國境內一家聯合污水處理廠因污水來源為不同的化學工廠，因此其進流污水之水源包含數種且性質複雜的合成化學物質，其主要成分包含 Colorants（13%）、Polymers（20%）及 BasicChemical（67%）。這聯合污水廠所面臨到的問題為有機物無法有效的去除，平均去除率只維持在 70% 左右。推究其原因為原污水包含了難分解有機物質及生物抑制物質會對污泥造成傷害進而影響處理效率。因此該聯合污水處理廠使用法國一家公司所製作的 PLEIADE 濾膜系統來改善原有的處理設備，開始操作後發現此薄膜系統有立即且明顯的改善作用，有機物的去除率增加 13%，從原有的 76% 增加到 89% 以上，對於生物可分解有機物從原有的 89% 增加到 99%、懸浮固體物去除率從 73% 到 100% 幾乎不含懸浮固體物，唯一有缺憾的是對氨氮沒有明顯的去除效果。

同樣在法國有一國際性公司其中的農業食品工廠的處理水量超出了原先設計 115～120%，導致其處理水常超過法定標準，而要解決這樣的問題就必須進行多方面的修正，包含混凝、膠凝及三級處理才得以有效解決，但長期下來不但沒有效率且缺乏經濟性，公司更無法勝任。因此工廠選用了 PLEIADE 濾膜系統，其濾膜系統不但大幅增加處理水量且對放流水質也有明顯的改善。

加拿大 Ontario Milton 都市污水處理廠曾為擴充原有污水處理設施之處理容量，因此利用了 Zenon Env. Inc. 所發展之 Zeno Gem 生物薄膜程序，不僅可得到良好之處理水質，生物薄膜程序處理 1000m³/day 之都市污水僅需 15m×15m 之土地面積，約為傳統生物處理設施的 1/4，大大地節省了污水處理設施之土地成本。

薄膜生物程序依薄膜單元與生物單元連接位置可分為沉浸式及側流式薄膜生物反應槽，如圖 17-4 所示，分別介紹如下：

一、沈浸式薄膜生物反應槽（Submerged MBR, SMBR）

薄膜沉浸於生物反應槽，直接進行固液分離作用，滲透液直接放流、薄膜直接阻攔生物體於生物單元中維持生物單元中污泥濃度，故薄膜穿透壓力取決於薄膜上之水頭壓力此為沉浸式重力過濾，但因污泥會累積於薄膜表面形成一層生物膜，使得出流水質更加優良，故 SMBR 程序更加受到重視與應用。

二、側流式薄膜生物反應槽（Side-stream MBR）

側流式薄膜生物反應槽為透過一循環系統將混合液由生物單元經壓力幫浦送入薄膜單元中，分離滲透液直接放流，而經薄膜阻攔之生物體再迴流至生物單元中，維持生物單元中污泥濃度。

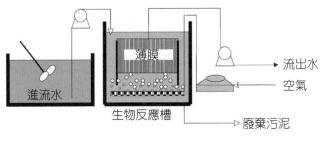

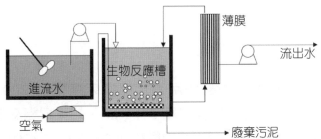

圖 17-4　沈浸式薄膜生物反應槽與側流式薄膜生物反應槽

17.4 例 題

例題1

高級處理程序中以紫外光管（UV）消毒水井（well）大腸桿菌群符合水質標準 1/100mL，試問原水含大腸桿菌群1000/mL，光管強度 $610\mu W/cm^2$，水泥接觸槽大小 10ft(L)×2ft(W)×3inch(H)，設計之通過流量為多少？gpm（加侖/min，1加侖 = 3.785L）。

答：x 為深度(H, cm) = 7.62cm

$$k_{av} = 1740(610\times10^{-6})(13.34)\frac{1}{7.62}\left[\frac{1}{0.056} - e^{-0.056(7.62)}/0.056\right] = 12.6min^{-1}$$

所以暴露時間 t = (2.303/12.6)×[log(1000/0.01)] = 1.09min

故流量 Q = V/t = (2×10×0.25)(7.48)/1.09 = 34.3gpm

提示說明：(1)UV 光殺菌率與光強度成正比 k = KI^n，K = 1740，n常數約 1，I = $I_0e^{-ax}cal/cm^2/min$，x為深度(H, cm)，a為吸收係數（水井well原水吸收係數約 0.056）；(2)水槽殺菌速率常數（k）之平均值（以 k_{av} 表示）計算公式：

$$k_{av} = KI_0/x \times \left[1/a - \frac{a^{-ax}}{a}\right]$$ 因UV殺菌率與水槽深度有關故取平均值

例題2

自來水處理廠為了硬度,使用固定交換床來軟化 20000 加侖（gallons）水，離子交換容量 57kg/m³，如果樹脂交換容量是25kg(as $CaCO_3$)/ft³，水質平均硬度為 400mg/L(as $CaCO_3$)，處理 8 hours，試問：固定交換床大小？

答：總交換硬度量 = $((400mg/l)(20000gal))/\left(\left(17.1mg\times gal\frac{1}{L}\right)\left(1000\frac{g}{kg}\right)\right)$

= 467kg(as $CaCO_3$)

交換床暫時之體積 = (467kg)/(25kg/ft³) =18.7ft³，假設床深 3ft（實務經驗值）

表面積 = 18.7/3 = 6.23ft^2

經由工程查交換區（an exchange zone）圖，計算出實驗室管柱測試之通過速率

U_s = (20000)/((6.23ft^2)(8hr)(7.48ft^3/gal)(3600sec/hr))

　　= 1.49×10^{-2} ft/sec

因為此值在交換區(z) = 1ft 範圍以內，安全考量增加1ft 的50%

故修正增加交換床長度 L = 0.5(1ft) + (467kg)/((25kg/ft^3)(6.23ft^2))

　　　　　　　　　　　=3.5ft

所以　體積 V = LS = (3.5 ft)(6.23ft^2) = 21.8ft^3

參考文獻

1. 樓基中，國立中山大學，2002，高雄地區給水系統水質惡化原因之探討，台灣省自來水公司委託計畫。

2. 樓基中，國立中山大學，2005，大高雄地區來水水質提升之調查研究（第二年），台灣省自來水公司委託計畫。

3. 樓基中，國科會 2009 年研究計畫書，國科會工程處，國立中山大學。

4. 樓基中，陳威翔，韓佳芸，路竹淨水場水質分析及提升效能，2014。

自我評量

問答題：

1. 請寫出常用之五種高級處理方法與原理。

2. 請列出澄清湖與拷潭高級處理淨水場之處理流程。

3. 什麼是 MBR？其特點？列出二種常見之型式名稱與流程。

4. 什麼是配水系統生物再生長具代表性之生物指標項目。答：生物可利用有機碳（AOC）。

Chapter *18*

蓄水池與水塔
的水質維護

18.1 蓄水池與水塔維護之重要性

藉由高級處理完後之高級水來進一步提昇自來水在口感、味覺及硬度等適飲性較佳之品質，以滿足高雄地區民眾對高品質飲用水（簡稱高質水）之需求。表 18-1 為大高雄地區淨水場改善前後對清水水質提升一覽表，由此表中可看出大高雄地區淨水場出水之清水水質，在導電度與硬度方面是針對適飲性方面來做改善指標，導電度、懸浮固體與溶解性離子有關，它們與硬度這兩種指標皆有明顯改善，其中以翁公園高級處理淨水場降低最多，導電度降低 58.8% 與硬度降低 84.6% 最多。

表 18-1　大高雄地區淨水場改善前後對清水水質提升一覽表

分析項目	單位	改善項目	淨水場名稱	民國 91 年	民國 96 年	改善效率(%)
導電度	μmho/cm	飲用水適飲性	澄清湖	500.7	430.1	16.4
			拷潭	580.8	446.8	30.0
			翁公園	663.0	417.5	58.8
			坪頂	510.0	462.5	10.3
			鳳山民生	631.0	550.8	14.6
硬度	mg/L	飲用水適飲性	澄清湖	231.5	143.9	60.9
			拷潭	260.5	192.5	35.3
			翁公園	326.5	176.9	84.6
			坪頂	238.0	199.8	19.1
			鳳山民生	256.2	235.0	9.0

資料來源：台灣省自來水公司第七區管理處。

儘管環保局及自來水單位對高雄地區飲用水水質抽驗結果，大都符合飲用水水質標準，但高雄地區部分民眾對自來水水質缺乏信心，買水文化仍盛行。自來水用戶對自來水觀感評價與實際檢測結果有很大落差。原因除了大眾傳播媒體及廠商廣告影響用戶信心之外，亦可能清水經由送水管線及用戶蓄水池水塔的過程中造成水質污染。

對於原水不佳的問題則須對水源區加以妥善保護，防止惡意傾倒、污

染等情形發生。自來水管線也許是民眾不敢放心使用自來水的原因之一，即使自來水出廠時符合水質標準，但在輸送過程中仍有滲漏的可能。另有民眾以家中或大廈蓄水塔或配管不清潔作為擔心使用自來水的原因，在此點上也須多多宣導，使民眾或住戶產生維護蓄水池水塔的認知，方能享有合乎安全水質的自來水。

　　因此在高雄地區高級處理淨水場正式運轉後，用戶的配水貯存設施在飲用水水質上扮演一個重要的角色。

18.2　蓄水池水塔水質抽樣調查之現況

　　在「95 年度高雄市集合式住宅水質調查輔導計畫」中針對高雄市 20 戶至 99 戶集合式住宅 500 棟蓄水池水塔進行水質調查，其結果可發現自由有效餘氯低於法規值（< 0.2 mg/L）之行政區：有小港區（1 家）、鹽埕區（11 家）、鼓山區（6 家）、前金區（7 家），共 25 家，約佔本計畫之採樣家數為 5%。而在大腸桿菌群項目方面，只於 95 年 9 月 11 日曾於一個大廈測出之大腸桿菌群為 10，超過飲用水水質標準值 6，因此通知該大廈管委會改善，並已於 95 年 10 月 4 日陪同環保局及自來水公司進行複檢，經複查結果，大腸桿菌群均已小於 1，符合飲用水水質標準。

　　在 96 年至 102 年抽樣發現，高雄市集合式住宅蓄水池水塔水質皆較前幾年改善許多，同時在檢測水質與問卷訪談時發現，民眾對於自身飲用水安全相當關心，可見民眾飲用水安全與定期清洗蓄水池水塔的重要性，並希望未來市政府能持續對高雄市蓄水池水塔水質作長期的監督。96 年以後的水質調查結果可以上「高雄市政府環保局」網站查詢，更新的資訊在「環保業務」中之「飲用水管理」網頁。

18.3 台灣地區蓄水池水塔現況

根據環保署於 2001 年台北市、台中市、高雄市三大都會區之調查發現，進入蓄水池水塔後之自來水之水質不合格率為 35%，且 31% 的間接自來水自由有效餘氯偏低，顯示有三分之一的用戶蓄水池水塔可能不夠乾淨、位於管線末端或是蓄水池體積過大造成停留時間長而導致受污染。其中有 9% 測出含有大腸桿菌群密度，因此為防止因蓄水池水塔清潔維護或設置不當引起的水質污染，環保署訂定「自來水用戶蓄水池、水塔清潔維護計畫」。

2004 年高雄市仍有相當多用戶尚未建立定期清洗蓄水池水塔習慣，環保局前年曾邀集學校和政府機關等代表座談，希望藉由公共場所落實自我檢查和定期維護，讓民眾能夠健康用水。

在民國 93 年至 96 年期間，抽檢通過蓄水池水塔的間接自來水，發現約有三成自由有效餘氯偏低，顯示用戶蓄水池水塔可能遭到污染，且許多一般用戶並沒有定期清理蓄水池水塔的習慣，影響用戶用水品質。

2009 年至 2012 年，民眾知道可以利用餘氯測試藥劑自我檢測，如果水中餘氯低於 0.2（mg/L），就表示蓄水池或水塔可能遭到污染或容量過大等原因，需要清洗或改善。因此，蓄水池水塔至少每半年要清洗一次，才能確保自來水在配水系統末端不會被二次污染。

18.4 例 題

例題1

因輸水管破裂或蓄水池受到化糞池疑似污染導致水質檢驗出大腸桿菌群為 100/mL，為了符合水質標準 1/100mL，試問當集合式住戶（大樓）用水量 100m³/day 之蓄水塔需要體積（m³）為何。

答：計算蓄水塔接觸時間 $t = (2.303/0.5)\left(\log\left(\frac{100}{0.01}\right)\right) =$

所以體積 $V = Q \times t =$

提示說明：消毒反應方程式 $\frac{N}{N^0} = e^{-kt}$，常數 $k = 0.5\text{min}^{-1}$，N^0 大腸桿菌群初始濃度值，N 為水質標準或消毒後大腸桿菌群濃度值

例題2

家庭用淨水器為了去除硬度，使用 0.1m^3 的樹脂做水中離子交換，離子交換容量 57kg/m^3，該家庭用水量 1000L/day，蓄水塔之硬度 $280\text{mg/L(as CaCO}^3)$，處理至蓄水塔之硬度 $85\text{mg/L(as CaCO}^3)$，試問：設計繞流百分比（Bypass %）＝？負荷率（Loading rate），再生時間（Regeneration time）或更換時間（天）？。

答：繞流百分比 $= ((100)(85))/(280) = 30$

負荷率 $= (0.7)(280)(1000) = 196,000\text{mg/day}$

再生時間 $=$ 管柱破出時間 $=$ 總容量／負荷率 $= ((57\text{kg/m}^3)\,(0.1\text{m}^3))/((196000\text{ mg/day})(10^{-6}\text{kg/mg})) = 29\text{days}$ 故大約一個月更換一次

參考文獻

1. 國立中山大學，2005，大高雄地區來水水質提升之調查研究（第二年），台灣省自來水公司。

2. 樓基中，九十六年度至一百零一年度高雄市集合式住宅水質調查輔導計畫計畫，高雄市政府環保局委託，九十七年至一百零一年期末報告。

自我評量

問答題：

1. 為何自來水配水系統末端（蓄水池與水塔）水質維護是飲用水安全的重要一環？

2. 自來水用戶之蓄水池與水塔的清洗頻率至少多久一次？

Chapter *19*

海水淡化

　　海水淡化技術迄今已有五十多年的發展歷史。美國政府於 1950 年代成立鹽水中心（Office of Saline Water），進行淡化技術應用之研究。全世界至 1960 年代末期開始有日產量 8,000 噸海淡廠的興建營運，而薄膜製程一直到 1970 年代才達到商業化的運轉。根據國際淡化協會（International Desalination Association, IDA）之統計，截至 2010 年年底為止，全世界約有 133 個國家應用海水淡化系統，淡化水的日產量（單位機組日產 100 噸以上者）約 3300 萬噸。

　　其所產製的淡化水不僅用來供應民生用水、公共給水及灌溉用水等，也供應一般工業用水。同時，由於淡化水的水質較好，也提供作為高科技半導體廠超純水的原水。因此，淡化水的應用可說是非常廣泛。在世界上許多臨海的民主先進國家或地區，海水淡化已經成為與傳統水源同樣重要的新興水源，台灣四面環海也需要將海水淡化用來做為有效緩和或解決水資源供需失衡的方案。

　　海水淡化之處理技術目前仍以 MSF 所佔的比率最高約佔了 52.4%，其次是 RO，其佔有率為 39.5%。但 MSF 主要應用於中東產油國家，其通常與火力發電廠互相配合運轉，利用火力發電廠汽輪機所使用過的低壓廢蒸汽，作為淡化過程中加熱海水的熱源，可降低淡化造水成本。逆滲透法（RO）已逐漸趕上 MSF 法，主要原因在薄膜材質及能源回收改良技術已達成熟階段，不但使淡化成本降低且造水率提高，除鹽率高達 99.5%，而膜管平均使用壽命延長至 5 年左右，較能被一般中東之外的非產油國家接受。

　　目前逆滲透海淡廠也漸漸走向大型化，沙烏地阿拉伯在 Al-Jubail 建造了一座日產 90,000 噸的海淡廠，於 1999 年開始啟用。而全球最矚目的則是位於美國 Florida 的 Tampa Bay，日產 95,000 噸的海淡廠。按美國 1990 年海淡廠營運資料統計，海水淡化成本估算每噸約 1 至 4 美元（造水量為 1.5 mgpd 間）；Tampa Bay Water 為佛羅里達州最大飲用水供應者，目前已簽訂購水合約為 0.55 美元／噸，顯示目前 2013 年海水淡化成本已大幅下降。

19.1　海水淡化原理與方法

　　目前世界上海水淡化所使用方式，包括：多級閃化法（Multi-Stage Flash, MSF）、多效蒸餾法（Multi-effect Distillation, MED）、蒸汽壓縮法（Vapor Compression, VC）、逆滲透法（Reverse Osmosis, RO）前三項屬於蒸餾法，最後一項為薄膜法，各項海水淡化之處理技術簡介於下，圖 19-1 為各種海水淡化技術產量與市場佔有率。

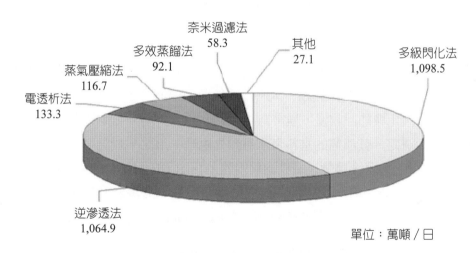

　　　　　　　　　　　　　　　　　　　　　　　　　　單位：萬噸／日

圖 19-1　各種海水淡化技術產量與市場佔有率

資料來源：台灣海水淡化網

一、多級閃化法（Multi-Stage Flash, MSF）

　　多級閃化法係運用蒸餾的原理，在液體達到沸點時將溶液中的水轉變成蒸汽，而與溶解於溶液中的鹽份分離，流程圖如圖 19-2 所示。閃化（Flashing）是以減壓方式來降低沸點，產生蒸汽，再冷凝後即可製得淡水。由於此方法並沒有真正沸騰（僅是表面沸騰），可以大幅改善因蒸餾產生的積垢（Scale）問題，加上其產能大，廣為中東產油國所採用，目前仍是全世界最主要的海水淡化技術之一。

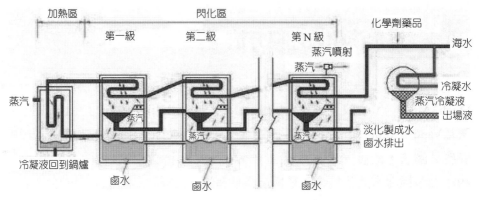

圖 19-2　多級閃化法流程圖

資料來源：台灣海水淡化網

多級閃化製程主要分成兩個系統，一為加熱區，作為進料海水之預熱使用，一般多採蒸汽作熱源，蒸汽冷凝後回到鍋爐。另一為閃化區域，係一多級的閃化與熱回收區，通常為 16 級至 50 級不等，級數隨著不同的設計要求而決定。其所需的進料海水應預先處理。海水一般溫度在 20 ℃ 至 35 ℃ 之間，並且含鹽類（或總溶解固體，Total Dissolved Solid, TDS）約為 42,000 ppm，海水的成份易造成積垢與腐蝕，故需設計前處理系統，如：過濾、添加抗垢化學藥劑、除氣（Deaera-tion）或去碳化等設備。

二、多效蒸餾法（Multi-effect Distillation, MED）

多效蒸餾法為海水淡化技術中較早發展成功的方法之一，其原理係利用高溫蒸汽與海水之溫差進行熱交換後，將受熱沸騰而蒸發的海水（應為不含鹽的水蒸汽）冷凝並收集而成。但由於沸騰而造成管線容易積垢使得 MED 法在應用上不如 MSF 法佔有率那麼大。

三、蒸汽壓縮法（Vapor Compression, VC）

蒸汽壓縮（Vapor Compression, VC）技術進入商業用途始於 1930 年代，由於此技術並不需要大量蒸汽作為熱能，可用以替代多效蒸餾（MED）或多級閃化（MSF）等海水淡化程序，並其具有易組裝可搬遷之特性，在蒸汽取得不易的地區，頗具吸引力。

海水由於含有鹽類之緣故，其沸點較純水為高（即高於 100 ℃），而

當過熱蒸汽（組成為水蒸汽）遇冷凝結時，其凝結溫度將比原蒸發之沸點為低。故吾人可將蒸汽壓縮，以提高蒸汽之壓力與溫度，作為蒸發海水的熱源，由於壓縮蒸發管束中冷凝時將釋出潛熱，用以加熱海水可得到更多的蒸汽。蒸汽壓縮的方式可分為機械壓縮（Mechanical Compression）與熱壓縮（Thermo Compression）二類。機械壓縮的動力源可為電力馬達、渦輪機或柴油引擎，熱壓縮則採蒸汽噴射（Steam Ejector）方式。目前台電公司核三廠已設置一套日產量可達 2,271 噸淡水的機械式蒸汽壓縮設備。

四、逆滲透法（Reverse Osmosis, RO）

逆滲透膜的發展始於六十年代初期，海水淡化而成功的開發出的逆滲透膜具有表面緻密、底層疏鬆的非對稱性的結構有效的提高了膜的透水量，由於製備複合膜（Composite, TFC）的界面聚合（Interfacial Polymerization）技術成功的應用於商業化生產，更提高了膜的透水量，使得逆滲透程序比其他分離程序更具競爭力，如圖 19-3 為逆滲透流程圖所示。

一般商業用的逆滲透膜材質可分為醋酸纖維（Cellulose Acetate）及聚醯胺（Polyamide）兩類，前者之單位面積流率高，適用於管筒型及螺旋型，後者則因其單位體積具有大表面積，適用中空纖維型。一般而言，聚醯胺類材質擁有較長壽命。

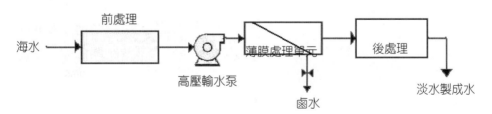

圖 19-3 逆滲透程序流程圖

資料來源：台灣海水淡化網

19.2　海水淡化發展現況

目前全世界海水淡化廠以美國約 2,563 座居全球第一，如表 19-1 所示，其次為沙烏地阿拉伯與日本，但就淡化水產量則以沙烏地阿拉伯居全球第一，日產約 705 萬噸／日，為美國兩倍產量。在海淡供水需求上，沙烏地阿拉伯與美國皆以民生需求為主要供應，而日本則以工業供水為主。在造水成本方面，美國推動日產 94,625 噸的海淡廠,其造水成本只要每噸新台幣 17 元，約目前國內淡化造水成本之三分之一左右。

表 19-1　已成熟海水淡化技術發展現況

國　家	淡化廠	淡化水產量	民生／工業供水比例	能源	備　註
沙烏地阿拉伯	1,260 座（全球第二）	705 萬噸／日（全球第一）	民生 96%工業 4%	1.利用鄰近電廠之低壓蒸氣及電能。2.結合電廠的興建推動海淡廠。	年降雨量僅 100 公厘
美國	2,563 座（全球第一）	355 萬噸／日（全球第二）	民生 80%工業 20%	1.利用鄰近電廠之低壓蒸氣及電能。2.結合電廠的興建推動海淡廠。	已推動日產 94,625 噸的海淡廠，其造水成本只要每噸新台幣 17 元。
日本	369 座	77.8 萬噸／日	民生 13%工業 87%	1.利用鄰近電廠之低壓蒸氣及電能。2.離島（包括沖繩島）則直接依賴電能。	海淡供應約佔全國工業總用水量的 0.38%。

資料來源：陳效禹，海水淡化技術發展現況

國內現有海水淡化廠如表 19-2 所示，總淡化水量約 13,700 噸／日，除最早投資興建海淡廠的台電核三廠為蒸氣壓縮的淡化技術外，其他於民國 86 年之後所投資之海淡廠均採 RO 淡化技術。

所投資建造金額隨淡化產水量而不同，如表 19-3 所示，淡化水量在 500 噸／日以下者，平均興建成本為 146,000 元／噸；而淡化水量在 5,000

噸／日以上者，平均興建成本為 65,000 元／噸，就目前已運作下海淡廠之造水成本約元噸（參考表所示現有海淡廠之操作狀況）顯示台灣海淡廠之興建規模太小，成本負擔難以下降，加上操作技術不純熟，造成國內海水淡化成本過高。 近十年來各種海水淡化法產水量不斷的成長，雖然 RO 開發較晚（1960 年），但以逆滲透處理海水淡化法已逐漸趕上 MSF 法。主要原因是薄膜材質及能源回收改良技術已達成熟階段，不但使淡化成本降低且造水率提高，除鹽率高達 99.5%，而膜管平均使用壽命延長至 5 年左右，較能被一般中東之外的非產油國家接受。

表 19-2　國內現有海水淡化廠

地　區	淡化廠	淡化水產量 （噸／每日）	備　註
澎湖	烏崁海水淡化廠一廠	7000	更新改善中
	烏崁海水淡化廠二廠（套裝）	3000	委託運轉中
	澎湖馬公 5500 頓海水淡化廠	5500	興建中
	西嶼 750 公噸海水淡化廠	750	興建中
	望安海水淡化廠	400	更新改善中
	虎井海水淡化廠	200	委託運轉中
	桶盤海水淡化廠	100	委託運轉中
	西嶼半鹹水淡化設備	1200	委託運轉中
	白沙半鹹水淡化設備	1200	委託運轉中
	七美半鹹水淡化設備	1000	委託運轉中
	將軍半鹹水淡化設備	180	委託運轉中
	成功半鹹水淡化設備	4000	委託運轉中
金門	金門海水淡化廠	2000	委託運轉中
馬祖	南竿海水淡化廠（一期／二期）	500/500	一期目前停止運轉／ 二期委託運轉中
	西莒海水淡化廠	500	委託運轉中
	北竿海水淡化廠	500	委託運轉中
	東引海水淡化廠	500	委託運轉中
台灣本島	核三海淡廠	2271	委託運轉中

資料來源：台灣海水淡化網

表 19-3　海水淡化平均興建成本

淡化水量（噸／日）	平均興建成本（元／噸）
＜500	146,000
2000～5000	88,000
＞5000	65,000

資料來源：陳效禹，海水淡化技術發展現況

19.3　海水淡化利用的新趨勢

　　最近幾年來以亞洲地區，利用海水淡水化的速度增加最快，還超越北美、歐洲及中東地區等。在早期利用海水淡化的技術最廣泛的地方，調查顯示在亞洲地區的水資源缺乏問題很嚴重，已經引起當地政府的注意與重視了。

　　海水淡化技術發展到現在，不但技術穩定成熟，規模愈建愈大。海水淡化技術使用上，由歷年運用的海水淡化技術實際操作佔有率的統計表可發現，逆滲透法增加的趨勢，還超過多級閃化法。挖海底取地下水，專家格倫認為，海底提取地下水的方法可以解決全球水資源缺乏的問題，有很多國家的主要城市和居住的人民都聚集在沿海的地方，格倫把這一個方法比喻為「藍色的金子」，認為解決全世界的水資源危機就是要用海底取地下水的方法。

　　奈米科技除鹽分在全球首次證實，並由日本東麗通過實驗，用於海水淡化的逆滲透膜的次奈米級孔徑和對人體有害物質「硼」的去除率之間存在關係。基礎上，開發出了能夠以次奈米精度對孔徑進行控制，東麗用了自主分子設計。該公司打算用飲用水、農業用水、匱乏的中東、北非各國等的水，向需要保證水源的地區推銷此產品。

19.4 國際海水淡化推行現況

一、沙烏地阿拉伯

地處沙漠地區，年降雨量僅 100 公厘，水資源有限，海水淡化為唯一可大量供應工業及民生用水的水源。截至目前，沙國政府已投資約新台幣3,600 億元，總共興建 1,260 座海水淡化廠，每日產水量近 705 萬噸，供民生使用佔 96%，供工業使用佔 4%。其海水淡化廠數量為世界第二位，但每日產水量為全球第一。能源取得大部分均利用鄰近電廠之低壓蒸氣及電能。至於海淡廠的滷水排放，利用先進排放口設計或稀釋後排放至波斯灣中。

二、美國

美國本土部分地區，如南加州因用水需求成長迅速，但受水文、地形限制及環保意識高漲影響水庫的開發。對此，美國政府即成立鹹水及水資源研究技術中心，訂定水資源淡化法、結合民間企業從事淡化技術的研究與發展。之後，在海水淡化具有被民眾接受程度高、興建時程短、供水穩定、技術成熟、價格逐日下降等特性下，各州及地方政府紛紛推出以海水淡化作為替代水源的方案。目前全美水淡化廠約 2,563 座，居世界首位；淡化水產量為每日 360 萬噸，居全球第二。其中供民生使用佔 80%，供工業使用佔 20%。海淡廠的滷水排放乃利用先進排放口設計或稀釋或回收技術減少、消減滷水對海域環境之影響。

三、日本

日本年平均降雨量 1,700 公厘，但跟台灣一樣由於地狹人稠、川短流急，大部分降雨無法有效利用，且降雨量分佈不均，再加上水庫優良壩址已經不易尋獲及民眾環保意識高漲，傳統水資源開發方式無法滿足水資源需求。

日本因水資源不足遭遇瓶頸，通產省出面成立財團法人造水促進中心，邀集民間機構參與，從事海水淡化技術開發及推廣，以海水淡化作為

替代輔助水源。目前日本約有 370 座海水淡化廠，總產水量為每日 78 萬噸，其中工業用水佔 87%，民生用水佔 13%，民生用水海淡廠以離島地區為主。能源取得大部分均利用鄰近電廠之低壓蒸氣及電能，但是離島（如沖繩）則直接依賴電能。海淡廠的鹵水排乃是利用先進排放口設計或稀釋或回收技術減少、消減鹵水對海域環境之影響，並政府亦提供合理補償化解漁民抗爭。

除上述主要國家以外，新加坡為了擺脫沒有自主水源、長期依賴馬來西亞供水的困境，已經著手規劃利用海淡技術，冀望在公元 2010 年前日產 45 萬噸淡水。中國大陸也受貧水之苦，也將逐步採用海水淡化技術，以彌補水資源供需失調的問題。沙烏地阿拉伯正興建每日產水量可達 72 萬噸的蒸餾法海水淡化廠。總之，海水淡化生產淡水是未來的趨勢，但是其能源供應問題亦是海水淡化之重要考慮因素。

19.5　結　語

淡水是不可或缺的水資源，可見淡水是如此的重要，台灣的地表水及地下水污染嚴重，目前全球暖化及氣候變遷嚴重衝擊淡水水資源，應及早因應。海水淡水化的技術在台灣已在發展中，台灣的淡水未來仍不足。故海水淡化或許也是個選擇方法。

19.6　例　題

例題1

以空氣產生臭氧之臭氧機預前處理海水之水源，已知接觸池 5m (depth)，10min contact；接觸池底部擴散器產生泡泡約 0.23cm，臭氧機效率 1.5% (from O_2 to O_3)，臭氧於原水中設計目標為 2mg/L，處理水量 0.2m³/s。計算質傳係數。

答：池面積 $A = Qt/z = (0.2m^3/s)(10min)(60sec/min)/4.5m = 2.67m^2$

計算氣體流量 $Q_w = Q_a \times \rho_a(\%O_3)/dosage$

$$= (2g/m^3)(0.2m^3/sec)/(1208g/m^3)(0.015)(0.21)$$

$$= 0.138m^3/sec$$

$U_g = (0.138m^3/sec/26.7m^2)(100cm/m) = 0.4cm/sec$

$\varepsilon/(1-\varepsilon)^4 = 0.0268(0.01cm^2/sec)^{-1/6}(0.4cm/sec)[(72g/sec)/(1g/cm^3)]^{-1/8}$

$$= 0.0135$$

試誤法 $\varepsilon = 0.014$　所以 $a = 6\varepsilon/d_b = 6 \times 0.014/0.2cm = 0.42cm^2/cm^3$

計算 $K_L = 0.5(980cm^2/sec)^{5/8}(2.3 \times 10^{-5}m^2/sec)(1g/cm^3)^{3/8}((72g/sec)^{-3/8}(0.2cm)^{1/2}$

$$= 0.016cm/sec$$

故 $K_La = (0.42cm^2/cm^3)(0.016cm/sec) = 0.0067sec^{-1}$

提示說明：氣泡直徑 $a(1)a = 6\varepsilon/d^b$，ε 是內部表面係數，$(2)\varepsilon/(1-\varepsilon)^4$

$$= 0.0268v_l^{-1/6} U_g \left(\frac{\sigma}{\rho}\right)^{-1/\varepsilon},\ v_l\ water\ viscosity,\ U_g\ 氣體（或$$

空氣）上升速度，σ 液體表面張力，ρ 液體密度，(3)

當 $K_L < 0.14$ 質傳係數（mass transfer coefficient）$K_L =$

$$0.5g^{5/8}/D_a\rho^{3/8}\ \rho^{3/8}\ \sigma^{-3/8}\ d_b^{1/2}\ KI_0/x \times \left[1/a - \frac{e^{-ax}}{a}\right],\ The\ overall$$

mass transfer coefficient 與曝氣器馬力關係式 $(K_L a)_{25℃} =$

$$21.67(P/V)^{0.32}\ v_s^{0.46}；v_s\ 空氣速度m/hr，P/V\ 是液體\ m^3\ 須$$

要馬力 (KW/m^3)。

例題2

以空氣擴散器產生水泡直徑約 $0.3cm(20℃)$，假設使用Mendelson's 關係式計算 K_L 液體質傳係數。

答：Mendelson 式 $v_b = [(2\sigma/d_b\rho) + (gd_b/2)]^{1/2}$

$$= [2(72.75)/(0.3)(1) + 980(0.3)/2]^{1/2}$$

$$= 25.1cm/sec$$

$Re = v_bd_bP_w/\mu = (25.1cm/sec)(0.3cm)(1g/cm^3)/(10^{-2}g/cm\text{-}sec) = 750$

$Sh = 1.13(1-2.9Re^{-1/2})^{1/2}Pe^{1/2}$

$\quad = 1.13[(1-2.9(750)^{-1/2})^{1/2}] \times [(0.3 \times 25.1)/(2.21 \times 10^{-5})]^{1/2} = 624$

所以 $K_L = 624D_A/d_b = 624 \times 2.2 \times 10^{-5}/0.3 = 0.046\text{cm/sec}$

例題3

以 RO 除去海水 1molar NaCl, 25℃(298°K)，假設使用van't Hoff eguation 計算出逆滲透壓 ?atm。$\rho = 1.033\text{g/mL}$

答：1000mL 海水含有n_2 moles

$n_2 = \text{Mass}/1000\text{mL} = (58.5)(1000)(\rho)/(1000 + 58.5)$

$\quad = 57.1\text{g} = 0.97\text{moles}$

代入van't Hoff equation, $\rho = 1.033\text{g/mL}$

$\pi = n_2 RT/V = 0.97(0.082)(298)/1 = 23.7\text{atm}$

假設 1molar 溶液 計算 V_2　$V = 1000\text{mL} = V_1n_1 + V_2n_2$

根據 Vaslow 方法 $V_2 = V_2^o + 1.86C^{1/2} + BC$

式中 $C = \text{moles of salt}/1000\text{mL of solution}$, $V_2 = 16.23\text{mL/g-mole of}$ NaCl, and $B \approx 0$（當 $C \leq 1.0$）

故 $V_2 = 16.23 + 0.86(0.97)^{1/2} = 18.06$ mL/g-mole

代回前式計算 $V_1 = [1000-(18.6)(0.97)]/[1000\rho-(1000\rho)(58.5)/1000]/18$

$\quad\quad\quad\quad\quad = 18.1\text{mL/g-mole}$

結果與水的 molar 體積通常是 18.0mL/g-mole 幾乎相同。

查手冊 1 模耳鹽溶液蒸氣壓為 $0.033 = (P_1^* - P_1)/P_1^*$，所以 $P_1^* = 0.964P_1$, $\dfrac{p_1^*}{p_1} = 1.034$

逆滲透壓

$$\pi = \frac{RT\left(\dfrac{p_1^*}{p_1}\right)}{V_1} = \frac{(0.082)(298)}{0.0181}\ln(1.034) = 45.3\text{atm}$$

參考文獻

1. 台灣產業服務基金會全球資訊網：www.ftis.org.tw/water/water_new/14_1.doc

2. 國家政策論壇：http://www.npf.org.tw/monthly/0303/theme-281.htm

3. 台灣海水淡化網：http://www.taiwandesal.com.tw/news.htm

4. 輔機（三）P.71～P.144，主編者：教育部技術職業教育司

5. 經濟部水利局：http://www.wra.gov.tw/

6. 工研院能資所，陳效禹—海水淡化技術發展現況。

7. 樓基中，水資源管理與自來水系統講義，2014 年。

Chapter *20*

市鎮污水回收實例

善用新興水資源已是世界潮流，各國已將生物活性碳的技術逐漸從淨水處理移轉到市鎮廢（污）水處理，本案例是近年來筆者在國內一座市鎮污水處理廠現場，

以模型廠規模之生物活性碳濾床系統進行已處理過放流水之再利用處理測試，評估再生水的可行性及應用參考。

本實例主要內容是利用低成本之生物活性碳濾床（biological activated carbon filter, BACF）系統之實場測試結果，經過 BACF 系統後之總有機碳（TOC）與溶解性有機碳（DOC）在常溫下平均去除率約為 72% 與 78%，但是水中導電度去除有限。以再生水水質標準評估 BACF 系統處理後之再利用水情形，顯示五項主要水質參數（水溫、懸浮固體物、BOD、COD、pH）皆能符合國內再生水之水質標準。

20.1　國內市鎮污水介紹

市鎮污水中通常含有懸浮固體、營養物（氮和磷）和其他有機污染物，對於水體環境和人類健康具有潛在性危害，這些污染物必須有效限制在允許的廢水安全處置內。這種污水中也含有新興污染物，一般稱為微量有機化學物質（Trace Organic Chemicals，簡稱 TrOCs），來源可分為內分泌干擾物質和藥物兩大類，其中藥物因具有生物活性的性質，就算利用一些傳統二級生物處理的活性污泥方法，也無法有效去除。

各國已將種類繁多的人類使用的有機化合物濃度值定於為 $\mu g/L$ 水準或以下，此類污染物已被證實只要有稍許濃度便能影響人類飲用水或衛生用水之安全，為此，各國政府基於人類健康影響，已將此類新興污染物列入未來再生水的法規。由此可知，去除廢（污）水中有機污染物和病原體對於市鎮污水再利用是非常重要的。現今，各國紛紛將重心從淨水處理轉移至市鎮污水的放流水再處理方向，希望達到新興水資源之再利用。

國外處理市鎮污水之放流水普遍以活性碳吸附為主，因其處理效果好且後置處理方便，對於微量有機物、新興污染物、人工合成化合物等都有

良好的去除效率。有學者曾以小型管柱實驗室規模進行測試，依據有機污染物分子結構選擇薄膜和活性碳種類以過濾原理處理市鎮污水中新興污染物。發現活性碳能有效地去除新興污染物中 90% 的有機化合物，其去除有機污染能力決定於活性碳劑量、活性碳種類、接觸時間及污染物分子化學結構等因素。

處理市鎮污水廠放流水之活性碳大致分為粉狀活性碳（PAC）和粒狀活性碳（GAC），諸多學者也曾在此方面進行比較，對於處理污水或飲用水來說，大部分採用 GAC 來得多，主要原因為 GAC 處理流量較高、活性碳後置處理方便、不用額外增加加壓設備且有一定的去除效果，倘若 GAC 再經由蒸氣之再生處理，更能將吸附濃縮的有機污染物快速脫附出來，故是目前去除有機污染物最好的吸附劑之一；但活性碳也有缺點，因為有機物質經由吸附累積於活性碳表面上，造成再生效能大幅降低，而目前實務上解決方法為均勻連續的補充新鮮活性碳且不重複使用。

由於活性碳來源要時常更換，對於水處理工程來說都造成不方便，所以能讓活性碳使用時間變長是很重要的。進行活性碳管柱實驗解決此問題，其實驗分別填裝兩種不同類型的粒狀活性碳 PK1-3、CAgran 評估處理市鎮放流水去除 DOC、硝化和脫硝的效率，進而達到廢（污）水回收/再利用的目的。結果顯示，利用連續流的方式運作 320 天，將污水廠二級放流水通過活性碳管柱，在第 83 天內，PK1-3、CAgran 兩種粒狀活性碳去除 DOC 效率為 81% 和 64.5%。正當DOC的去除效率突破 45.9% 和 37.8% 時，去除原理便以生物降解為主。活性碳管柱對於總氮、DOC、氨氮將會有去除效果。初步證明在實驗室中瞭解活性碳床吸附能力與生物分解，指出實務上重覆更換活性碳不方便之解決方向。

20.2　生物性活性碳方法介紹

在不同水質條件下能使微生物有效生長在活性碳表面，同時進行污染物吸附和緩慢的生物分解，這種藉由吸附劑的多孔洞優勢，使得微生物分

解污染物之方法，我們稱為生物性活性碳（簡稱 BAC）。

有學者進行 GAC 吸附與 BAC 對於二級處理過放流水和初級處理放流水中溶解性有機物（DOC）的實驗。BAC 吸附去除效率較 GAC 來得顯著，可以被利用於放流水再處理，使用 5g/L 的 GAC 和 BAC 分別能去除約 54% 和 96% 的 DOC。由此可知，少量的 BAC 有助於微量有機污染物去除，再者 BAC 並不像 GAC 或粉狀活性碳（簡稱 PAC）需隨時補充活性碳源的問題，能大幅增加活性碳壽命及提高處理水量。

目前已有幾項方法被證明去除水中污染物 TrOCs 是有用的，其中臭氧+活性碳被認為是污水處理可行的方法之一，但此方法缺點是臭氧方法易造成中間產物的形成，對於環境污染和人類健康是一大擔憂。對於未來，生物性活性碳已出步證實能減少非特性毒性、特性毒性或 TrOCs 的濃度，處理後水質可符合有機污染物濃度於 μg/L 以下之安全標準。

20.3 本案例介紹

★ 20.3.1 測試流程圖

本案例之生物活性碳濾床系統（BACF）模型場設置於某市鎮污水之污水處理廠，某污水處理廠之流程圖見圖 20-1 所示，模型廠之進流原水是取自某污水處理廠處理過之放流水，第一部分先以溪水進行微生物馴養，使微生物生長在粒狀活性碳（GAC）表面上；第二部分為抽取污水廠處理過之放流水進入生物活性碳濾床系統模型場，測試生物活性碳濾床系統後出水水質項目濃度與計算處理效率，以評估再利用水質與國家水體水質標準之應用範圍。

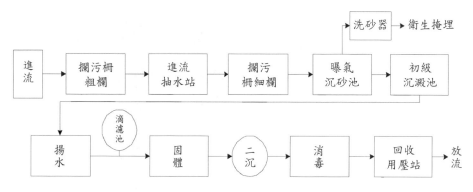

圖 20-1　某市鎮污水處理廠之流程圖

處理流程概述如下：

1. 進流抽水站：進流抽水站係依預先設定好程式以變速方式操作，並使通過細欄污柵柵條之流速在 0.3 至 1.0 公尺／秒之間。

2. 曝氣沉砂池：主要為去除污水中之砂、礫。污水經進流抽水站提升揚程後，由渠道進入曝氣沉砂池、每座池有 4 個砂收集貯槽、並有 4台抽砂泵、3 台砂礫分離器及一台洗砂機與之配合，經砂礫分離器離心濃縮後再進入洗砂機，將砂、礫收集後予以運棄掩埋。

3. 初級沉澱池：經曝氣沉砂池之污水，經分水渠道控制進入 6 座矩形初步沉澱池，主要為去除污水中初沉污泥及浮渣。

4. 加壓抽水站及滴濾池：混合初沉池出水及滴濾池出水，以加壓抽水機抽送至滴濾池之散水器，以均勻散水於塑膠濾料上，經濾料上之生物濾膜去除污水中之溶解性有機物。

5. 固體接觸池：滴濾池出水與二沉池迴流污泥經混合後，進入固體接觸池，以去除污水中之懸浮性 BOD、SS 及部份溶解性 BOD。

6. 二沉池：將固體接觸池之混合液進行固液分離，並將污泥迴流至固體接觸池。

7. 消毒池：放流之前再以加氯消毒，其加氯量需配合放流水流量，加氯係以次氯酸鈉（NaOCl）加藥機設定加氯量，放流水在消毒池中殺菌。BACF 系統圖以圖 20-2 所示。

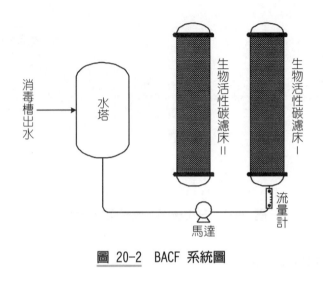

圖 20-2　BACF 系統圖

⭐ 20.3.2　BACF 系統內微生物馴養

本馴養以粒狀活性碳為載體，一般微生物馴養大多需要 2 至 3 個月（樓氏，2009～2014），為避免活性碳之物理性吸附導致實驗誤差，且使生物膜完整生長在活性碳表面上，BACF 先行馴養約 2 個月，以 DOC 水質項目監測BACF系統後之出水約 60 天。

本實驗於現場常溫下（大約 25℃）長期監測 BACF 後出水中 DOC，利用幫浦控制流速，轉速設置約在 30rpm。測試時期約六個月，每 2～3 天進行一次 BACF 後出水之水質分析。

⭐ 20.3.3　BACF 系統後水樣水質檢驗方法

為評估 BACF 處理效率及水再利用，本案例選定 11 項水質參數：水溫、pH、自由有效餘氯、TDS、導電度、氨氮、大腸桿菌群、COD、BOD、總有機碳、溶解性有機碳等，依照環保署（Taiwan-EPA）標準方法進行水質檢驗。

★ 20.3.4 再生水之水質標準

表 20-1 再生水再利用於都市非飲用水之水質標準建議

項目 ＼ 用途	灑水用水	景觀用水	消防用水	廁所沖洗用水
大腸菌數（個/mL）	-	-	-	10以下
BOD	-	10以下	10以下	10以下
pH	6.0-8.5	6.0-8.5	6.0-8.5	6.0-8.5
濁度	10以下	5以下	5以下	-
臭氧	無不舒適	無不舒適	無不舒適	無不舒適
外觀	無不舒適	無不舒適	無不舒適	無不舒適
色度(度)	40以下	10以下	10以下	40以下
餘氯	0.4以上	-	-	保有餘氯
LSI	0	0	0	0
導電度（mmho/cm25℃）	750	750	750	--
鈷	0.05	0.05	0.05	--
銅	0.2	0.2	0.2	--
鉛	0.1	0.1	0.1	--
鋰	2.5	2.5	2.5	--
錳	2.0	2.0	2.0	--
汞	0.0005	0.0005	0.0005	--
鉬	0.01	0.01	0.01	--
鎳	0.5	0.5	0.5	--
硒	0.02	0.02	0.02	--
釩	10.0	10.0	10.0	--
鋅	2.0	2.0	2.0	--
鋁	5.0	5.0	5.0	--
砷	1.0	1.0	1.0	--
鈹	0.5	0.5	0.5	--
硼	0.75	0.75	0.75	--
說明	不與人體接觸為原則	不與人體接觸為原則	與人體、手足會接觸	--

註：1. 除外觀、臭氧、pH 值、導電度（mmho/cm25℃），濁度（NTU）、色度（度）、LSI、大腸桿菌外其餘單位為 mg/l。
2. CCC TM- 卡爾岡碳素公司測試方法。
3. 資料來源：李氏，2004。

20.4 再利用水之評估結果

★ 20.4.1 某污水處理廠已處理過之水質變化

BACF 系統之進水及出水之水質平均值變化，進流水 TOC 平均濃度為 3.586mg/L，DOC 平均濃度為 2.868mg/L，生物可利用有機碳（AOC）平均濃度約為 154.65μg acetate-C/L，生化需氧量（BOD）與化學需氧量（COD）平均濃度約為 39.98mg/L 與 5.30mg/L。

★ 20.4.2 BACF 處理效率

本實驗將兩組活性碳管柱（I、II）以串聯方式放置在某廠之放流水後面，採用連續流方式通過系統並檢測水樣。其中進水簡稱 Rw，第一組管柱（I）與第二組管柱（II）後之出水，以 T_1 及 T_2 稱之，測試在不同空床停留時間（30min、40min、50min、60min 與 70min；空床停留時間定義為 BACF 的管柱空床體積與進水流量之比值，此比值單位為時間）對於 BACF 後出水中微量有機物之處理效率，每組空床停留時間分別進行 2 至 3 次實驗，以平均值作為案例之評估依據。

DOC：

DOC 為將待測樣品水經過 0.45μm 濾紙後之濾液進行分析，用來表示水中所含有溶解性有機碳之含量，而這些有機碳含量中，有部分為產生消毒副產物的前驅物質，因此 DOC 亦是此重要的參考指標。

由圖 20-3 中顯示，DOC 濃度於每組空床停留時間實驗中，其進流濃度平均為 2.86mg/L。經由粒狀生物活性碳系統處理後，T_1 與 T_2 的 DOC 濃度均隨著空床停留時間增加而開始下降；其中 T_1 之 DOC 濃度變化於停留時間 40～50 分鐘時，其值 1.47mg/L 降至 0.93mg/L，呈現大幅度的下降，隨後便開始趨於平緩，再由圖 20-4 比較，該段去除效率從 45.4% 升至 80.6%，因此，當空床停留時間達到 50 分鐘時，BACF 系統對 DOC 有

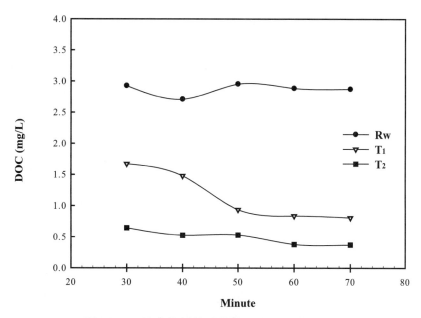

圖 20-3 經生物活性碳管柱後之 DOC 變化圖

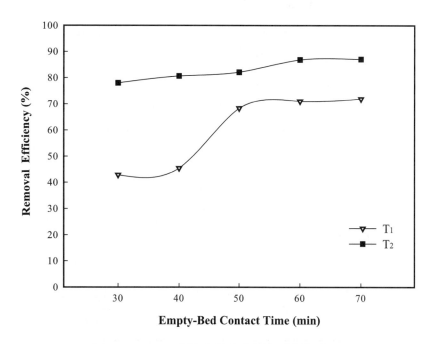

圖 20-4 DOC 去除率對空床停留時間變化圖

最佳去除效率；反觀 T_2 之 DOC 濃度變化，於空床停留時間 30～70 分鐘間雖然沒有明顯變化，但一開始亦有很好去除效果，濃度範圍從 0.64mg/L 到 0.37mg/L，去除效率範圍為 78%～87%，由去除效率與處理時間來衡量的話，我們判定當空床停留時間到達 30 分鐘時，T_2 系統之 DOC 有最佳的去除效率。

NH3-N：

氨氮於污水中主要狀態可分為氨氮（NH_3-N），亞硝酸氮（NO_2-N），硝酸氮（NO_3-N）、有機氮。其中氨氮及有機氮的和稱為純凱氏氮。通常可藉由氮的測定，來表示生物處理的程度及評價水體污染狀態的指標。

由圖 20-5 中顯示，NH_3-N 於每組空床停留時間平均濃度為 13.8mg/L。經 BACF 系統後，T_1 與 T_2 之 NH_3-N 濃度均隨著空床停留時間增加而開始下降；其中 T_1 之 NH_3-N 濃度變化於停留時間 50～60 分鐘時最為明顯，其值從 11.4mg/L 降至 8.8mg/L，隨後呈現緩慢下降的趨勢，再由圖 20-6 比較，該段去除效率從 14.9% 升至 36.2%，故當空床停留時間到達 60 分鐘時，T_1 系統之 NH_3-N 有最佳的去除效率；反觀 T_2 之 NH3-N 濃度變化於空床停留時間 50～60 分鐘間較為明顯，其值從 12.5mg/L 降至 10.1mg/L 隨後也呈現緩慢下降的趨勢，該段去除效率則從 24.8% 升至 34.8%，故當空床停留時間到達 60 分鐘時，T_2 系統之 NH_3-N 有最佳去除效率。

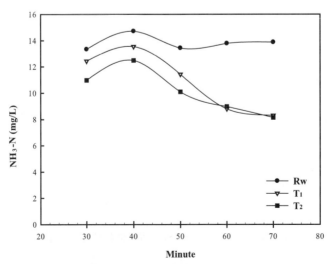

圖 20-5　經生物活性碳管柱後之 NH_3-N 變化圖

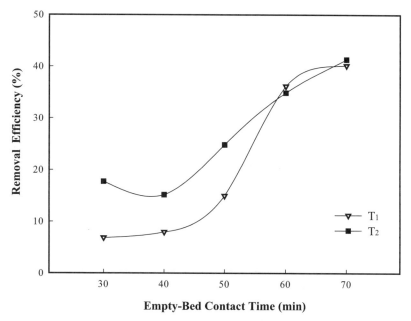

圖 20-6　NH₃-N 去除率對空床停留時間變化圖

COD：

　　COD 的檢測常間接量測水中有機化合物含量，藉以得知河川污污染程度，當水中 COD 含量過高，則其河川污染相對嚴重。

　　由圖 20-7 中顯示，COD 濃度於每組空床停留時間實驗中，進流濃度變化不大約 9.98mg/L。經由粒狀生物活性碳系統後，T_1 與 T_2 之 COD 濃度均隨著空床停留時間增加而開始下降；其中 T_1 之 NH₃-N 濃度變化於停留時間 40～50 分鐘與 60～70 分鐘時最為明顯，其值分別從 20.6mg/L 降至 15.7mg/L 與 14.8mg/L 降至 8.2mg/L，再由圖 20-8 比較，該兩段去除效率分別為 47.8% 升至 60.1% 與 62.6% 升至 79，故當空床停留時間到達 70 分鐘時，T_1 系統之 COD 有最佳去除效率；反觀 T_2 之 COD 濃度變化於空床停留時間 40～50 分鐘與 50～60 分鐘時較為明顯，其值從 11.7mg/L 降至 8.5mg/L 與 8.55mg/L 降至 5.4mg/L，隨後呈現穩定平穩趨勢，該段去除效率則從 70.4% 升至 78.3% 與 78.3%～86.3%，故此空床停留時間到達 60 分鐘時，T_2 系統之 COD 有最佳去除效率。

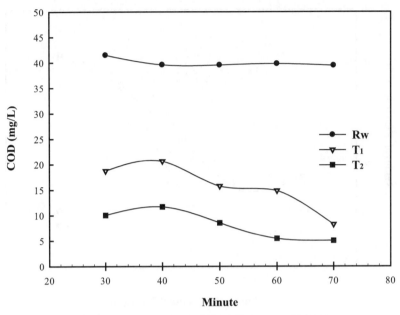

圖 20-7　經生物活性碳管柱後之 COD 變化圖

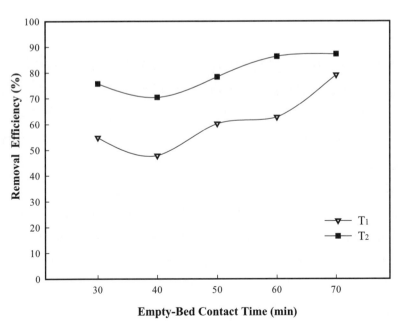

圖 20-8　COD 去除率對空床停留時間變化圖

BOD：

BOD 指水中易受微生物分解的有機物質，在某特定時間及溫度下，因受微生物分解而氧化消耗，所消耗的需氧量。通常以 20℃ 培養 5 日後所測得的結果，記做 BOD5。藉其表示水中生物可分解的有機物含量，間接也表示了水體受有機物污染的程度。

由圖 20-9 中顯示，T_1 之 BOD 於每組空床停留時間平均濃度為 5.3mg/L。經由粒狀生物活性碳系統後，T_1 與 T_2 之 BOD 濃度均隨著空床停留時間增加而開始下降；其中 T_1 之 BOD 濃度變化於停留時間 40～50 分鐘時最為明顯，其值從 2.1mg/L 降至 1.4mg/L，隨後呈現緩慢下降的趨勢，再由圖 20-10 比較，該段去除效率從 56.7% 升至 72%，故當空床停留時間到達 50 分鐘時，T_1 系統之 BOD 有最佳的去除效率；反觀 T_2 之 BOD 濃度變化，於空床停留時間 30～70 分鐘間沒有很明顯地改變，但隨著停留時間增加而緩慢下降，其濃度範圍從 0.6mg/L 到 1.2mg/L，去除效率範圍從 71.1% 到 76.7%，由去除效率與處理時間來衡量的話，我們判定當空床停留時間到達 30 分鐘時，T_2 系統之 BOD 有最佳去除效率。

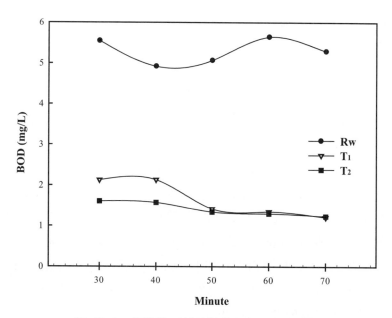

圖 20-9　經生物活性碳管柱後之BOD變化圖

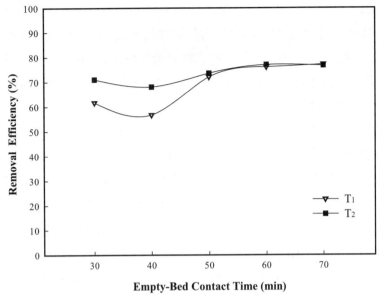

圖 20-10　BOD 去除率對空床停留時間變化圖

SS：

　　SS 是指水中會因攪動或流動，呈現懸浮狀態固體，型態上可分為膠懸物、分散物及膠羽，一般為有機或無機性顆粒。懸浮固體會影響光於水中的穿透力，其影響程度上與濁度類似；懸浮固體若沉澱於水體上，易形成蓄水能力下降與水流速度減緩，也是河川污染指標判定之一。

　　由圖 20-11 中顯示，SS 於每組空床停留時間平均濃度為 5.20mg/L。經粒狀生物活性碳系統後，T_1 與 T_2 之 SS 濃度並沒有隨著空床停留時間增加而有大幅度的下降；其中 T_1 之 SS 濃度變化於停留時間 50～60 分鐘時較為明顯，其值從 4.8mg/L 降至 4.4mg/L，再由圖 20-12 比較，該段去除效率從 4.9% 升至 11.11%；反觀 T_2 之 SS 濃度變化於空床停留時間 50～60 分鐘間較為明顯，其值從 4.6mg/L 降至 4.3mg/L，該段去除效率則從 8.9% 升至 13.1%，T_1 與 T_2 於當空床停留時間到達 60 分鐘時，對 SS 有最佳的去除效率，但實際上此兩系統的最佳去除效率也只將近 13% 的成效，顯示經粒狀生物活性碳系統後處理 SS 的幫助有限。

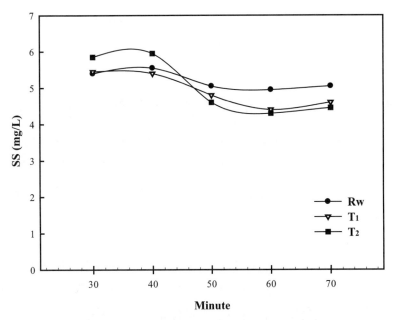

圖 20-11　經生物活性碳管柱後之 SS 變化圖

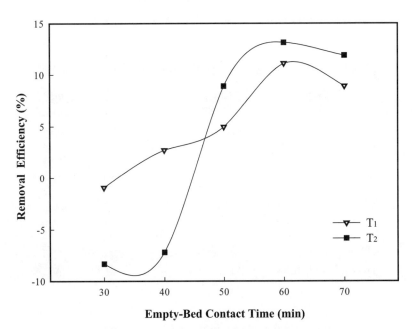

圖 20-12　SS 去除率對空床停留時間變化圖

因此我們衡量整體上 T_1 系統的空床停留時間為 60 分鐘時，有最佳操作條件；再來 T_2 系統的空床停留時間為 30 分鐘時，有最佳操作條件。

★ 20.4.3 經 BACF 系統後出水與各項水質標準之再利用

再利用水屬於新興水資源之一。水再生利用的用途很廣，但虛擬定各標的水再生利用之水質標準與指標，達到品質與經營上的管理，促使國內水資源運用上成為循環式水資源利用系統，達成國內水資源永續經營的目標。

因此，經 BACF 系統處理後與各項再生水水質標準（水回收再利用於都市非飲用之水質標準）比較如下。將經 BACF 系統處理後出水與各項再生水水質標準進行比較，比較結果以表 20-2、表 20-3 與表 20-4 所示。發現溶氧量與導電度是未符合再生水水質標準之二項，氨氮濃度也高於再生水水質標準，值得後續進一步研究，但其餘 5 項主要水質參數（水溫、懸浮固體物、BOD、COD、pH）皆能符合再生水水質標準。

表 20-2　國內水再生利用於農業、景觀灌溉用水之水質標準

項目　　　　　用途	農業灌溉 水質標準	景觀灌溉 水質標準
水溫	35以下	35以下
pH值	6.0-9.0	6.0-9.0
導電度	750	--
SS	100	30
BOD	--	30
DO	3以上	--
COD	--	100

表 20-3 水回收再利用於都市非飲用水之水質標準建議

項目 ＼ 用途	灑水用水	景觀用水	消防用水	廁所沖洗用水
BOD	-	10以下	10以下	10以下
pH	6.0-8.5	6.0-8.5	6.0-8.5	6.0-8.5
臭氣	無不舒適	無不舒適	無不舒適	無不舒適
外觀	無不舒適	無不舒適	無不舒適	無不舒適
餘氯	0.4以上	-	-	保有餘氯
導電度（mmho/cm25℃）	750	750	750	--
說明	不與人體接觸為原則	不與人體接觸為原則	與人體、手足會接觸	--

表 20-4 水污染防治陸域地面水體分類及水質標準

分級	基準值				
	pH	DO (mg/l)	BOD (mg/l)	SS (mg/l)	NH3-N (mg/l)
甲	6.5 ~ 8.5	6.5以上	1以下	25以下	0.1以下
乙	6.0 ~ 9.0	5.5以上	2以下	25以下	0.3以下
A丙	6.0 ~ 9.0	4.5以上	4以下	40以下	0.3以下
丁	6.0 ~ 9.0	3以上	—	100以下	
戊	6.0 ~ 9.0	2以上	—	無漂浮物且無油污	

A註：可適於工業用水，水質檢驗項目五項。

20.5 結 語

本案例運用 BACF 系統來處理市鎮污水處理場已處理過的水，整體上，當 BACF 系統的空床停留時間 30 分鐘以上時，對於污水處理場後排放水之再利用具有最佳處理效率。經 BACF 處理後之回收水與再生水之水質標準比較發現，五項水質參數（水溫、SS、BOD、COD、pH）皆能符合再生水水質標準。

20.6 例 題

例題1

某市鎮污水處理場規畫已處理過的回收水欲推廣至產業之工業用水，試問水質檢驗項目至少須五項？

答：水溫、SS、BOD、COD、pH

例題2

何謂空床停留時間（min）？

答：以濾床為例，空床停留時間（min）= 濾床空床體積（L）/入流流量（L/min）。

參考文獻

1. 樓基中與林澤閎，生物活性碳濾床去除民生放流水有機物，中山環工所，101 年 6 月。

自我評量

1. 列出農業灌溉用水之水質標準為何？

Chapter *21*

工業廢水回收再用規劃與實例

　　近年來台灣地區之缺水問題日益嚴重，如何提昇水的利用效率，已成為產業亟需面對的問題，因此在水利用成本可行的前提下，將工業廢水回收到廠內製程再用，然而工業廢水水質差異性甚大，進行工業用水回收再利用時需進行可行性評估、小型或中型規模模場試驗與實場規模試驗等初期規劃工作來瞭解工業廢水變化與效率後再設計回水再生，實為因應之道，圖 21-1 為工業廢水回收之初步規劃步驟。

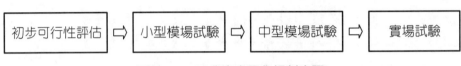

圖 21-1　工業廢水回收規劃步驟

　　工業廢水處理可分為物理／化學處理（包括：pH 值調整、氧化還原、混凝、沉澱、浮除、過濾）及生物處理（包括：厭氧、好氧、無氧）或前二者組合等之應用，主要目的是去除對環境或人體有害的污染成份至符合放流水水質標準後排放至承受水體中，若要考慮回收使用時，則需考慮到回收水使用目標的用水水質限制及處理程序單元的限制，工業廢水各項水質特性及處理程序如圖 21-2 所示。

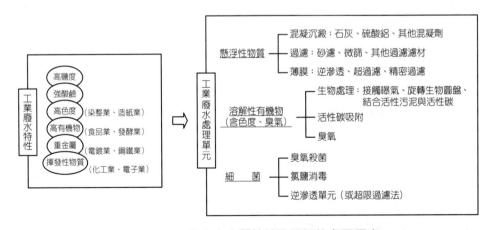

圖 21-2　工業廢水水質特性及可行的處理程序

　　由於薄膜技術已日漸成熟，在廢水回收的實廠應用上已有相當多的

成功案例，本章節針對傳統產業與高科技產業之工業廢水回收進行案例介紹。

21.1　傳統產業之工業廢水回收案例－某鋼鐵工業

　　該公司為因應未來嚴峻的水資源短缺及污染的問題，開始著手針對各廠區排放廢水之水質及水量基本資料收集或檢驗分析，並進行初步評估該場區廢水可回收率及可回收水量最有效益後以便進行後續模廠實驗，圖3為該廠鋼鐵廠之廢水回收處理流程規劃設計流程圖。

　　由圖 21-3 可知，在初步評估階段選用 UF（負壓浸入式）／RO 及 MF（正壓管殼式）／RO 的小型模廠進行同步實驗，經評估後選擇以產水穩定性之 UF／RO 為主架構進行中型模廠與放大實驗。水質檢測項目包括有機物（如 TOC、COD、BOD）、懸浮固體物（SS）、總溶解性固體（TDS）、油份、硬度及重金屬成份、微生物營養性成份（如 N、P、S）、生物性條件（大腸桿菌、致病菌、總菌數），配合所獲得的模型實驗結果進行初步實廠化的技術性及經濟性可行性評估。

　　該處理流程主要是將工業廢水經過 UF 系統去除水中 SS、微生物、金屬氧化物等，接著由 RO 系統去除水中之濃縮物質（主要為鹽類），最後再透過離子交換樹脂系統移除水中離子態之污染物，使水質符合高壓鍋爐用水。

21.2　高科技產業之工業廢水回收案例－以某加工出口區再生水模型廠為例

　　近年來科技產業積極發展下所面臨工業區高科技半導體廠需大量用水，且加上水資源開發不易，因此將工業製程中所產生的廢水回收再使用已為趨勢，因此該加工出口區為台灣第一座工業綜合廢水再生利用模型

廠，日產 1,800 噸之再生水供事業製程用水使用，圖 21-4 為該工業區之廢水回收處理流程規劃設計流程圖。

　　該工業區有許多半導體封裝工廠等高科技產業園區，放流水中可能含有許多小於 10μm 晶圓切割與背面研磨微細粉體之特性，因此由圖 21-4 可知，將該工業區之廢水以 UF 系統去除大分子有機物、微細膠羽與微生物等固體，再利用 RO 去除廢水中溶解性鹽類與有機物，以便產生低導電度之軟水再利用。

21.3　例　題

例題1

　　計算生物活性碳濾床之水頭損失？以便設計抽水幫浦，生物濾床大小 20×20ft 與深 2ft，孔隙率 $\varepsilon = 0.4$ 與形狀因子（shape factor）$\psi = 0.95$，流量4gal/min-ft^2。water viscosity $\mu = 3 \times 10^{-5}$lb-sec/ft^3，$\rho = 1.94$slug/ft^3。

答：計算 $u_a = 4$gal/min-ft^2(1/7.48ft^3/gal)(1/60min/sec) $= 8.9 \times 10^{-3}$ft/sec

假設濾料每層篩分析（Sieve number 範圍14-100，不同的 Re）之 (ΣfX/d) 總合約 110,000.

故水頭損失 $H_L = L/\psi[(1-\varepsilon)/\varepsilon^3](u_a^2/g)(\Sigma fX/d)$

$\qquad = 2/0.95\ [(1-0.4/0.43)\ (8.9\times10^{-3})\ 2/32.2](110,000)$

$\qquad = 5.5$ft 換算成壓力

$\qquad = 5.5$ft (lb$_f$/lb$_m$) $= 8.4$J/lb $= 18$N-m/Kg

故壓損 $= \rho H_L = 1000$Kg/m^3(18N-m/Kg) $= 18$KN/m$^2 = 2.7$psia

提示說明：根據 Carmen-Kozeny 公式：f′ friction factor $= 150(1-\varepsilon/$Re$) + 1.75$，計算每層篩分析的 f′X/d，X 是停留在每層篩分析之粒狀物種量百分率（以小數點表示），d 是粒狀物直徑（m）。

例題2

工廠每日排放廢水 $300m^3$，BOD 為 2000mg/L，SS 為 350mg/L，如當地每人每日之 BOD 負荷量為 40g，懸浮固體為 35g，試分別計算工廠排水 BOD 及 SS 人口當量？

答：人口當量：工廠污染排放量 ÷ 每人每日污染量

(1) BOD 人口當量：$300 \times 2000 \times 10^{-2} \div 0.04 = 15000$人

(2) SS 人口當量：$\dfrac{300 \times 350 \times 10^{-2}}{0.035} = 3000$ 人

例題3

以沉澱池去除工業廢水中大於直徑 0.02mm 之懸浮顆粒，處理水量 $1.0m^3/sec$。實驗室中靜止狀況沉降速度 0.62mm/sec，設計沉澱池大小，池深 0.6m，規畫使用一系列斜角 60^0 之蜂巢狀（$50mm^2$）沉降管。設計規範：Re < 2000，Fr > 10^{-5}；廢水 viscosity = $1.31 \times 10^{-6}m^2/sec$

答：根據Yao's方程式

$U_o = Q/A[W/(H\cos\psi + W\cos^2)] = Q/A[0.05/(0.6 \times 0.5) + (0.05 + 0.25)]$
$= 0.16/A$

假設實驗室安全係數 $= 0.7$

$U_o = (0.00062m/s \times 0.7) = 0.00043 = 0.16/A$

故須要 $A = 370m^2$

計算表面負荷（surface loading）$= Q/A$
$= (1 \times 60 \times 60 \times 24)m^3/day/370m^2$
$= 234m^3/m^2\text{-day}$

故流速$U_s = Q/A\sin\psi = 60m^3/min/370 \times 0.866$
$= 0.187m/min$
$= 0.0031m/sec$

沉降管總長$L = 370m^2/0.6m = 617m$池寬6m，以房屋排列

水力半徑$R = A/P = 0.05^2/4 \times 0.05 = 0.0125$

Check: Reynolds number Re $= U_sR/v = 0.0031 \times 0.0125/1.31 \times 10^{-6} = 30 < 2000$

Froude number $Fr = U_s^2/gR = 0.0031^2/9.8 \times 0.0125 = 8.8 \times 10^{-5} > 10^{-5}$
So, this is a well design.

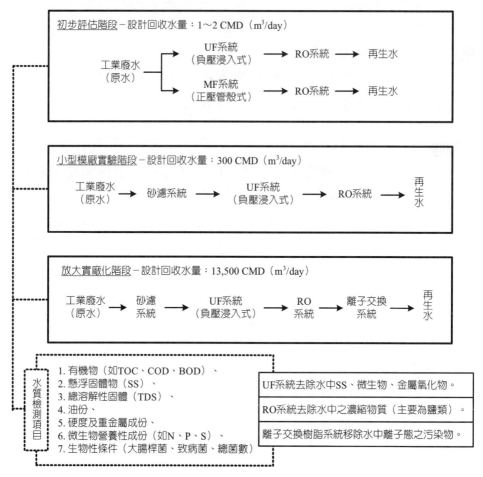

<u>初步評估階段</u> － 設計回收水量：1～2 CMD（m^3/day）

工業廢水
（原水）
→ UF系統
（負壓浸入式） → RO系統 → 再生水
→ MF系統
（正壓管殼式） → RO系統 → 再生水

<u>小型模廠實驗階段</u> － 設計回收水量：300 CMD（m^3/day）

工業廢水
（原水） → 砂濾系統 → UF系統
（負壓浸入式） → RO系統 → 再生水

<u>放大實廠化階段</u> － 設計回收水量：13,500 CMD（m^3/day）

工業廢水
（原水） → 砂濾系統 → UF系統
（負壓浸入式） → RO系統 → 離子交換系統 → 再生水

水質檢測項目

1. 有機物（如TOC、COD、BOD）、
2. 懸浮固體物（SS）、
3. 總溶解性固體（TDS）、
4. 油份、
5. 硬度及重金屬成份、
6. 微生物營養性成份（如N、P、S）、
7. 生物性條件（大腸桿菌、致病菌、總菌數）

UF系統去除水中SS、微生物、金屬氧化物。

RO系統去除水中之濃縮物質（主要為鹽類）。

離子交換樹脂系統移除水中離子態之污染物。

圖 21-3 鋼鐵廠廢水回收處理之流程規劃與設計流程圖

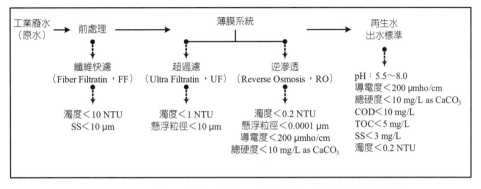

圖 21-4　工業區廢水回收處理之流程規劃與設計流程圖

參考文獻

1. 樓基中，水資源管理講義，中山環工所，103 年 3 月。
2. The-Fu Yen, Environmental Chemistry: Chemical Prinicples for Environmental Processes-Volume 4B, Prentic-Hall, Inc.高立書局

自我評量

1. 某污水處理場規畫的回收水欲推廣至產業之工業用水，試問廢水特性有哪六類？
2. 列出工業區廢水回收處理之規劃流程
3. 設計纖維過濾（FF）處理之二項水質要求？
4. 設計超過濾（UF）處理之二項水質要求？
5. 設計逆滲透（RO）處理之四項水質要求？

Chapter *22*

進階水質檢驗

22.1 總有機碳與溶解性有機碳 (Total Organic Carbon, TOC & Dissolved Organic Carbon, DOC)

★ 22.1.1 原　理

總有機碳（TOC）是以碳的含量表示有機物總量的一個指標，其分析原理是將水樣以熱或氧氣、紫外線照射、化學氧化劑等方法將樣品中之有機態碳氧化轉變成 CO_2，藉由數據機來換算樣品中碳的含量，常用於檢測水質檢測。

依 NIEA W532.52 C，指水樣導入消化反應器中與濃磷酸或濃硫酸反應後，水樣中的無機碳轉換成二氧化碳，吹氣將其排出後，殘留水樣即再加入過氧焦硫酸鹽溶液，將有機碳氧化轉換為二氧化碳，隨即被載流氣體導入非分散式紅外線分析儀，檢測出水樣中總有機碳的濃度，將水樣通過 0.45μm 之濾紙後再依總有機碳的分析步驟進行即可得知水中溶解性有機碳之濃度。

★ 22.1.2 用　途

TOC 與 DOC 用來代表水中所含有的有機物與溶解性有機物含量，也就是說測得的總有機碳越多，表示有機物越多，也就是水處理時需要處理的生物需養量比較高，主要用來偵測及測量有機物的總量之檢測，因此，從總有機碳之測定值可判斷有機物污染程度。

★ 22.1.3 採樣與分析方法

總有機碳分析主要是以氧化法來進行分析，廠牌也依氧化方式不同而有不同的設備，包括燃燒法、紫外光／過硫酸鹽法、過硫酸鹽法／100℃加熱法、紫外光法及紫外光／二氧化鈦觸媒法等方法。

（一）採樣：樣品採集於採樣瓶中，並避免於裝填水樣時有氣泡通過樣品或封瓶時有氣泡殘留，所用瓶蓋以厚的矽膠被覆鐵氟龍的墊片封瓶，並且是開口式，能呈正壓式密封。

（二）保存：採集的樣品如果無法立即分析，則需 4±2℃ 儲存，避光且減少空氣的接觸，並在 7 天內完成分析；若樣品不穩定則需添加磷酸或硫酸於樣品中，使 pH 值小於或等於 2，並於 4±2℃ 條件下可保存 14 天。

（三）分析：

1. 樣品前處理：

(1) 水樣中含有大顆粒或不溶物質時，使用樣品混合器或均質器加以攪拌，直到能以注射器、自動取樣管或連續線上監視系統的自動進樣器取得具代表性的樣品。

(2) 若僅檢測溶解性有機碳時，以 0.45μm 孔徑濾膜過濾水樣。

(3) 若儀器可分別檢測無機碳（碳酸鹽、碳酸氫鹽及二氧化碳）及總碳，則依儀器操作說明分別檢測總碳和無機碳，並以總碳及無機碳之差值為總有機碳含量。

(4) 欲去除樣品中之無機碳時，可取 10 至 15mL 之樣品置於 30mL 燒杯中，加濃磷酸或濃硫酸至 pH 等於或小於 2，再通以吹氣氣體 10 分鐘；或攪拌並同時以吹氣氣體通於燒杯中已酸化的樣品去除無機碳。

2. 儀器操作：

依儀器製造廠商提供之操作說明文件，進行儀器設定校正或操作，並以品管樣品及真實樣品進行操作條件之準確度與精密度驗證後，始得進行樣品之檢測。

3. 檢量線製備：

(1) 視水樣濃度範圍，配製至少五種濃度（不含空白）之有機碳檢量線標準溶液。以檢量線標準溶液與儀器反應所得訊號，再與標準品中有機碳含量（mg C/L）作圖，繪製檢量線。

(2) 檢量線確認：完成檢量線製作後，須以第二來源標準品配製檢量線中點濃度附近之標準品進行檢量線確認。若檢量線在指定範圍內無法被確認，則應找出原因並在樣品分析前重新校正儀器。

⭐ 22.1.4　結果處理

　　計算經試劑水儀器空白校正的標準品及樣品儀器反應，並以碳濃度及校正過的標準品儀器反應來繪製檢量線，再將已扣除方法空白的樣品儀器反應對應於檢量線，而可求得樣品的總有機碳含量，或依儀器操作手冊執行之。

⭐ 22.1.5　品保品管作業規範

（一）檢量線：每次樣品分析前應重新製作檢量線，其線性相關係數應大於或等於 0.995。檢量線確認相對誤差值應在 ± 15% 以內。

（二）檢量線查核：每 10 個樣品或每批次分析結束時，執行一次檢量線查核，以檢量線中間濃度附近的標準溶液進行，其相對誤差值應在 ± 15% 以內。

（三）空白樣品分析：每 10 個樣品或每批次樣品至少執行一次空白樣品分析，空白分析值應小於二倍方法偵測極限。如樣品含有大顆粒或不溶物質須經均質或過濾處理時，則方法空白須包含七、步驟（一）1 及 2 執行分析。

（四）重複樣品分析：每 10 個樣品或每批次樣品至少執行一次重複樣品分析，其相對差異百分比應在 15% 以內。

（五）查核樣品分析：每 10 個樣品或每批次樣品至少執行一次查核樣品分析，其回收率應在 85% 至 115% 範圍內。

（六）添加分析：每 10 個樣品或每批次樣品至少執行一次添加標準品分析，回收率應在 75% 至 125% 範圍內。

（七）無機碳去除效率之檢查：每次樣品分析前須執行無機碳去除效率
之檢查，其無機碳去除效率須大於 90%。

資料來源

1. http：//zh.wikipedia.org/zh-hk（維基百科全書－總有機碳量）

2. http：//www.niea.gov.tw/（行政院環境檢驗所）

TOC 與 DOC 分析儀器照片：（可放在上課補充投影片）

22.2 生物可利用有機碳（Assimilable organic carbon, AOC）

★ 22.2.1 原理

AOC 目前國內尚未有標準分析方法，因此參考 Van der kooij（1995）
所研發之 AOC 分析方法，是利用培養 Pseudomonas fluoressence strain P17
及 Spirillumspeciesstrain NOX 二株菌種，其外形容易觀察且能快速生長，
在低營養源狀況下還能生長又容易培養，因此十分適合用來分析水樣。

測量純菌在水樣中生長的最大值（Nmax），且選擇以已知濃度的有機

物（ex: acetate）先求出菌種的產率（Yield coefficient），再將其相比，則可求得 AOC 的值（μg acetate-C/L）。Van der Kooij 認為 AOC 的分析非常靈敏，不容許任何微量之污染物干擾，因此任何可能與水樣接觸的用具，都須儘量使用已經過酸洗，且經 250℃、8 小時處理之玻璃器皿，且實驗均須避免任何可能釋出 AOC 之物質存在，如酒精等。而取水樣 600mL，主要是希望藉由較大之水樣體積，以減少外來所造成之誤差。而滅菌溫度控制於 60℃，這樣有機物才不會因熱解而形成 AOC。

★ 22.2.2　採樣與分析方法

（一）菌種培養（植種與培養）：

1. 將以活化後之 P17 菌種取 0.1mL 加入 AOC 礦物液態培養基。

2. 每天從 1. 的 AOC 礦物液態培養基取 0.05mL 菌液置於 Lab-Lemco agar（固態平板培養基）中，以塗抹法進行菌落數培養（每個平板培養基內之菌落數範圍為 30～300CFU/mL）。

3. 重複 2. 步驟，直到 AOC 礦物液態培養基內 P17 菌落數達 3×106CFU/mL 條件後，置於 2～6℃ 的培養箱保存。

4. NOX 菌種同以上步驟。

5. 完成 P17 與 NOX 培養後，即可進行後續分析步驟。

（二）求得各菌種之 AOC 生長曲線及產率：

1. 取經慢砂濾後之清水每瓶各裝 600mL 之水樣。

2. 加入 0.0026 M$K_2HPO_4 \cdot 2H_2O$ 溶液 0.4mL，再分別加入醋酸鈉濃度 0、5、10、25、50、100、250μg acetate-C/L。

3. 瓶口與瓶頸之間加一段鎳鉻絲，並在瓶蓋上加一玻璃蓋，再將水樣置於水浴槽內加溫，加溫至瓶內溫度達 60℃ 後，再恆溫 30 分鐘。

4. 冷卻後，分別植入適量的 P17 和 NOX 菌液，使水樣之菌數落在 100～500CFU/mL。取 0.05mL 水樣塗抹於培養基上，每隔 1～2 天分析一次，且視情況做適當的稀釋，使培養皿上的菌

落數在 30～300CFU/mL。

5. 將水樣培養於 15℃ 之培養箱，塗抹之培養皿倒置培養於 25℃ 之培養箱，於 3 天後計數菌落。

6. 當菌落數長到最大值時（約 3～5 天），將數據整理繪其生長曲線，將菌落數最大值與所添加之醋酸鈉濃度值做迴歸線，迴歸之斜率即產率（yield），即代表每 acetate-C 所能生長之菌落數（CFU/μg-C）。

（三）水樣之採樣與分析：

1. 採各點之水樣 600mL 裝於經酸洗和 250℃ 滅菌之 1000mL 磨砂口之三角燒瓶，加入 0.0026M $K_2HPO_4 \cdot 2H_2O$ 溶液 0.4mL。

2. 瓶口和瓶頸之間加一段鎳鉻絲，並在瓶蓋加一塑膠蓋，再將水樣置於水浴槽內加溫，加溫至水樣溫度 60℃ 後再恆溫 30 分鐘。

3. 冷卻後，植入適量的 P17 和 NOX 菌液，並混合均勻，使水樣之菌數落在 100～500CFU/mL。

4. 取水樣 0.05mL 塗抹於 LLA 培養基上，每隔 1～2 天分析一次，且視情況做適當的稀釋，使培養皿上的菌落數在 30～300CFU/mL，此步驟皆做三重複。

5. 將水樣培養於 15℃ 之培養箱。塗抹後的培養皿倒置培養於 25℃ 之培養箱，並於3天後計數菌落。

6. 當菌落不再生長時，將數據整理繪其生長曲線並找出菌落數最大值，並將最大值代入產率（yield），即迴歸之斜率，再將所得之 AOCP17 和 AOCNOX 兩者相加，即為總 AOC 值（μg acetate-C/L）。

★ 22.2.3 結果處理

（一）以含 30～300 個菌落之同一稀釋倍數的三個培養皿計算其總菌落數，總菌落數以菌落數（CFU）/mL（Colony Forming Units/

mL）表示之。計算公式如下：

$$總菌落數（CFU/mL）= \frac{平均的計數菌落 \times 稀釋倍數}{0.05（mL）}$$

（二）數據表示：若計算所得之菌落數小於 10，以『<10』表示；菌落
　　　數小於 100 時，以整數表示（小數位數四捨五入），菌落數大於
　　　100 以上時，只取兩位有效數字，並以科學記號表示，例如菌落
　　　數為 142 時以 1.4×10^2 表示之，菌落數 155 時以 1.6×10^2 表示
　　　之，菌落數為 18900 時以 1.9×10^4 表示。

（三）將 P17 和 NOX 總菌落數最大值代入步驟 3 求得之產率（即迴歸
　　　之斜率），即得 AOCP17 與 AOCNOX。

$$總 AOC 值（\mu g \ acetate\text{-}C/L）= AOCP17 + AOCNOX$$

（四）檢測紀錄須註明採樣時間、培養起始及終了時間、培養基名稱、
　　　培養溫度及各稀釋度的數據等相關資料。

★ 22.2.4　品保品管作業規範

（一）微生物採樣人員及檢測人員應具備微生物基本訓練及知識。
（二）進行微生物檢測時，所用的器具均應經滅菌處理。
（三）每批次採樣時應進行野外及運送空白。
（四）每批次或每 10 個水樣需進行試劑空白實驗。
（五）應記錄原始數據，以備查核之用。（應記錄所有稀釋度水樣的原
　　　始數據，以備查核之用。）

資料來源

Van der Kooij, D. and Veenendaal, H. R. (2012). Determination of the
concentration of easily assimilable organic carbon (AOC) in drinking water

with growth measurements using pure bacterial cultures.SWE 95.002, KIWA, Nieuwegein, Netherlands.

無菌操作台照片：（可放在上課補充投影片）

22.3 紫外光波長為254之分光光度法（Ultraviolet, UV$_{254}$）

⭐ 22.3.1 原理

芳香族化合物或具有共軛雙鍵的化合物在波長為 254nm 之紫外區間具有吸收峰，故 UV$_{254}$ 之吸光度指標常作為有機質之替代參數，可評估水中有機物雙鍵的多寡，其吸收值與有機物含量成一定比例，因此可用以表示有機物含量之高低，是衡量水中有機物數量指標的一項重要參數。

⭐ 22.3.2 採樣與分析方法

（一）採樣：紫外光分光光度計，使用經試劑水清洗過之塑膠瓶或玻璃瓶在採樣前用欲採集之水樣洗滌 2～3 次，水樣之運送及保存須在 4℃ 以下暗處冷藏並於 24 天內完成分析，將分光光度計之波

長設定為 254nm，以去離子水校正歸零後，將水樣置入 1cm 管
徑之石英管量測水樣之吸光度。

（二）分析：UV$_{254}$ 之測定方法採用 Standard Method 5910 B Ultraviolet
Absorption Spectrophotometry，採集水樣約 100mL 以 0.45μm 濾
紙過濾，再用 0.1N NaOH 或 0.1N HCl 調整 pH 至 7 後，將分光
光度計之波長設定為 254nm 置於 1cm 光徑之石英樣品槽中讀取
其吸光度值，此值稱之 UV$_{254}$。

★ 22.3.3　結果整理

式中A：實測吸光度值
　　b：石英比色槽管徑（cm）
　　D：稀釋因子

★ 22.3.4　品保品管作業規範

重複樣品分析係將重複樣品依相同前處理及分析步驟執行檢測；重複
分析之樣品應為可定量之樣品，除檢測方法另有規定外，通常至少每10個
樣品應執行1個重複樣品分析，若每批次樣品數少於10個，則每批次仍應執
行1個重複樣品分析。

資料來源

Standard Method 5910 B Ultraviolet Absorption Spectrophotometry

22.4　三鹵甲烷生成潛勢（Trihalomethane formation potential, THMFP）

⭐ 22.4.1　原理

前驅物質之有機物含量是影響消毒副產物（Disinfection By-Products, DBPs）生成之因素之一，當有機物濃度越高，可以生成的消毒副產物也就越大（Singer, 1999）。而 Graham et al.（1998）在研究藻類為 THMs 前驅物質時也發現，藻類細胞與胞外產物之 THMs 生成潛勢（Trihalomethane Formation Potential, THMFP），會隨著培養時間的增加而增加，故前驅物的濃度可做為水質是否良好的指標之一。

三鹵甲烷生成潛勢（Trihalomethanes Formation Potential, THMFP）依 USEPA Method 501.2 & Standard Methods 21st 所公告之方法測定總三鹵甲烷與其生成潛勢，主要是以淨水程序中未加氯消毒之原水，經過自行加氯反應一定時間，待其反應完成並除去水樣中之餘氯後，以三鹵甲烷分析方法所得之三鹵甲烷含量即為 THMFP 值，取出有機層以 GC/ECD 來分析。此方法可分析 CHCl3、CHBrCl2、CHBr2Cl 與 CHBr3 等組成 THMs 之物種。

⭐ 22.4.2　採樣與分析方法

使用氣相層析儀電子捕捉偵測器（Electron Capture Detector, ECD），以正戊烷萃取水樣中之消毒副產物後，取出有機層來分析三鹵甲烷與其生成潛勢，使用經試劑水清洗並烘乾過之 120mL 棕色樣品瓶在採樣前用欲採集之水樣洗滌 2～3 次，再分析三鹵甲烷時，水樣中含有餘氯，應在採樣時添加適量之去氯試劑（硫代硫酸鈉溶液），若分析三鹵甲烷生成潛勢時，應採樣完後，注入適量之次氯酸鈉（NaOCl），並將採樣瓶水封後隨即蓋上瓶蓋，搖晃樣品至少 15 秒使其混合均勻，置於暗處常溫中反應三天。

三鹵甲烷與其生成潛勢之分析則均此方法可分析四種三鹵甲烷類（THMs）：三氯甲烷（Chloroform）、一溴二氯甲烷（Bromodichloromethane）、二溴一氯甲烷（Dibromochloromethane）及三溴甲烷（Bromoform）等四種消毒副產物之分析。

★ 22.4.3　品保品管作業規範

（一）檢量線：製備檢量線時，至少應包括 5 種不同濃度之標準溶液，其線性相關係數（R 值）應大於或等於 0.995 以上。

（二）空白分析：每批次或每 10 個樣品至少應執行 1 個空白樣品分析，空白分析值應小於二倍方法偵測極限。

（三）查核樣品分析：每批次或每 10 個樣品至少應執行 1 個查核樣品分析。

（四）重複分析：每批次或每 10 個樣品至少應執行 1 個重複分析。

（五）添加標準品分析：每批次或每 10 個樣品至少應執行 1 個添加已知量標準溶液之樣品分析，若回收率超過 85～115% 管制極限，必需重做。

資料來源

1. USEPA Method 501.2 & Standard Methods 21st
2. http：//www.niea.gov.tw/（行政院環境檢驗所）

22.5　鹵化乙酸生成潛勢（Trihalomethane formation potential, THMFP）

★ 22.5.1　原理

鹵化乙酸生成潛勢（Haloacetic Acid Formation Potential, HAAFP）依 USEPA Method 552.3 & Standard Methods 21st 所公告之方法測定鹵化乙酸

與其生成潛勢，主要以將水樣經過酸化至 pH ≤ 0.5 後，以 MTBE（Methyl-Tert-Butylether）萃取，再利用自行製備的重氮甲烷（Diazomethane, CH_2N_2）予以酯化，並以 GC/ECD 分析之。此方法可以用來分析九種鹵化乙酸類（HAAS）：一氯乙酸（Monochloroacetic Acid）、二氯乙酸（Dichloroacetic Acid）、三氯乙酸（Trichloroacetic Acid）、一溴乙酸（Monobromoacetic Acid）、二溴乙酸（Dibromoacetic Acid）及一溴一氯乙酸（Bromochloroacetic Acid）等鹵化乙酸類（Haloacetic Acids）之檢測。

★ 22.5.2　採樣與分析方法

本團隊使用 Agilent 7890A 之氣相層析儀電子捕捉偵測器（Electron Capture Detector, ECD），以 MTBE 萃取水樣中之消毒副產物後，取出有機層來分析鹵化乙酸與其生成潛勢，使用經試劑水清洗並烘乾過之 120mL 棕色樣品瓶在採樣前用欲採集之水樣洗滌 2～3 次，再分析鹵化乙酸時，水樣中含有餘氯，應在採樣時添加適量之去氯試劑（硫代硫酸鈉溶液），若分析鹵化乙酸生成潛勢時，應採樣完後，注入適量之次氯酸鈉（NaOCl），並將採樣瓶水封後隨即蓋上瓶蓋，搖晃樣品至少 15 秒使其混合均勻，置於暗處常溫中反應三天。

★ 22.5.3　品保品管作業規範

（一）檢量線：製備檢量線時，至少應包括 5 種不同濃度之標準溶液，其線性相關係數（R 值）應大於或等於 0.995 以上。

（二）空白分析：每批次或每 10 個樣品至少應執行 1 個空白樣品分析，空白分析值應小於二倍方法偵測極限。

（三）查核樣品分析：每批次或每 10 個樣品至少應執行 1 個查核樣品分析。

（四）重複分析：每批次或每 10 個樣品至少應執行 1 個重複分析。

（五）添加標準品分析：每批次或每 10 個樣品至少應執行 1 個添加已

知量標準溶液之樣品分析，若回收率超過85～115%管制極限，
必需重做。

資料來源

1. USEPA Method 552.3 & Standard Methods 21st
2. http：//www.niea.gov.tw/（行政院環境檢驗所）

22.6 臭味物質

臭味的種類眾多，包括土霉味（Earthy/Musty/Moldy）、氯味
（Chlorineous/ozonous）、草味（Grassy/haystraw/woody）、沼澤味
（Marshy/swampy）、芳香味（Fragrant/vegetable/fruit/flowery）、魚
腥味（Fishy/swampy）、藥水味（Medicinal/phenolic）及化學藥品味
（Chemical/hydrocarbon）等臭味產生源。

而優養化水源較常發現的臭味Geosmin（GSM）及2-methylisoborneol
（2-MIB），此兩種化合物是屬於環狀結構的三級醇類（Bicyclic Teriary
Alcohols）。這兩種化合物主要是放線菌（Actinomycetes）及藍綠藻
（Cyanobacteria）代謝釋放，人體對 GSM 及 2-MIB 的臭味感覺是：GSM
具有土味（Earth-Muddy），而 2-MIB 具霉味（Muste），雖然此微量臭味
物質對水質的安全性不致有影響，但會降低消費者飲用的意願。

★ 22.6.1 原理

依 NIEA W206.52C，臭度乃水樣以無臭水作系列稀釋後，檢驗員仍
可聞到臭味之水樣最高稀釋比率，單位以初嗅數（Threshold Odor Number,
T.O.N.）表示。人對臭度的敏感度變異很大，即使同一個人也可能每日嗅
覺反應不一致。因此，臭度檢驗員不可少於五人，以克服一人檢驗時之誤
差，並應另有一位樣品稀釋人員。

★ 22.6.2 採樣與分析方法

水樣必須收集於玻璃瓶，並以玻璃瓶蓋或含鐵弗龍墊片之螺旋蓋密封，不可使用塑膠容器盛裝水樣。水樣採集後應儘速完成分析。如必須儲存，應採集至少 1,000mL 之水樣盛裝於玻璃瓶，使滿至瓶口，於暗處 4±2℃ 冷藏之，並於採樣後 6 小時內進行分析。冷藏時應確定冷藏庫中無外來的臭度可污染冷藏之水樣。

22.6.2.1 臭度初步檢驗（近似範圍之測定）

（一）樣品稀釋人員取水樣 200、50、12.5 及 3.1mL，分別加入內含適當體積無臭水之 500mL 加蓋錐形瓶中，使每瓶總體積均為 200mL。另取一錐形瓶放入無臭水，作為比較之參考。若在 60℃ 檢驗臭度時，稀釋水樣與無臭水均應放置在 60±1℃ 之恆溫水浴中，以作比較。

（二）檢驗員搖晃含無臭水之錐形瓶，移去瓶蓋，用鼻子聞蒸氣。以相同方法，由最高稀釋倍數之稀釋水樣開始聞嗅，若此稀釋水樣仍可偵測到臭度時，則依下述步驟 3、之方法將水樣再稀釋。假如最高稀釋倍數之稀釋水樣聞不到臭味時，則往次低稀釋倍數之稀釋液繼續聞嗅，並以此類推，直到可明確地聞到臭味為止。

（三）若水樣仍需再擴大稀釋倍數，則取 20mL 原水樣，以無臭水稀釋至 200mL。此稀釋水樣再依步驟七、（一）1-2 之方法稀釋，並測定其臭度之近似範圍。

22.6.2.2 臭度檢驗

（一）樣品稀釋人員以初步檢驗結果為基準，依表一之要領配製一系列稀釋水樣。該系列稀釋水樣中應於預估之初嗅數附近穿插一或數個空白（無臭水），但該系列稀釋水樣中應避免放置相同的空白對照穿插次序。檢驗員應不知道系列樣品中何者為空白或稀釋水樣。由最低濃度稀釋水樣開始，依序檢驗每一樣品並與已知之無臭水比較，直到可明確偵測到臭度為止。

（二）將每一檢驗員之聞嗅結果記錄於個別之臭度檢驗表，以符號「＋」表示有嗅覺反應，「－」表示無嗅覺反應，

★ 22.6.3　品保品管作業規範

（一）檢驗臭度之人員必須慎加選擇，不敏感者不宜參與檢驗。

（二）會影響嗅覺反應之外來刺激物應予避免，例如檢驗員於聞臭前不可抽煙、飲食或使用香皂、香水或刮鬍膏等，以防干擾臭度之檢驗。此外，檢驗員必須沒有感冒或過敏，以免影響嗅覺偵測，並建議經常於無臭環境中休息。

（三）臭度之檢驗室內應無令人分心之物、通風孔及其他臭度。在特定工業環境下，必須有特殊的無臭室，通入經活性碳過濾之空氣，並保持恆定舒適的溫度和濕度。

（四）臭度因溫度之不同而異，40℃ 及 60℃ 各為冷、熱臭度檢驗之標準溫度。一般水樣應在 60℃ 檢驗其臭度，但在某些特殊情況下，例如水樣之臭度極易消失或對熱格外敏感時，則可以 40℃ 進行臭度之檢驗，檢驗報告中應註明聞臭之溫度。

（五）為了確保檢驗之準確性，檢驗人員應為 5 人或 5 人以上。

（六）稀釋樣品之調配應由樣品稀釋人員操作，且樣品稀釋倍數亦不應讓檢驗人員知道。

（七）檢驗人員應預先熟習檢驗流程。一般而言，由最高稀釋倍數之樣品開始聞臭，以避免臭度較濃之水樣使嗅覺麻痺。

（八）聞臭時水樣之溫度應保持在指定檢驗溫度 ±1℃ 之內。

資料來源

1. Suffet, I.H. and Rosenfeld, P. (2007). The anatomy of odour wheels for odours of drinking water, wastewater, compost and the urban environment. Water Science and Technology.

2. http：//www.niea.gov.tw/（行政院環境檢驗所）

22.7 藻 類

★ 22.7.1 原理

依 NIEA E504.42C，本方法係用以採集湖河池泊水庫等水域浮游藻類，並藉過濾濃縮方式以供檢驗種類及數量。此等藻類係指含葉綠素 a 及在顯微鏡下始可看到之微細生物，藻種圖鑑如附圖 A-1 至附圖 A-4。

★ 22.7.2 採樣與分析方法

（一）採樣

    1. 每一水域至少要取 3 個具代表性之表層水樣。

    2. 每一水樣用水桶取水樣 10 公升後，並再取其中 1 公升水樣放入 3 公升之廣口塑膠瓶內。

    3. 依上述步驟再取另二水樣置入上述3公升之廣口塑膠瓶中。

    4. 將上述 3 公升之水樣混合均勻後取1公升放入廣口塑膠瓶中。

（二）保存

    1. 將上述 1 公升之水樣加 3mL 路戈氏碘液保存。

    2. 水樣瓶標記後放置暗處保存。

    3. 水樣保存以一個月為限。

（三）過濾濃縮

    1. 以鑷子夾起一片濾膜，放在過濾裝置之有孔平板上，小心將漏斗固定，再將過濾裝置接上抽氣幫浦。

    2. 將前述 1 公升之水樣混搖均勻後，以量筒取 50mL 或 100mL 水樣倒入過濾裝置後啟動抽氣幫浦，並將壓力控制在 50kPa 以下。

    3. 當水樣剩下約 0.5 公分高度時，關掉抽氣幫浦，再將壓力降低至 12kPa 繼續抽氣過濾至水乾。

（四）製片

　　1. 將載玻片標記好後用滴管滴 2 滴顯微鏡用浸油在玻片中央。

　　2. 用鑷子將過濾後之濾膜夾起，放在載玻片之油滴上，再加 2 滴顯微鏡用浸油，置於無塵處，令其乾燥。

　　3. 待濾紙呈透明狀後，再加一滴顯微鏡用浸油後用蓋玻片蓋住。

（五）藻體之計數與觀察（選擇其中一種方法）

　　1. 螢光顯微鏡配合影像分析軟體計數法。

　　2. 光學顯微鏡配合鏡檢計數法。

　　3. 血球計數板計數法。

　　4. 電子顯微鏡。

★ 22.7.3　品保品管作業規範

（一）所採集之水樣，須具代表性，用於過濾之水樣量可依藻類數量多寡酌量增減。

（二）製好之藻類玻片以一個月內檢驗完畢為原則。

資料來源

http：//www.niea.gov.tw/（行政院環境檢驗所）

22.8　**葉綠素**a

★ 22.8.1　原理

　　依 NIEA E507.03B，水樣經玻璃纖維濾紙過濾後，濾紙以組織研磨器於 90% 丙酮溶液中研磨萃取葉綠素 a，萃取液再以分光光度計測得吸光值，計算水樣中葉綠素 a 濃度。

★ 22.8.2　採樣與分析方法

視水中浮游藻類密度而定，採取代表性水樣約 100mL 至 4L，記錄採樣體積、採樣時間及地點等。採樣後將水樣混合均勻，量取適量水樣（視水樣而調整），當日內儘速以玻璃纖維濾紙進行過濾完畢。當水樣接近抽濾至乾時，關閉抽氣裝置避免過度抽乾，過濾時間盡量在 10 分鐘內完成，過濾之水樣量以使濾紙呈微帶綠色或褐色者為佳。以鑷子移去濾紙，將含顆粒物面朝內摺，並用吸水紙將多餘水分吸乾，將濾紙置放於濾紙存放容器內包覆鋁箔避光，待進行萃取步驟。

（一）運送時間 4 小時內，濾紙可存放在冰桶（0～4℃）或其他低於 0℃ 之儲存器內如液態氮桶、乾冰桶或冰箱冷凍櫃。

（二）運送時間超過 4 小時，濾紙需存放在低於 0℃ 儲存器內如液態氮桶、乾冰桶、冷凍保存盒或冰箱冷凍櫃。

（三）過濾後之濾紙應保存低於（10℃ 冷凍櫃黑暗處，期限不可超過一個月。

（四）萃取葉綠素a

1. 將組織研磨器、離心機架設妥當，調整工作台的照明至能操作之最低光度。

2. 將濾紙移入研磨器內（如濾紙存放在冷凍櫃中，應先在暗處回溫），移入前可將濾紙剪成小片狀，以研磨棒將濾紙推到研磨器底部。加入 5mL 90% 丙酮溶液，研磨成泥狀（注意：研磨過程不可過熱，註 3）。以 5mL 90% 丙酮溶液潤洗研磨器及研磨棒後，將潤洗液與泥狀物混合置於離心管內，旋緊螺紋蓋震盪充分混合後，置於 4℃ 暗處浸泡至少 2 小時，但不得超過 24 小時，在此過程中至少應從 4℃ 暗處取出震盪混合一次。處理另一濾紙前，研磨管及棒需用丙酮溶液清洗，除任何殘留之物質，最後再以丙酮潤洗，才得進行下一個樣品濾紙研磨。

3. 浸泡後，取出再震盪混合之，以離心力 675×g 離心 15 分鐘或以 1,000×g 離心 10 分鐘。於暗處回溫至室溫後，取其上清液，進行分光光度計測定。

（五）分光光度計定量

  1. 將分光光度計暖機 30 分鐘以上，所有選定波長（750、664、647及630nm），以 90% 丙酮溶液進行儀器歸零。

  2. 將萃取液放入分光光度計之樣品槽中，分別讀取其在波長 750、664、647 及 630nm 之吸光度值並記錄之。

★ 22.8.3　品保品管作業規範

（一）萃取液在波長 664nm 之吸光度必須介於 0.1 至 1.0 之間，否則須調整水樣過濾體積或改用較長光徑之樣品槽。

（二）所有的檢測過程－萃取和測定必須在避光下進行，並使用不透明不含酸容器以避免葉綠素a分解。

（三）空白分析值：每批次樣品須以同批號玻璃纖維濾紙，依七、步驟（一）與樣品相同處理。空白分析須在最後一個作萃取，以了解是否被污染。

資料來源

http：//www.niea.gov.tw/（行政院環境檢驗所）

22.9　重金屬檢測－鉻、汞、硒、砷、銦、鉬

  銦是稀散元素之一，銀白色金屬，主要以雜質的形式存在於錫石和閃鋅礦中。它常用作低熔點的合金、軸承合金、半導體、光電源等的原料。銦鹽對肝、脾、腎上腺及心臟都有慢性危害，出現慢性炎症性改變。

  鉬是人體必須微量元素，成人每天需要鉬 0.1～0.3 毫克。沒有數據顯示鉬經由口食入之暴露途徑對人類具有致癌性。根據美國的一項調查：飲用水中高鉬濃度造成尿鉬血漿銅藍蛋白濃度增加，血漿尿酸濃度降低。

  因此行政院環保署對銦、鉬之檢測會針對淨水場取水口上游周邊五公里範圍內有半導體製造業、光電材料及元件製造業等污染源者，應每季檢

驗一次，如連續兩年檢測值未超過最大限值，自次年起檢驗頻率得改為每年檢驗一次，其銦與鉬之飲用水水質標準為 0.07mg/L。

⭐ 22.9.1 原 理

依 NIEA W313.52 B，使用感應耦合電漿質譜儀（Inductively Coupled Plasma-Mass Spectrometry，ICP-MS）檢測水樣中鉻、汞、硒、砷、銦、鉬等多項重金屬及微量元素進行分析，利用適當之霧化器（Nebulizer）將待測樣品溶液先經霧化處理後，藉由載送氣流輸送，將所形成含待分析元素之氣膠（Aerosol）輸送至電漿中。經由一系列去溶劑、分解、原子化/離子化等反應，將待分析元素形成單價正離子，再透過真空界面傳輸進入質譜儀（Mass Spectrometer），藉由質量分析器（Mass-Analyzer）將各特定質荷比（Mass-to-Charge Ratios）之離子予以解析後，以偵測系統加以偵測，來進行元素之定性及定量工作。

⭐ 22.9.2 採樣方法及分析步驟

依據使用目的之不同，水樣分析結果有可回收總量及溶解量等兩種表示方式。(1)可回收總量之水樣分析，採樣後水樣不經過濾，應立即添加硝酸使水樣之 pH 值≦2；(2)另對於溶解量之水樣分析，則需於採樣後，先經0.45μm 孔徑的濾膜過濾後，再以硝酸酸化水樣至 pH 值≦2。

對大部分環境水樣與飲用水，每 1L 中添加 1.5mL 濃硝酸或 3mL1：1硝酸已足夠，但若水樣具高緩衝容量，應適當增加硝酸體積。加酸後之水樣應貯藏於 4±2℃ 下，以避免因水分蒸發而改變水樣體積。在此保存條件下可保存六個月（但汞元素保存時間最多為 14 天），經保存後的水樣，在儀器測定前，必須先進行消化處理程序。

★ 22.9.3　品保品管作業規範

（一）分析過程中須監測內標準品訊號強度的變化情形，如此可以瞭解是否發生儀器訊號改變、物理性干擾、標準品添加錯誤或樣品中含有天然存在之內標準元素而導致內標準品訊號強度改變之問題。樣品中任何內標準元素之訊號強度必須落在起始檢量線空白溶液中內標準品訊號強度之 60～125% 範圍內。

（二）為了得到一定品質之分析數據，分析人員可藉由同時測量待測物以外之干擾離子的方式，作為決定是否須使用校正方程式。

（三）檢量線：每次樣品分析前應重新製作檢量線，其線性相關係數（r 值）應大於或等於 0.995。檢量線製作完成應即以第二來源標準品配製接近檢量線中點濃度之標準品確認，其相對誤差值應在 ±10% 以內。

（四）檢量線查核：每 10 個樣品及每批次分析結束時，以檢量線空白溶液及檢量線查核標準溶液進行檢量線查核。檢量線空白分析值應小於二倍方法偵測極限，檢量線查核標準溶液分析結果之相對誤差值應在 ±10% 以內。

（五）空白樣品分析：每批次或每 10 個樣品至少執行一次空白樣品分析，空白分析值應小於二倍方法偵測極限。

（六）查核樣品分析：每批次或每 10 個樣品至少執行一次查核樣品分析其回收率應在 80～120% 範圍內。

（七）重複樣品分析：每批次或每 10 個樣品至少執行一次重複樣品分析，其相對差異百分比應在 20% 以內。

（八）添加樣品分析：每批次或每 10 個樣品至少執行一次添加樣品分析，其回收率應在 80～120% 範圍內。若回收率超出管制範圍，且分析元素又不能以稀釋方式測得時，必須改用標準添加法進行分析。

資料來源

http：//www.niea.gov.tw/（行政院環境檢驗所）

22.10 飲用水中揮發性有機物之檢測

⭐ 22.10.1 原 理

國內「飲用水水質標準」對水中揮發性有機物進行列管的項目包括三氯乙烯、四氯乙烯、1,1,1- 三氯乙烷、1, 1- 二氯乙烯、1,2- 二氯乙烷、苯、氯乙烯、對-二氯苯等 8 項。

依 NIEAW785.54B，將含有揮發性有機物之水樣以針筒或自動進樣設備注入吹氣捕捉裝置的吹氣管中，於室溫下通以惰性氣體，將其中揮發性有機物導入捕捉管收集。待捕捉完成後，以瞬間加熱脫附並使用氦氣逆向通過捕捉管之方式，將有機物質導入氣相層析儀中。利用氣相層析管柱分離各個成份後，再以質譜儀作為偵測器，進行水中揮發性有機物之檢測。

⭐ 22.10.2 採樣方法及分析步驟

（一）所有樣品皆需作重覆採樣。若樣品中含有餘氯，在採樣前須於 40mL 棕色附鐵氟龍墊片之樣品瓶內添加約 25mg 抗壞血酸；若餘氯濃度大於 5mg/L 時，於每 5mg/L 餘氯之樣品瓶內添加約 25mg 抗壞血酸。採樣時須將採樣瓶內水樣略溢流（Overflow），但要避免將溶解的抗壞血酸沖出。避免於裝填水時有氣泡通過樣品或封瓶時有氣泡滯留。每 40mL 水樣加入兩滴 1：1 鹽酸或 3M 硫酸水溶液，使水樣的 pH 值小於 2，以鐵氟龍內襯朝下之瓶蓋密封樣品瓶後，劇烈搖動 1min，倒轉樣品瓶，輕敲瓶壁，檢查是否有氣泡。

（二）採樣後之樣品須於 4℃ 冷藏，在包裝運送過程中必須使用足夠的冰塊，以確保樣品到達實驗室時，仍保持在 4℃。

（三）樣品在分析前，必須置於 4℃ 貯藏，樣品貯藏區域不可存在有機溶劑蒸氣。

（四）採樣後 14 日內要完成樣品分析。

（五）將樣品裝入注射器或自動進樣設備，並調整體積至 5mL（或 25mL）後，添加適量（使用注射器時，建議添加 5μL；若是使用自動進樣設備，建議添加 2μL）內標準品及擬似標準品添加溶液於 5mL（或 25mL）注射器中，充分混合後，注入吹氣捕捉裝置，進行吹氣、捕捉、脫附、自動導入氣相層析質譜儀中，進行定性及定量之分析。

★ 22.10.3　品保品管作業規範

（一）檢量線：至少五點不同濃度，其感應因子之相對標準偏差不得超過 20%。

（二）檢量線查核：每批次或每十二小時為週期之樣品分析工作前執行之，其感應因子與檢量線平均感應因子相對誤差不得超過 ± 25%（或所測得濃度之相對誤差超過 ±25%）。

（三）空白樣品分析：每 10 個或每批樣品至少執行一次空白樣品分析。

（四）查核樣品分析：每 10 個或每批樣品至少執行一次查核樣品分析，其回收率應在 75% 至 125% 之間。

（五）重複樣品分析：每 10 個或每批樣品至少執行一次重複樣品分析，其相對差異百分比應在 25% 內。

（六）添加樣品分析：每 10 個或每批樣品至少執行一次添加樣品分析，其回收率應在 65% 至 135% 之間。

（七）內標準品監測：進行樣品分析時，必須同時評估內標準品之感應面積，其感應面積與檢量線標準溶液之感應面積比較，應在 50%～150% 範圍之間，或其感應面積與最近的檢量線查核溶液之感應面積比較，應在 70%～130% 範圍之間。

（八）擬似標準品回收率：進行樣品分析時，必須同時評估擬似標準品之回收率，應在 60%～140% 範圍之間。

資料來源

http：//www.niea.gov.tw/（行政院環境檢驗所）

22.11 水中生物急毒性之檢測

★ 22.11.1 原　理

Microtox 是利用利用費希爾弧菌（Vibrio Fischeri）發光細菌為試驗微生物，它本身具有發生螢光之特性，因此依不同的毒性物質相接觸反應後，觀察該微生物遭受毒性物質影響時發光強度如何減弱，以取代觀察生物死亡時的情形，來鑑定樣品中毒性之高低。

冷凍乾燥生物製劑經高壓冷凍乾燥，易於保存，使用無毒蒸餾水（Microtox Reconstitution Solution）再生。當活性微生物與樣品反應後，樣品中完全無毒性時，則微生物發出之螢光完全被儀器中高靈敏度之光電倍增管檢測出來，經儀器內部之演算以數字顯示活性微生物螢光之強弱來鑑定毒性的高低，其結果以 EC50 表示。

★ 22.11.2 採樣與分析方法

樣品應保存於 2～8℃ 之間，並使用 Teflon 鍍層之採樣灌收集，或以 parafilm 封口封緊，並且於 48 小時內完成毒性分析，若不當之保存（如塑膠瓶、橡皮塞等）會導致毒性物質產生，影響分析結果。

由於樣品之毒性範圍不同，當欲施測一未知水樣時，可依下列實驗流程圖以選擇適當之試驗方法，首先將水樣以 0.45μm 之濾紙過濾，去除懸浮固體物對螢光輸出之干擾，如水樣具有色度時，利用色度校正步驟校正所引起之干擾，其次接著試驗方法之選取，可利用 2% 篩選試驗法以 5 分鐘之螢光強度為標準，觀測螢光輸出量大小而選擇適當試驗方法。

⭐ 22.11.3 品保品管作業規範

（一）空白樣品分析：每 10 個樣品或每批次樣品至少執行 1 次空白樣
品分析，空白分析值應小於法規管制標準值的 5%。

（二）重複樣品分析：每個樣品必須執行重複分析，其相對差異百分比
應在 10～20% 以內。

資料來源

MICROTOX TOXICITY ANALYZER 毒性物質分析儀，水資源管理與
自來水系統講義，2014年。

22.12　廢水中氫氧化四甲基銨（TMAH）之檢測

⭐ 22.12.1 原　理

水樣中之待測陽離子，隨硝酸及丙酮流洗液經一系列之離子交換層析
管，使其與陽離子交換樹脂間親和力之不同而被分離。經分離後之待測陽
離子在流經電導度偵測器，即可依其滯溜時間及波峰面積、高度或感應強
度予以定性及定量。

⭐ 22.12.2 採樣與分析方法

採樣時須使用抗酸性之塑膠瓶，分析前均應保存於 4±2°C 之暗處，最
長保存期限為 7 天。

要先將樣品通過 0.22μm 之樣品濾膜過濾後，以去除樣品中的微粒。
選擇適當體積之樣品迴路（Sample Loop），用乾淨之注射針筒將樣品以手
動方式注入樣品迴路，並確實使樣品迴路充滿樣品，打開注入樣品迴路開
關，使樣品隨移動相溶液流入離子層析儀中（亦可依個別儀器的自動化樣
品注入設備操作），並依波峰面積、滯留時間，由檢量線求得樣品中陽離

子之濃度。

★ 22.12.3　品保品管作業規範

（一）檢量線：製備檢量線時，至少應包括五種不同濃度之標準溶液
　　　（不包括空白零點）。檢量線之相關係數（r）應大於或等於
　　　0.995。

（二）重覆分析（DC）：每十個樣品或每批次樣品至少執行一次重覆
　　　樣品分析，其相對差異百分比應小於檢驗室當年度品質管制上下
　　　限。

（三）空白分析（BK）：每十個樣品或每批次樣品至少執行一次空白
　　　樣品分析，空白分析值應小於法規管制標準值的 5%（管制值為
　　　60mg/L，因此 BK 應小於 3mg/L）。

（四）查核樣品分析（QC）：每工作日分析重新配製，每批次或每十
　　　個樣品至少應執行一個查核樣品分析，其回收率應落於檢驗室當
　　　年度品質管制上下限以內。其配製來源為查核標準液（1,000mg/
　　　L）需與檢量線不同來源，配製濃度為檢量線最高點之中間濃度
　　　值。

（五）檢量線確認（ICV）：每工作日分析重新配製、檢量線製備完
　　　成後，應先執行檢量線確認，其相對誤差值應落於檢驗室當年
　　　度品質管制上下限以內。檢量線確認之配製來源為查核標準液
　　　（1,000mg/L）需與檢量線不同來源，配製濃度為檢量線最高點
　　　之中間濃度值。超出該範圍，則應重新建立檢量線。

（六）檢量線查核（CCV）：每工作日分析重新配製，於樣品分析前及
　　　結束樣品分析後，應執行檢量線查核，其相對誤差值應落於檢驗
　　　室當年度品質管制上下限以內。檢量線查核之配製來源與檢量線
　　　之配製來源相同，配製濃度為檢量線最高點之中間濃度值。超出
　　　該範圍，則應重新建立檢量線。

（七）添加標準品分析：每批次或每十個樣品至少應執行一個添加已知

量標準溶液之樣品，其回收率應落於檢驗室當年度品質管制上下
限以內。

資料來源

http：//www.niea.gov.tw/（行政院環境檢驗所）

22.13 例 題

例題1

由以下之三級廢水處理廠數據，決定總氮與有機氮去除百分率：

氮之型態	入流（／）	放流（／）
TKN	40	8.2
NH_3	30	9
	0	4
	0	20

答：將所有數字以氮（N）表示，故三種型態之換算係數如下：

(a) 對NH_3而言，14/17 = 0.824

(b) 對而言，14/46 = 0.304

(c) 對而言，14/62 = 0.226

氮之型態	入流（／）	放流（／）
TKN	40	8.2
NH_3	24.7	7.4
	0	1.2
	0	4.6

(1) 因 TKN 已包括氨，故總氮為 TKN，與之和

總入流 N = 40 ／，總放流 N = 8.2 + 1.2 + 4.6 = 14 ／

故總氮去除百分率 =

(2) 有機氮為 TKN 與 NH_3-N 之差

入流有機 N = 40−24.7 = 15.3 放流有機N = 8.2−7.4 = 0.8

$$故有機氮去除百分率 = \frac{15.3 - 0.8}{15.3} \times 100\% = 95\%$$

例題2

管制自來水中鋁離子量，是因飲用過高易造成失智症或記憶衰退，試問環保署建議飲用水之鋁離子濃度需控制低於多少 mg/L ？

答：初期（2013）為 0.4mg/L，2014 以後目標為 0.2mg/L

例題3

計算自來水飲用水風險評估，某地區飲用水中總三鹵甲烷之年平均值為 0.00788mg/L(7.88ppb)，(1) 假設僅考慮食入暴露，飲用者終生平均每日劑量（Lifetime Average Daily Dose, LADD）為？(2) 暴露途徑為何？(3) 0 致癌風險多少？

已知

$$LADD = \frac{C \times IR \times EF \times ED \times F}{BW \times AT}$$

C：平均值（mg/L），IR：每人攝入量 2L/day

F：吸收率 90%，BW：人平均體重 60kg，EF：接觸頻率 365day/yr

ED：暴露期間 70yr，AT：終生年數 70yr

答：(1) $LADD = \dfrac{0.00788 \times 2 \times 365 \times 70 \times 0.9}{60 \times 365 \times 70} = 2.364mg/kg/day$

(2) 食入暴露、吸入暴露及皮膚接觸。

(3) USEPA 建議致癌風險小於 1×10^{-6}。

自我評量

1. 列出飲用水中揮發性有機物有哪八項？

2. 廢水氫氧化四甲基銨（TMAH）來源為何？檢驗使用何一種貴重儀器？

3. 生物急毒性（Microtox）原理是利用何種微生物？

4. 水中發現銦、鉬之來源為何？

附錄
自我評量解答
（是非題、選擇題）

第一章　是非題：1.(○)　2.(○)　3.(○)　4.(○)　5.(○)　6.(○)
　　　　選擇題：1.(3)　2.(2)　3.(2)　4.(1)　5.(2)　6.(3)
第二章　是非題：1.(×)　2.(×)　3.(○)　4.(○)　5.(○)
　　　　選擇題：1.(2)　2.(4)　3.(3)　4.(1)　5.(4)
第三章　是非題：1.(○)　2.(○)　3.(○)　4.(○)　5.(○)
　　　　選擇題：1.(2)　2.(4)　3.(2)　4.(4)　5.(4)
第四章　是非題：1.(○)　2.(○)　3.(×)　4.(○)　5.(○)6.(○)
　　　　選擇題：1.(1)　2.(3)　3.(2)　4.(4)　5.(4)　6.(2)
第五章　是非題：1.(○)　2.(○)　3.(○)　4.(○)　5.(○)
　　　　選擇題：1.(3)　2.(4)　3.(4)　4.(4)　5.(4)
第六章　是非題：1.(○)　2.(○)　3.(×)　4.(○)　5.(×)
　　　　選擇題：1.(2)　2.(1)　3.(2)　4.(3)　5.(2)
第七章　是非題：1.(○)　2.(○)　3.(○)　4.(○)　5.(○)
　　　　選擇題：1.(4)　2.(4)　3.(4)　4.(4)　5.(4)　6.(4)
第八章　是非題：1.(○)　2.(×)　3.(×)　4.(○)　5.(○)　6.(○)
　　　　選擇題：1.(4)　2.(4)　3.(4)　4.(1)　5.(4)
第九章　是非題：1.(×)　2.(○)　3.(○)　4.(○)　5.(○)
　　　　選擇題：1.(1)　2.(4)　3.(4)　4.(4)　5.(4)
第十章　是非題：1.(○)　2.(×)　3.(○)　4.(×)　5.(○)
　　　　選擇題：1.(4)
第十一章　是非題：1.(×)　2.(×)　3.(○)　4.(○)　5.(×)
　　　　　選擇題：1.(4)　2.(1)　3.(3)　4.(1)　5.(4)
第十二章　是非題：1.(○)　2.(○)　3.(×)　4.(○)　5.(○)
　　　　　選擇題：1.(4)　2.(4)　3.(5)　4.(3)　5.(3)

推薦好書

地震斷層與岩土力學
Earthquake Faulting and Rock & Soil Mechanics

作　者	廖日昇 著
ISBN	978-957-11-7205-7
書　號	5G28
定　價	650

本書簡介：

　　本書針對地震斷層與岩土力學進行深入探討研究，每一課題皆是由淺至深、循序漸進，適合大專及研究所的初級至高階地震課程之教學與工程界人士參考用。

水文學

作　者	李光敦 著
ISBN	978-957-11-4016-2
書　號	5G14
定　價	480

本書簡介：

　　本書旨在說明如何利用水文學原理，以解決水資源開發所面臨的工程問題，並進一步了解工程設施所面臨的風險。本書是以目前各大學共同授課內容為主，並檢視近十年來高普考與各研究所入學考題。

水文學精選200題

作　者	楊其錚、李光敦 著
ISBN	978-957-11-6236-2
書　號	5G15
定　價	350

本書簡介：

◎李光敦教授編著《水文學》習題詳解
◎國家考試及研究所入學考試精選考題

三維地下水模式：
PMWIN
3D-Groundwater Modeling with PMWIN

作　者	Wen-Hsing Chiang & Wolfgang Kinzelbach 合著
譯　者	丁澈士、蘇惠珍 譯
ISBN	957-11-3694-8
書　號	5G21
定　價	490

本書簡介：

　　本書適用對象除大專院校相關科系包括地球科學、地質、地理、資源工程及土木學群：土木、水利、環境工程等大學及研究生教材外，相關研究單位、工程顧問公司及政府相關單位亦適用參考。

渠道水力學
Open Channel Flow

作　者	謝平城 著
ISBN	978-957-11-6092-4
書　號	5G24
定　價	650

本書簡介：

　　本書提供現代忙碌之工程師或學子一項節省準備考試時間之工具，最大特色為有系統的整理歸納國家高普考試、專業人員技師考試、或研究所考試歷屆考題。

工程地質通論
（精）

作　者	潘國樑 編著
ISBN	978-957-11-7371-9
書　號	5H08
定　價	860

本書簡介：

　　作者服務於研究界及工程界多年，將理論及實務經驗結合，撰寫了這本真正符合學生及業界需要的工程地質教科書或參考書。本書可當作參考手冊，還可當做國家考試及研究所考試的複習教本。

公路幾何設計
Higway Geometric Design

作　　者　徐耀賜 編著
I S B N　978-957-11-5911-9
書　　號　5T15
定　　價　450

本書簡介：

　　本書論述主要以台灣交通部頒「公路路線設計規範」為準則，亦比較與美國AASHTO規範、日本「道路構造令」及大陸「公路路線設計規範」等規範之差異。

建構永續社區的技能
The Egan Review: Skills for Sustainable Communities

作　　者　Sir John Egan 著
譯　　者　李永展 譯
I S B N　957-11-3954-8
書　　號　5T02
定　　價　260

本書簡介：

　　全書分四章來探討如何建構永續社區的技能：共同目標、實施的責任及過程、這項任務的正確技能、及向前邁進的途徑。期盼能提供政府相關災後重建部門、研究人員及社區夥伴，一個有效的參考指標。

都市發展 ── 制定計畫的邏輯
Urban Development: The Logic of Making Plans

作　　者　路易斯・霍普金斯 著
譯　　者　賴世剛 譯
I S B N　978-957-11-4054-4
書　　號　5T04
定　　價　520

本書簡介：

　　本書將帶給所有參與人居地規劃者──對於計畫為何及如何作之完整認識，使得他們在使用及制定計畫上做更佳的選擇。本書將對規劃理論、土地使用及規劃實務課程的學生及教授具極重要貢獻。

都市計畫學際議題論叢

作　　者　葉光毅、紀雲曜、夏晧清 編著
I S B N　978-957-11-5431-2
書　　號　5T09
定　　價　600

本書簡介：

　　本書將過去在都市計畫中具有針對性的各種議題，依年度順序，粗略地加以分類、整理而成的學際文集匯編。內容大致集中於都市交通計畫與都市計畫，以及因應計畫時涉及周邊所需的一些問題意識與課題對策。

網路與物流分析
Network Analysis and Logistics

作　　者　陳惠國 著
I S B N　978-957-11-5769-6
書　　號　5G23
定　　價　450

本書簡介：

　　本書之編纂主要係以大專院校之教學用途為主，加上先進的運輸與物流科技的應用。期望這樣的課程內容安排方式，不但能夠灌輸讀者必備的基本知識，同時也提供一些系統性與前瞻性的概念。

交通工程
Traffic Engineering

作　　者　陳惠國、邱裕鈞、朱致遠 著
I S B N　978-957-11-6110-5
書　　號　5G25
定　　價　600

本書簡介：

　　本書將近十年來之公務人員與技師高考的所有考題均詳加整理分類，以「相關考題」之標題附加於每一章節的「問題探討」之後，讀者可與本文內容相互對照，以增加學習效果。

國家圖書館出版品預行編目資料

新興水資源與環境保育／樓基中 著. －－二
版.－－臺北市：五南，2014.10
　　面；　公分
　ISBN 978-957-11-7878-3（平裝）
　1.水資源保育　2.自然保育
　554.61　　　　　　　　　103020524

5T14

新興水資源與環境保育
（第二版）

作　　　著 ─ 樓基中(105.6)　

發 行 人 ─ 楊榮川

總 編 輯 ─ 王翠華

編　　　輯 ─ 王者香

封面設計 ─ 簡愷立

出 版 者 ─ 五南圖書出版股份有限公司

地　　　址：106台北市大安區和平東路二段339號4樓

電　　　話：(02)2705-5066　　傳　　真：(02)2706-6100

網　　　址：http://www.wunan.com.tw

電子郵件：wunan@wunan.com.tw

劃撥帳號：01068953

戶　　　名：五南圖書出版股份有限公司

台中市駐區辦公室/台中市中區中山路6號

電　　　話：(04)2223-0891　　傳　　真：(04)2223-3549

高雄市駐區辦公室/高雄市新興區中山一路290號

電　　　話：(07)2358-702　　傳　　真：(07)2350-236

法律顧問　林勝安律師事務所　林勝安律師

出版日期　2010年1月初版一刷
　　　　　2014年3月初版二刷
　　　　　2014年10月二版一刷

定　　　價　新臺幣480元